全过程人民民主的

理论溯源与实践探索

纪欣农◎著

QUNYAN PRESS

·北 京·

图书在版编目（ＣＩＰ）数据

全过程人民民主的理论溯源与实践探索 / 纪欣农著．
-- 北京 ： 群言出版社，2023.12
ISBN 978-7-5193-0899-5

Ⅰ．①全… Ⅱ．①纪… Ⅲ．①社会主义民主－研究－
中国 Ⅳ．① D616

中国国家版本馆 CIP 数据核字（2024）第 026007 号

责任编辑：胡　明
装帧设计：李　君

出版发行：群言出版社
地　　址：北京市东城区东厂胡同北巷1号（100006）
网　　址：www.qypublish.com（官网书城）
电子信箱：qunyancbs@126.com
联系电话：010-65267783　65263836
法律顾问：北京法政安邦律师事务所
经　　销：全国新华书店

印　　刷：河北万卷印刷有限公司
版　　次：2023年12月第1版
印　　次：2023年12月第1次印刷
开　　本：710mm×1000mm　1/16
印　　张：15.25
字　　数：220千字
书　　号：ISBN 978-7-5193-0899-5
定　　价：88.00元

前　言

　　民主，发端于人民真实意愿的充分表达，落脚于人民意愿的有效实现。民主，是用来解决人民需要解决的问题的。随着民主形式在实践中的不断丰富，民主渠道也不断得到拓宽，全过程人民民主越来越呈现出蓬勃的生机活力。民主运行得好不好，人民的感受最真切，全过程人民民主在中国大地是实实在在的，是能让老百姓看得见、摸得着的。"根植于中国大地与人民的全过程人民民主，在实践的沃土中不断汲取养分，茁壮成长、枝繁叶茂，推动中国之治迈上新的台阶"，是中国特色社会主义民主政治区别于西方形形色色资产阶级民主的显著特征，是中国制度优势的突出体现。

　　合理而有效的民主化战略是推动民主化实践的关键，而全过程人民民主的提出，既能有效推动中国发展，又能促进中国的民主化进程。2019年11月2日，习近平总书记在上海市长宁区虹桥街道古北市民中心考察时指出："我们走的是一条中国特色社会主义政治发展道路，人民民主是一种全过程的民主，所有重大立法决策都是依照程序、经过民主酝酿，通过科学决策、民主决定产生的。"全过程人民民主理念与形态，是对中国式民主在实践中所形成的新理念、新形态的一种高度抽象与概括，丰富了中国共产党人关于民主的认识范畴。这既是对中国特色社会主义基层民主政治实践的深刻总结，也是不断推进我国基层民主政治建设有序发展的根本遵循。

全过程人民民主作为习近平法治思想的重要内容之一，成为新时代推进民主政治建设的思想指南。必须以习近平总书记关于国家治理的重要论述为指导，深刻认识全过程人民民主在实现国家治理现代化中的独特地位和作用，坚持和完善人民当家作主制度体系，牢牢守住全过程人民民主的社会主义方向，不断增强国家治理的制度供给和制度保障，探索人民民主的多样性实现形式、扩展人民民主的制度性生长空间，实现人民民主的自我完善、自我发展。在不断提升国家治理体系和治理能力现代化水平基础上，解决现实问题、破解发展难题，保证人民当家作主、激发人民创造活力。

本书紧跟时代发展前沿，就全过程人民民主做了全面的论述。首先对中国特色社会主义民主政治做了概述，阐释了其选择依据、历史演进、主要内容与运行基础，进而引出了中国特色社会主义民主政治建设的前进方向，即全过程人民民主。其次，概述了全过程人民民主的内涵、理论渊源、价值意蕴、实现理路、运行机理、法律保障与制度基础，并就党的领导、制度及程序规则、国家治理体系、人民代表大会制度、协商民主、依法治国、监督体系建设等方面对全过程人民民主进行了全方位的研究与阐述。

全过程人民民主的理论研究刚开启不久，对全过程人民民主的理解和认识需要进一步深入。对于书中存在的不足之处，恳请广大读者批评指正，笔者将力求在以后的研究生涯中不断完善。在此，感谢浙江省哲学社会科学规划办对于本课题研究的大力支持和真诚资助；感谢吉林大学白艳教授对本课题研究所提出富有洞察力的指导和耐心的鼓舞；感谢温州医科大学崔华前、刘玉山等教授富有启发性的建议和讨论；感谢关振国、于天翼、孙健、李明锡、李鲁静、何玲、于海燕、魏雪、盛航宾、崔楠、李静等小组成员在文献搜集方面精益求精和大力协助。希望本书的出版，能引发学术界更多的思考和探索，为构建全过程人民民主的理论体系添砖加瓦。

目　录

第一章　中国特色社会主义民主政治概述

第一节　中国特色社会主义民主政治发展道路的选择依据

民主政治是一种高级形态的政治文明，深刻体现了人类社会的进步与变革。世界各国将此作为政治发展目标不断追求，其追求发展民主政治的过程具有一定的规律性。然而，世界历史发展进程体现出的一般规律，对发展顺序与发展形式表现出的特殊性不仅不排斥，更以此为前提。有这样的一个道理，在人类数千年演变发展的政治文明史中得到了无数次的印证，这就是：一个国家走上了怎样的民主道路，施行哪种政治制度，都要以其本身的国情为重要依托。中国施行的社会主义民主政治制度，在中华民族生存和发展了数千年的广阔沃土上深深扎根，在中国共产党与全国人民努力争取人民解放、民族独立、国家富强的伟大实践中产生，是与我国国情相适应，符合社会发展与进步的必然选择。民主政治的短期目标为增强社会活力，推动党和国家提高工作效率；远景目标为建设高度民主的社会主义，它的实现机制要求党的领导、人民当家做主、依法治国三者达到有机统一。而实现这些目标的重要途径与方式就是继续深化改革政治体制，围绕改革开放不断开展崭新的实践，坚持发展具有中国特色的政治发展道路。

民主政治发展道路的产生必须要有深厚的选择依据，我国施行的中国特色社会主义民主政治发展道路亦是如此。这是有机统一了特殊性与一般性的理论性产物，与世界民主政治的一般发展规律相符，其独特的属性在其自身实际情况的基础上显示了出来。中国人民在中国共产党的领导下，以社会主义初级阶段的实际国情为依托，从东欧剧变、苏联解体与国内发展过程中吸取历史教训，并将其作为客观依据，推进中国特色社会主义民主政治建设在实践中不断前进。

一、理论基础：民主政治及其发展道路

（一）现代化与政治发展

现代化是世界性的历史进程，技术进步为其提供了动力支持，工业革命是其发展的起点，在它的作用下，人类社会实现了从传统农业社会向现代工业社会的发展变革，并多层次、全方位地引发了社会结构、经济成分、文化心理、政治制度及生活方式等各个方面的深刻改变。17、18 世纪，北美和欧洲兴起了现代化运动，在市场与工业运动的影响下，现代化进程逐渐向整个欧洲大陆扩展开来。到了 19、20 世纪，现代化运动传入亚洲、南美洲与非洲，直到今天，当代世界历史发展仍以现代化为主题，世界各国都将实现现代化作为中心发展任务。而一些发展中国家虽未实现现代化，但仍在努力追赶，为实现本国现代化发展而奋斗。一些发达国家虽已基本实现现代化，但还需继续发展前进。现代化这一特定的历史进程主要涉及三个层面的内容：第一，现代化需要以发展生产力为依托，实现传统农业社会发展转变到现代工业社会，即经济工业化过程；第二，现代化需要以科技为引导，促进现代社会变革在社会各方面实现的过程，即社会全面现代化过程；第三，在现代化过程中，经济落后的国家以发达国家为目标努力追赶或者超越的过程，也就是发展中国家赶超发达国家及发达国家相互赶超的过程。总之，现代化的特征有法治化、信息传播化、民主化、工业化、社会阶层流动化、都市化、福利化、教育普及化、知识科学化等。

从广义上看，政治发展指政治体系变迁到更高级形态的过程，如从封建专制演进到民主政治，从多元、分散的政治形态到形成统一的多民族国家等。从狭义上看，政治发展即为功能、结构、体制在政治体制内部合理、科学地运作，如从行政与政治结合的体制变迁到官僚行政体制，从传统、惯例和习俗的治理转变到制度与法律的治理，从集权、全能的政府转化为分权、有限的政府等。

政治发展是现代化历史进程必不可少的一部分，二者之间密切相关。在现代化的全部进程中，政治现代化与政治发展具有特殊意义。在现代化过程中，政治发展引发政治变迁，不仅是现代化的成因，也是其结果。从现代化的成因角度看，政治发展对经济社会的发展有支持和促进作用，这代表着一个对现代化过程有促进作用或能与其相适应的政治体系的建立；从现代化的结果角度看，各种现代化指标如经济增长、工业化以及城市化等的提升都将促进政治发展，社会与经济的现代化变化最终都会体现在政治发展层面，对一个国家而言，政治发展则是社会与经济现代化的必然产物。

每个国家都将经历政治发展这一历史发展进程，并以其为要面临和接受的重要任务。社会发展对政治发展具有推动和决定性作用，因此，无论哪种形式的社会的发展最终都会影响政治的发展。美国政治学家亨廷顿认为，有三项影响政治发展的关键因素：第一，政治功能专门化。应将科学、军事、立法、行政等专门的职能部门分离出政治王国中，设立专门化的机关来管理执行。虽然科层组织越来越复杂化和精密化，但仍具有一定的纪律性，个人成就对分配权利和职位的影响越来越大。第二，权威的理性化。全国性的、世俗化的、单一的政治权威将逐渐取代以往各种家庭的、宗教的、种族的或是其他传统的政治权威。这种政治权威具有较强的理性化特征，对内以强力对区域性或地方性权利进行控制，坚持中央政府的集权；对外坚持以国家民族的主权对外国的影响形成有效抵御。由此可见，政治发展代表着将权力集中于公认的公共机构掌管，以此整合国家政治权威。第三，全社会各阶层广泛参与政治。广泛参与政治意味着现代国家政治现代化，无论是公民主动参与还是被动参与，公民都参与了国家政府事务中，并受到了直接的影响。整个社会的所有团体或阶层参与村镇层次以上的政治和开创出新的、可参与的政治制度，这些都属于政治发展的最基本要素。①

（二）政治发展道路的选择

以政治现代化理论与政治发展为依托，政治发展道路即一般意义上的政治发展形势，表示在政治发展的进程中，要通过哪种途径，采用哪种手段，才能确保民主目标得以逐步和最终实现。换言之，民主政治不仅是世界各国政治发展与现代化的主题，还标志着人类社会的进步与变革。对人类社会的发展进程进行分析可以发现，民主政治从开始的初级民主政治转变到君主专制统治，再演进到现代民主政治的过程，这是一个上升性历史循环过程。传统社会的专制政治以统治者个人对政治权利的垄断为象征，与这一政治发展相适应的是自给自足的农业社会。而在现代社会，标志着自由、平等、法制、人权的民主政治与开放、竞争激烈的市场经济相适应。纵观人类社会的历史发展，自有国家形成开始，人类社会就不断经历着政治形态由简单向复杂、由低级到高级的螺旋式上升的演进变迁。社会存在的根本在于发展，政治存在的根本也是发展，由此来讲，政治发展贯穿社会政治变迁的整个历史过程，是普遍和客观的。在当今时代环境下，推动政治发展是世界各国在现代化过程中都需要面对的问题，加强本国民主政治建设是所有国家应进行的任务。对于所有国家来讲，政治发展即构建一套能有效推动本国民主政治建设的政治制度，最终实现政治发展带动社会与经济向前发展的目标。

马克思从总体角度上探察人类社会变迁时，就已经实现了从科学层面对政治发展问题的探索。其中有这样一个观点：政治发展是基于经济变革基础上建立的复杂系统，因此在其内部进行着有规律的发展。作为社会发

---

① 亨廷顿.变化社会中的政治秩序[M].王冠华，刘为，译.上海：上海人民出版社，2021：104.

展的重要组成部分，政治发展也是一种"整体的、不自觉地和不自主地起着作用的力量的产物"①，从这一角度上看，政治总体的发展具有一定的共性，这种特征体现为：在同一经济规律的影响和作用下，尽管在不同历史时期，不同国家的政治发展有不同的表现形式和结果，但本质上其性质仍相同。政治发展所表现的统一性为趋向的统一性。社会的发展趋势取决于经济发展具有的规律性。随着生产力的发展和进步，社会经济不断发展，政治获得更高的形态已成为必然趋势。由此决定任何社会的总体发展趋势与政治形态不断发展，逐渐与更高经济形态相适应，也将成为必然的发展趋势。政治发展趋向的统一性，不仅可以通过总体人类发展历史表现出来，还会在历史中的各个时代发展过程中表现出来。这是因为，生存与发展于同一时代的国家在相同的经济规律下进行了各自的民主政治发展，因此所处历史时期相同的各个国家具有相对统一的民主政治发展趋势。

恩格斯认为，在任何历史时代中，精神与政治都是在该时代主要的交换方式、经济生产方式及由此产生的社会结构的基础上确立的。而在每一个历史时代中，都会因为相同的经济基本运动促使世界上的政治发展呈现出某种大潮流或大趋势。

马克思对政治发展趋向与规律具有的统一性给予了肯定，但他不否认政治发展使用的具体方式与途径具有多样性和特殊性，他认为，世界历史发展呈现的一般规律对个别发展阶段的发展顺序与形式具有的特殊性并不排斥，甚至将此作为前提条件。

马克思倡导尊重政治发展过程中人的自觉活动起到的作用，因为只有人发生了自觉活动，才会在现实中产生政治的发展运动，人的发展与社会政治发展是融合一体、不可分割的。不同国家的人在全面理解与深入把握内在的政治发展规律的基础上，结合自身的实际情况选择合适的政治发展道路，以此达到民主政治目的与理想的实现。由于人们在政治发展道路上

---

① 中共中央马克思恩格斯列宁斯大林著作编译局 . 马克思恩格斯文集：第 10 卷 [M].
北京：人民出版社，2009：592.

所做的选择不同，由此造成了多样化的发展道路，这一点从各个国家因生产关系不同所以采用的政治发展道路不同可以看出：经济基础决定上层建筑，任何民主根本上都是服务于生产的，都要取决于该社会的实际生产关系。

使用不同方式占有生产资料，就会导致民主的范围与性质不同。在私有制背景下的民主，只能是"资本家的游戏"，无论资本主义民主政治发生怎样的形式变迁，从本质上看，都只是人数较少的资本家凭借其拥有的资本对国家政权进行干预和操纵。而社会主义社会实行的是由劳动人民与工人阶级构成政治上层建筑的民主政权，要求实行生产资料公有制制度，要求在政治生活、社会生活及经济文化生活等方面，发展群众自治。

政治发展还可以从以下方面体现其多样性。世界各国在文化、历史及社会等方面都存在一定差异，所选择的政治发展方式与道路也不同。美、英、法三国虽选择了资本主义道路，但每个国家都有其自己的政治发展模式。政治发展过程的多样性也能表现出政治发展模式的多样性。不同国家的文化、社会、经济等方面的发展程度不同，实际国情也不同，且在政治发展方面有着多样化的起点。例如，1640年，英国在随着经济发展造成的阶级斗争与利益冲突中开始了革命；1789年，法国从意识形态的发展上开始了资产阶级革命，法国的政治斗争始于启蒙运动。

从实践与理论两方面上看，越是多样化的发展，实现发展目标的可能性就越大。这种多样性指结合本国发展的实际需要做出的合理且正确的选择，不是对标新立异的追求，是在客观实际的基础上做出的选择，将创造和丰富政治发展经验。列宁也非常赞同社会主义政治发展的多样性，他认为，丰富程度越高，社会主义经济就越能更好地发展，民主集中制也就越容易实现。邓小平同志以我国的实际国情为出发点，以我国多样化的政治发展道路为依据，主张中国在发展民主政治和改革政治体制时，应通过实践不断摸索前进，不应完全采用西方的政治模式。

二、现实依据：中国国情与历史经验教训

国情在一定程度上取决于国家的社会性质，是各个方面的综合性现象的全面反映。一个国家的现实需要与具体国情决定了其将走上怎样的民主政治发展道路。只有对国情有明确清晰的认知，才能实现民主政治发展。江泽民同志认为，民主的发展与一定的社会历史条件、经济基础和阶级利益有关，不同的国家具有不同的经济、社会的发展实情与历史传统，民主的发展应与本国国情相适应。

立足于中国国情，要想实现中国特色社会主义民主政治建设，就必须要对我国最大实际国情，即当前仍会长期处于社会主义初级阶段给予正视。

首先，我国建设民主政治的经济基础较为落后。民主政治是构成上层建筑的重要部分，它与同在上层建筑中发展的其他领域一样，只有满足了一定的经济条件才能发展。大机器工业的发展催生了现代民主政治，社会化生产是生长和发展现代民主政治的土壤，社会各部分在市场经济的作用下结合为一个有机的整体，推进了全社会实现政治管理系统化和政治生活民主化发展。现阶段，我国拥有的生产力发展水平还没有达到高度的社会化与市场化，仍停留在社会主义初级阶段，还需加大社会主义市场经济的发展力度，进而形成深厚的物质基础，促进社会主义民主政治在上层建筑中的发展与完善。在《哥达纲领批判》中，马克思指出："权利永远不能超出社会的经济结构以及由经济结构所制约的社会的文化发展。"[①]

我国当代的民主发展应与经济基础建设相适应。从根本上看，怎样发展社会主义民主还是要由社会主义经济基础发展建设的客观需要来决定。只有有利于推动发展社会主义生产力和发展与巩固社会主义经济基础的民主发展，才是正确的民主发展方式。

其次，公民素质在一定程度上制约了民主政治的实现。随着人类经济

---

① 马克思.哥达纲领批判[M].何思敬，徐冰，译.北京：人民出版社，1939：59.

的发展，民主意识逐渐形成，其发展与人类社会文化发展水平相适应。公民素质的高低反映出一个国家文化发展水平的高低。而国家的民主意识水平取决于公民的素质，因此可以看出国家民主政治的实现程度与公民素质有很大关联。公民素质主要包括思想觉悟、文化水平等方面。在我国当前的发展阶段，人民当家做主，并有权参与经济社会事务甚至国家事务的管理中，已真正成了国家的主人，但人民群众的思想觉悟与文化水平还有待进一步提高，一部分人还保留着较严重的封建思想和大量的小生产意识，对现实政治生活的民主理论知识方面的认识比较匮乏，民主习惯还未形成，民主经验有所缺少，缺乏履行民主义务需要的心理训练与准备。这些客观制约因素不容忽视，对此，如果不着手提高公民素质，只盲目追求快速发展建设民主政治，可能会造成政治方面的不稳定。

最后，我国民主政治是基于依法治国和实际国情的条件上建设和发展的。我国是以人为本，人民当家做主的社会主义国家，我国将民主作为建设与巩固政权的基础，换言之，我国将民主政治作为立国之本。由于历史原因，我国在1949年后，并未建立起一套有效、合理的政治体制。我国旧社会文化经济落后对我国政治生活造成了长久的影响。由于对社会主义法治建设的经验不足，一段时期内受国内错误思想的干扰和影响，这对我国民主政治建设有着不良影响。虽然我国吸取了惨痛的历史教训，改善了社会主义民主政治建设，但仍存在法治不完备、政治体制不健全的现象。对于民主政治当下的发展现状，我国不能过于心急，也不能忽视问题，更不能一味地等待观望或者彻底放弃，应积极主动地以多种方式推进民主政治稳定建设。

第二节　中国特色社会主义民主政治发展道路的历史演进

中国特色社会主义民主政治发展道路，深刻反映出中国封建时代发展历程的周期性内涵。中国特色社会主义民主为旧式政治发展困局的破解提供了新的政治方向与道路。它发自中国近现代饱受折磨的历史深处，象征着中国对富强与独立的不懈追求，在改革开放中得以开辟，在新的历史时期中快速发展。我国的社会主义民主政治发展道路以人民当家作主、依法治国和党的领导有机统一为核心，这三者的融合发展是我国改革开放40多年来始终贯彻和落实的过程与逻辑，是对社会本质及中国政治发展建设的回应。

一、改革开放以前中国民主政治发展道路的转化

（一）存亡的抉择：封建帝制与民主共和

中国传统政治有着数千年的发展历史，建立的小农经济模式的社会经济基础，与上层集权的官僚制度一同为我国传统封建政治提供了运行基础，高度重复的政治形态是历史上政治发展最常见的表现，不同王朝在相同的更迭形式中表现出历史的变化。

在漫长的历史岁月中，中国封建社会不断发生着"历史周期律"的规律性变化。纵观我国发展历史，历代王朝的演变更迭都是按照"兴盛—腐败—衰亡"这样的历史周期更迭演变的。历朝历代的无数贤相名臣与圣明君主都试图寻找一条江山永固的政治发展道路，但最终仍迎来了亘古不变的兴亡逻辑和更迭结局。

封建专制政治始终无法跳出"历史周期律"，跳不出"一人治"的无形桎梏，但民主政治超越和否定了君主政治及"人治"。只有民主政治可

以将中国传统君主政治潜藏的弊端有效克服，从根本上杜绝进入"历史周期律"的循环中。清王朝虽为末代王朝，深受近代复杂发展形势的影响，但仍深陷历史周期律之中。随着资本主义在全世界的强势扩张，我国一度沦为半殖民地半封建社会，历史遗留的封建主义与外部渗透的帝国主义为中国社会的发展带来了巨大的阻碍，中华民族一度站在灭种亡国的危险境地。在这样黑暗残酷的历史背景下，中国努力将封建王朝落后的统治制度推翻，在国内建设民主政治，同时，在各方的艰苦努力下，共同为国家统一民族独立的重要发展目标努力奋斗。因此，鸦片战争以后，推翻封建主义专制统治，实现国家独立，发展民主政治，抵抗帝国主义的侵略是那一时期我国政治发展的主要内容。

为了在国内不安定，国外有西方列强侵扰的危急形势中谋求发展，清王朝的一些官员在 19 世纪 60 年代组织发起了一场洋务运动，这场运动遵照"中学为体，西学为用"的宗旨，喊响了"自强""求富"的运动口号，试图依靠学习西方的科学技术和引进先进的武器装备来挽救日渐没落的清王朝封建专制统治。然而，这些清政府上层官员发起这场洋务运动只是为了维持清王朝的统治和现存秩序，目的并不在于推进工业社会的建立。受封建残余势力的阻碍，清政府没有顺利地从传统封建社会转变为现代社会，在日本发起的甲午战争中，洋务运动的强国梦也迅速破碎，衰落的清政府丧失了借助洋务运动实现国家独立民族富强的机会。然而，坚毅不屈的中国人并没有屈服在甲午战争失败的阴霾中，而是蛰伏起来，观察分析西方列强国家的优势，不断寻找救国的良方。在此背景下，戊戌变法徐徐展开。在近代中国发展史中，戊戌变法是由我国资产阶级改良派自上而下发动的爱国政治运动，随着戊戌变法的开展，我国现代化变革由浅层次逐渐深入制度层面中。一代知识分子在自强运动中涌现出来，他们尝试创新国家政治制度推动社会进行转型，但他们只坚持了 103 天，就在封建顽固势力的强势打压下以溃败而告终，由此可见中国传统体制对现代因素巨大的抵制性和僵滞性。维新派虽然想要在中国推行资本主义制度，但他们对传统封建制度没有进行根本上的否定，这就是戊戌变法的严重缺陷，仅凭封建官员主张推行资本主义，是极难成功的。

维新运动的失败暴露了我国传统封建社会在改革政治制度方面的无能，揭示了政治领导对制度遭受严重危机时恢复能力和改造能力的极度薄弱。

20世纪初，西方帝国主义国家联合对我国进行了入侵，中华民族在生死存亡的时刻奋起反抗，传统统治阶级也产生了更加迫切的变革需求。但家天下的传统政治意识深刻影响着清王朝统治者，激起了他们维护自身利益的强烈本能，最终，专制腐朽的封建统治者顽固抗拒社会转型与政治变革，直到中华民族在生死存亡的最后一刻不得不做出以体制外进行革命从而促使体制内变革的尝试。1911年，辛亥革命推动中国实现了从传统封建社会变革到民主现代社会的新的政治发展阶段。一些中小资产阶级的革命派主张将清政府的统治彻底推翻，放弃内部变革，以革命的方式争取民主共和国的建立，保护国家不至灭亡，为国家争取更大的富强与独立的机会。清政府在立宪变革一事上表现出了极强的拖延和顽固态度，一些立宪派放弃了对清政府的忠诚，与之逐渐疏远，甚至与革命党人为伴，而这些都是在清政府的逼迫下造成的。从客观角度上看，反清力量进一步扩大，而在后来日益高涨的民主与革命大潮中，清政府在辛亥革命中彻底被资产阶级颠覆。以民主政治推翻和取代集权官僚专制制度就是辛亥革命的政治核心，它象征着中华民族第一次对民主政治的主动选择，中国自此打通了民主政治发展的道路。

（二）道路的抉择：资本主义与社会主义

在辛亥革命的影响下，传统政治权威终于被瓦解摧毁，社会终于实现了从传统封建社会到现代民主政治的发展变革，这一时期，中国政治秩序非常混乱，呈现"旧者已去，新者未立"的局面。对此，孙中山先生及中国国民党对多党政治在民国成立初期失败的教训做出了反思，以中国的国情作为出发点，提出了"以党治国"的理念。建立一个党权至上、以民众为价值取向、党内民主的政体是这一理念提出的初衷。他设计的党国体制是一个从训政向宪政转变的过渡政体。这种政治发展道路特色鲜明，反映了国外政治体制对中国政坛的影响，是西方现代政党理念和体制与传统中国政治文化相互作用的产物。

当时的中国不具备实行西方民主政治制度的现实根基，这一制度也无法令处于社会底层的广大工农群众满足自己的利益要求。更适合中国国情的由工人阶级领导的人民民主主义在中国社会上逐渐凝聚起中华儿女的心，建立人民民主专政社会主义国家成了中国人民的最终选择。而中国政治向社会主义制度发展的重要条件就是效仿西方民主政治制度获得的失败和资产阶级的软弱不得人心。在《论人民民主专政》一文中，毛泽东同志对近现代历史上中国进行民主政治实践总结了对应的教训与经验，并以此为基础明确表明打倒反动势力坚持的专制主义统治是中国革命的必然。中国应将最广大人民群众作为力量的源泉，走与之对应的人民民主专政政治发展道路，这是一种全新的政治发展道路，是中国共产党站在马克思主义国家观的视角上对中国政治现实进行分析后所得的科学结论，也是以科学的角度对中国现代政治发展经验做出的总结与升华。人民民主专政是对新三民主义提及的新共和国的合理因素的继承与发展，将建立资产阶级民主共和国方案改为建立人民民主共和国方案。这是适合中国发展政治民主化的全新可行的发展道路，对中国社会政治的进步与发展意义深远。

首先，人民民主共和国方案与世界历史总的发展潮流方向一致，保证了中国坚持社会主义的发展方向是正确的。其次，这一政治发展道路本身的政治整合功能就非常强大，不仅能够满足我国社会广大基层人民群众的实际利益需求，更能调动人民群众主动、积极地参与社会主义建设与创造。最后，从一开始，这一发展道路就坚决反对旧政治道路存在的剥削性质，沿着这样的政治道路可以保证中国社会制度一直向前发展，不会倒退，保持社会进步，保证人民始终坚持对正义与公平的追求。

（三）模式的抉择：苏联模式与中国特色

在全世界范围内，第一个建立和实施社会主义制度的国家是苏联。中华人民共和国成立初期，将苏联模式作为参考依据建立起了政治体制，但苏联模式最终严重阻碍和中断了我国民主政治进程，导致我国无法避免地发生了严重挫折。我国对这段历史做出了深刻反思，中国共产党召开了划时代的十一届三中全会，针对人们思想状况与教条的严重僵化，对实践是检验真理的唯一标准作了说明，解除了中国政治发展道路上的精神枷锁，为中国政治在未来的发展破除了观念上的束缚，描绘了广阔的前景。此次会议标志着以"阶级斗争为纲"的政治发展主题向"以经济建设为中心"明确转换，意味着我国社会主义政治发展模式开始了新的探索。因此，党的十一届三中全会成为我国当代政治发展关键的历史转折点。从此，我国正式开始了法治化与政治制度化国家与社会的全面建设，我国社会主义制度文明的伟大建设历程也开始了新的进程。党的十一届三中全会召开以后，我国的政治发展由封闭走向了开放，从人治迈向了法制，由斗争转向了建设，这三个伟大转变就此成为开启和建设中国特色社会主义民主政治发展道路的新的逻辑起点。

二、改革开放以来中国民主政治发展道路的历程

从我国政治发展历史来看，党的十一届三中全会是一次伟大且重要的历史转折，我国现代化建设与改革开放的新历史阶段由这次会议拉开帷幕，这次会议也因此成为我国踏上中国特色民主政治发展道路的重要标志。在这次会议之后，党和国家在改革开放的过程中始终强调发展民主政治对我国社会具有重要意义，邓小平同志强调："没有民主就没有社会主义，就没有社会主义的现代化。"党的十六大报告中提到"党内民主是党的生命"，党的十七大报告中也指出"人民民主是社会主义的生命"。党的十八大报告提出，"保证人民依法实行民主选举、民主决策、民主管理、民主监督""保证人民依法享有广泛权利和自由"。党的十九大报告提出，健全人民当家作主制度体系，发展社会主义民主政治。党的二十大报告把发展全过程人民民主确定为中国式现代化本质要求的一项重要内容，强调全过程人民民主是社会主义民主政治的本质属性，对"发展全过程人民民

主，保障人民当家作主"作出全面部署、提出明确要求。改革开放 40 多年来，我国始终积极探索与中国国情相适应的民主政治发展形式与道路，坚持社会主义民主的伟大实践，并在民主政治建设方面取得了令人振奋的理论成果。我国发展中国特色社会主义民主政治的过程实质上可以说是一个从传统社会主义政治发展模式中不断挣脱出来的过程。在数十年的坚持与努力下，我国现已基本实现了具有自身特色的民主政治发展道路的初步建设。具体地说，这一政治发展道路包含以下几个形成阶段。

（一）党的领导制度和国家政治体制改革启动阶段

党的十一届三中全会于 1978 年年底召开，这次会议是中国政治发展历史上的一次重要转折。这次会议后，形成了以邓小平同志为核心的第二代党中央领导集体，对党的政治路线与思想路线进行了及时的拨乱反正，并在政治领域改革方面确立了"改革和完善社会主义政治制度"的主要目标。党的十一届三中全会正式启动了我国的政治体制改革，但当时并没有将政治体制与其改革的具体概念明确地提出来。党的十一届三中全会提出的是，"要求多方面改变同生产力发展不相适应的生产关系和上层建筑，改变一切不相适应的管理方式、活动方式和思想方式。"

1980 年 8 月，中央政治局扩大会议在北京召开，邓小平同志在会议上发表了题为《党和国家领导制度的改革》的重要讲话，此次讲话对国内的教训与经验做出了总结，并指出对党和国家的制度进行切实的改革完善是改革的重点，应为政治上促进党和国家政治生活民主化、整个社会生活民主化、经济管理社会化、顺利发展现代化事业并加快发展进程几大重要方面提供保障。此次讲话具有重要的历史意义，邓小平同志对以往的教训作出了深刻总结，并在此基础上深刻反思了党和国家的领导制度。这是在党和国家领导制度下，中国共产党人首次对具体制度做出的重要的拨乱反正。

党的十一届六中全会在 1981 年 6 月通过了《关于建国以来党的若干历史问题的决议》，其中对国内社会主义民主建设经历了严重挫折的主要原因做出了细致总结，并强调，必须建设法律化、制度化的民主政治体制。之后，政治体制的具体概念在党的十二大报告中首次提出。

中国共产党第十三次全国代表大会于1987年10月召开，在此次会议中，党就政治改革做出了中华人民共和国成立以来最深入的一次论述，并总结了党和国家政治体制与党的十一届三中全会以来的改革经验，并将开展政治体制改革的重要战略任务正式向全党全国提出来。

（二）市场经济体制基础上的法治建设阶段

20世纪90年代初，面对国内外的各种挑战与冲击，才确立不久的第三代党中央领导集体不仅要将改革开放以来的政策、政治路线与领导方针继续坚持下去，还要谨慎调整当时阶段施行的政治体制改革思路。党要求加快改革经济体制领域的进程，坚持执行"坚持和完善社会主义基本政治制度"的主要任务，对党和国家以民主集中制作为根本组织制度做出进一步强调。

1992年，邓小平南方谈话又一次在历史的紧要关头进一步解放了人民的思想，促进我国从计划经济体制在客观上更快地转变到市场经济体制。随后，建立社会主义市场经济体制这一重要命题被正式在党的十四大上提出。党的十四大与邓小平南方谈话都标志着我国社会主义现代化建设与改革开放事业发展进入了一个全新的阶段。

从客观上看，市场经济发展需要健全的政治体制为其提供保障，经济发展中不断产生的新问题与新矛盾也需要有完善、全面的法律来处理解决。对于这种形势，江泽民同志以政治改革在市场经济体制发展过程中提出的客观要求为依据，深入探索和思考了我国政治体制改革的总体发展任务、方法、目标、原则等重大命题。党的十五大指出："我国经济体制改革的深入和社会主义现代化建设跨世纪的发展，要求我们在坚持四项基本原则的前提下，继续推进政治体制改革，进一步扩大社会主义民主，健全社会主义法治，依法治国，建设社会主义法治国家。"江泽民同志为此还提出了依法治国必须遵循的两个原则：一是必须坚持党的领导和社会主义方向，二是必须保证广大人民群众充分行使民主权利。

（三）社会建设基础上的人本政治阶段

坚持以人为本的基本理念，推动和谐社会的建设贯穿《中共中央关于构建社会主义和谐社会若干重大问题的决定》之中，从某种意义上看，社会主义和谐社会的构建将以人为本作为其根本，这一崭新实践与伟大理想对建设民主政治有着新的要求，我国政治发展将以人为本作为根本价值追求目标。我国社会与经济两大主体在结构上的"双重转型"，促进我国政治实践从最初的"以阶级斗争为纲"发展到"以经济建设为中心"，再转化到"以人为本"的新的政治发展阶段。在以人为本趋向的指引下，民主政治发展在人民民主的精神土壤中深深扎根，形成了中国化的马克思主义人本政治思想。它代表着现代社会主义国家不仅要从政治生活方面为人民谋求群体政治主体性，更要对公民的个人全面、自由发展的民主权利与个体政治主体性予以高度重视，以此为我国社会生活中的法制政治、公民政治、宪法政治的整体实现提供动力和保障。

在中国政治发展的过程中，广大人民群众为政治的发展提供了力量，他们不是被动的适应者与接收者，他们的意志对中国政治发展的前途与方向具有决定性影响。中国建设和发展民主政治不是少数资本所有者与权势阶层谋取私利的政治手段和工具，它是保障最广大人民的利益不受侵害的重要武器。在新时期，使广大人民群众的政治、经济与文化等方面的权益得到最大程度的实现和保障，是民主政治建设和发展的根本出发点及落脚点，社会主义民主政治不断发展和完善的过程也是广大人民群众实现自身利益的过程。

（四）实践成效基础上的高质量民主建设阶段

民主的价值体现于人民利益的具体实践中，评判民主的优劣，关键在于它在实践中是否符合本国国情，是否有效维护了广大人民当家作主的权利，是否真正调动了人民的积极性、主动性和创造性，人民是否享有平等参与管理国家事务的权利，是否转化成为造福广大人民的政策。"履不必同，期于适足；治不必同，期于利民。"一个国家是否民主，人民是最有发言权的。发展现代化的、有效和适宜的政治制度体系是我国正在进行的任务，但站在国家治理、国家运行与组织质量的提升及国家和社会之间的平衡三个方面上看，我国还需对政治制度做出更加规范化、系统化、精细化的建设和规划①，基于此，中国明确提出了国家治理体系和治理能力现代化的发展目标，无疑是具有前瞻性的。

党的十八大以来，以习近平同志为核心的党中央高度重视中国特色社会主义民主政治建设，团结带领广大人民积极推进社会主义民主政治建设，建立了最广泛、最真实、最管用的全过程人民民主，在坚持中国特色社会主义发展、推进国家现代化治理能力与体系的建设实践中，不断拓展中国特色社会主义民主道路，努力完善中国特色社会主义民主制度体系，创造性地提出全过程人民民主理论，实现了马克思主义民主理论的新飞跃，推动了中国特色社会主义民主理论的新发展，将民主建设推向高质量发展阶段。

第三节　中国特色社会主义民主政治发展道路的主要内容

民主发展道路需要经历一个十分漫长的演进过程才能形成，我国实行的中国特色社会主义民主政治发展道路亦如此。这一政治发展道路根植于中国近代史，以辛亥革命为起点，随着我国走上社会主义道路，实行改革开放，中国共产党在一次次的历史转折和实践中初步找到了与我国特色、国情相适应的政治发展道路。在 40 多年的改革开放和政治实践中，我国民主政治发展的内容日渐丰富，形成了党的领导、人民当家作主、依法治

---

① 林尚立.当代中国政治：基础与发展[M].北京：中国大百科全书出版社，2017：19.

国三者有机统一的运行机制，逐渐向社会主义高度民主的发展建设目标努力前进，同时，这40多年的历史经验为中国特色社会主义民主政治发展道路确定了基本内涵。回顾历史，从理论层面上看，中国共产党领导着最广大人民群众坚持社会主义发展方向和民主集中制原则，坚持党的领导、人民当家作主与依法治国三者的有机发展实现机制，不断对基本政治制度进行完善，不断对政治体制改革进行深入推进，以此为实现民主近期与远期政治发展目标的重要途径。其中，近期目标指的就是提高社会活力与党和国家的工作效率；远期目标指建成高度民主的社会主义制度。总之，中国特色社会主义民主政治发展道路的建设和推进，需要从途径、机制、目标三方面共同实现。

一、中国特色社会主义民主政治发展道路的目标体系

我国社会主义民主政治的发展，必须在民主政治建设上有明确的任务与目标。其中，目标指的是人们希望实现的境地和努力的方向。目标是发展道路首要考虑的因素，目标不明确，就会失去实践的方向和发展的动力，也就无从谈起道路。

当前，我国仍处于社会主义初级阶段，民主政治的发展建设与其他事业一样，都需要做好近期与长远的目标规划，有领导、按计划、按步骤地有序进行。从马克思主义的基本原理上看，我国社会主义民主建设以社会主义高度民主建设为战略任务和长远目标，要求将人民当家作主的愿望彻底、真正地实现，以此奠定共产主义事业发展的政治基础。数代中国共产党人总结我国建国几十年来和其他社会主义国家的经验教训，提出了科学的中国特色社会主义建设理论，并指出应将建设高度民主的社会主义作为社会主义政治发展的根本目标。

邓小平曾反复强调"没有民主就没有社会主义"，并指出"我们进行社会主义现代化建设，是要在政治上创造比资本主义国家的民主更高更切实的民主"。

这不仅对社会主义民主的本质要求的重要性做出了说明，还对国家将

高度民主作为现代化建设战略目标具有的重要意义做出了说明。从我国目前的社会发展阶段和经济文化现状两方面来看，提高政府工作效率、保持党与国家的活力、鼓励人民群众更积极地参与国家与社会的建设是我国建设社会主义民主政治的发展目标。邓小平同志提出应将始终保持国家与党具有活力，提高政府工作效率，克服官僚主义，调动基层和工人、农民、知识分子的积极性作为社会主义政治体制改革的主要目标。

党的十三大报告将政治体制改革发展的近期目标概括为建设能够调动各方积极性、增强活力、提高效率的领导体制。我国民主政治发展势必要进行政治体制改革，这三项改革目标更表明了民主政治想要达到的境地，它们明确了党、政府及社会各个领域在未来一段时间发展民主政治的具体前进方向，正如党的十三大报告所指出的："达到了这个目标，就能为社会主义民主政治建设奠定良好的基础，进而逐步实现我们的长远目标。"

民主建设实践应充分结合近期与长远两方面的发展目标。长远目标为社会主义民主建设指明了根本发展方向，只有在长远目标的指引下，民主建设才不会沦为就事论事的实用主义。近期目标有利于民主建设逐步稳健地落实，有利于以实际国情为依据发展切实可行的民主，有助于摆正每一步的民主建设方向。因此，坚定不移的稳步建设高度民主的社会主义发展目标对我国非常重要，我国既要立足于现实，又要放眼长远，积极、稳妥地以可实现的事情为出发点，持续推进民主建设。

二、中国特色社会主义民主政治发展道路的实现机制

中国共产党在多年来的实践与一次次的探索中，特别是在总结了国内外深刻历史教训后，终于从最根本的角度上找到了中国应该在当代采取的社会主义民主政治发展方向，即在中国特色社会主义政治制度基础之上和我国现实政治的运行与实践当中，切实将坚持共产党的领导、人民当家作主以及依法治国进行有机统一。只有实现了这三者的有机统一，才能平稳发展中国特色社会主义政治发展道路，保证社会主义政治文明建设所制定的目标能够实现。

　　党的领导、人民当家作主及依法治国，这三者结合成了一个无法被分割的整体。其中，实现依法治国与人民当家作主最根本的保证是坚持党的领导，而人民当家作主是我国社会主义民主政治从本质上应达成的要求，依法治国则是党领导人民群众治理国家所遵循的基本方略，三者相互统一，共同在中国特色社会主义民主政治建设的伟大实践中发挥作用。首先，党的领导之所以可以从根本上保证人民当家作主与依法治国，根本取决于中国共产党具有的政治作用与阶级属性。中国共产党代表着最广大人民最根本的利益，是我国工人阶级的先锋队，更是中华民族与所有中国人民的先锋队。领导中国革命与中国现代化事业的中国共产党，在我国的政治生活中发挥着重要作用。所以，要实现人民当家作主，保证依法治国平稳运行，就一定要坚持党的领导。其次，社会主义国家跟所有剥削阶级国家在根本上的差异就体现在人民当家作主是社会主义民主政治的本质要求这一根本标志上。社会主义民主政治以人民当家作主作为其本质属性，而中国共产党也以全心全意为人民服务作为宗旨，可见，正是党的宗旨与我国的社会主义性质决定了我们要发扬人民民主。并且，随着社会的不断进步，各种各样的阶级统治工具，如国家、政党等都将逐渐消失，社会公共事务将由所有社会成员进行自由、自主地管理与参与。所以，发展人民民主也契合了中国共产党所追求的共产主义目标。最后，党在领导人民治理国家时遵循的基本方略是依法治国，而实现人民当家作主同样也需要借助依法治国这个主要途径。通过民主程序制定出来的社会主义法律会保证我国政治生活的平稳进行。依法治国保证党可以通过法律在国家政治生活当中对国家与社会公共事务进行管理。从国家政权上，党依据法律以政府机关与人大来行使其国家权力；在社会方面，党依据法律支持广大人民群众有直接行使管理基层事务的民主权利。依法治国所形成的法律机制与制度从法律层面保障人民群众实现其民主权利，确保人民当家作主地位不会被政治权利抵制与干扰。

　　中国特色社会主义民主政治发展道路的实现机制便是将党的领导、人民当家作主与依法治国进行有机统一。中国共产党要在现实政治运行与政治发展里发挥出其主导力量，将人民群众的意志与利益凝聚到一起，借助法律保障促进经济社会的平稳发展。该机制的优势就在于它与传统社会主义政治机制及资本主义政治机制相比，可以将政党对国家治理的强大功能发挥出来，人民在对自身事务进行管理时呈现出的自主精神，以及法制规范对于现代社会产生的不可或缺的关键作用进行聚合，从而发挥出远远超越其他政治机制的力量。

而制度建设则是实现三者有机统一的关键所在。在深刻反思社会主义民主建设经历的严重挫折基础上，总结社会主义民主政治建设的规律之后，人们已经认识到在政治发展中，制度建设起到了不可或缺的重要作用。制度问题具有许多特点，如长期性、根本性、稳定性和全局性。在进行制度建设时，最基本的指向是实现人民当家做主，最重要的原则是坚持依法治国，最根本的保障是加强党的领导。

三、中国特色社会主义民主政治发展道路的根本途径

党的十五大报告明确指出：建设有中国特色的社会主义民主政治是我国政治体制改革的目标。事实上，这是对我国社会主义民主建设应采取的实施路径的明确，也就是说，社会主义民主政治必然要经过政治体制改革这条道路来逐渐完善。在社会主义社会里，要按照党与政府的领导进行政治体制改革，对上层建筑当中与经济基础不相适应的一些方面和环节进行有计划、有秩序、有步骤的根本性变革，从而实现生产力的进一步解放与发展。但政治体制改革并不意味着对社会主义基本政治制度的抛弃和否定，要明确它只是社会主义政治制度的自我完善与发展。根本政治制度是符合我国社会主义现代化发展的正确制度。政治发展的主要实现途径是政治体制改革，也就是对具体体制进行改革。

中华人民共和国成立之后，在较长的一段时期内，缺乏对政治体制也就是具体政治制度进行建设的重视，导致当时的政治体制有各种弊端存在，阻碍了社会主义政治制度充分发挥出其制度优越性。除了基本政治制度，我们还需要建立许多具体制度，如工作制度、领导制度、组织制度

等，以此来保证民主权利的落实，保证人民当家做主的地位。随着我国社会主义现代化事业的进程加快，我国还可能会面临在组织形式、社会政治结构与运行方式等方面的各种问题，要及时发现问题并进行改革，而这将会是一个历时较长的完善过程。该过程其实就是我国社会主义初级阶段民主政治建设过程，是我国在社会主义初级阶段对政治体制进行改革的过程。

从根本上来看，政治体制改革其实就是在解决如何更好运用权力的问题。党政分开是政治体制改革的关键所在，要让党在国家政治权利结构中处于一个正确的地位，发挥出应有的作用。而且，党政关系作为我国政治体制的基本环节和框架，决定了我国政治生活的内容及政治体制的结构，保持良好的党政关系，有利于我国民主政治稳定健康地发展。邓小平同志曾经针对我国政治体制改革表示，党政分开是改革的主要内容，关键的问题就是如何保证党的领导。党应坚持完成其任务，也就是从政治、组织与思想上保障人民意志与利益得以实现。党政分开可以让党将力量集中在对社会主义政治生活方向的把握及进行重大决策上；可以提高人民的政治觉悟，充分发挥出广大群众的自主性和创造性；加强自身建设，让党员及党的各级组织在社会主义建设中发挥重要作用。

第四节　中国特色社会主义民主政治
发展道路的运行基础

中国民主政治发展道路是通过革命的方式建筑而成的，主要的建筑力量是民主革命力量，而该力量以中国共产党为代表。如果想要深刻理解我国民主政治发展的历史趋势与内在逻辑，就必须先认识到在我国民主政治的发展过程中中国共产党所处的特殊地位，以及中国共产党对我国民主政治发展事业发挥的决定性作用。在进行社会主义民主政治建设时，要始终坚持中国共产党的领导，发挥其领导核心作用，通过巩固基础制度促进社会主义民主政治的发展，保证我国民主政治始终沿着正确的方向不断开展。中国共产党和在其领导之下实行的中国特色社会主义民主政治制度从根本上保证了中国特色社会主义民主政治发展道路的顺利运行。

一、中国共产党在民主政治建设中的核心作用

中国共产党不仅是我国的执政党，更是领导我国社会主义事业的核心，是社会主义民主建设与发展最根本的保障。如果失去了中国共产党的领导，民主政治建设将迷失方向，无法确保社会主义的实现，也不再有资格被称之为社会主义民主。也就是说，中国共产党的领导对于发展中国特色社会主义民主来说不可或缺。并且，现代政治实践也向我们证实了一个无可辩驳的规律，那就是一个执行力强大的政党的领导是民主政治得以在国家中顺利推进的前提。

党在领导社会主义民主建设时，重点在于政治原则、政治方向与关键的政治问题上。总而言之，包括以下几个方面。

第一，在中国共产党的领导之下，民主政治坚定地朝着社会主义方向不断发展。社会主义作为一种全新的民主形态，跟过去所有的剥削阶级类型的民主在性质上有着根本差异。它实现了绝大多数人的民主，是民主政治在当下的发展方向。中国共产党领导下的民主政治，让农民、工人与全体人民都成了管理自己国家的主人，享有的民主权利十分广泛，这既是中国特色社会主义民主最核心的内容，更是其与资本主义民主在本质上的巨大差异。必须在社会主义根本制度的框架下进行中国民主政治建设，始终按照社会主义发展道路来规划发展方向。因此不能完全抄袭西方的政治制度，照搬其发展模式，必须坚持走中国特色社会主义民主政治发展道路，而且绝对要划清跟无政府主义、极端民主化之间的界限，这些思潮不利于我国的社会主义事业发展，且极容易被极少数反动分子利用。所以必须坚决抵制与警惕此类思潮的出现和发展。只有这样，才能保证绝大多数人拥有民主权利，从而保证我国社会主义民主与法治建设的顺利进行。

　　第二，中国共产党要承担起执政党的责任，统领全局，引导民主政治发展目标与任务的制定。党要从当前经济社会的实际情况出发，立足长远发展，提出具有前瞻性与系统性的社会主义民主政治发展战略，清晰地规划出民主政治建设的具体程序和步骤。例如，党和国家要根据当前所处时代是否有成熟的条件来决定人民的民主权利如何得以实现，哪些已经有实行的机会，哪些能够进行步骤规划来保障一步步地实行，哪些可以通过创造一些条件就能实行，哪些仍需要等到将来时机成熟才能实行。在民主形式与法治方面，党和国家要认识到群众对参与政治需求的变化，并根据实际情况决定应在哪些条件中实行怎样的民主形式，以此来保证民主可以稳定延续且持续发展，选择制定怎样的制度和法律来保证社会行为规范，维持社会秩序，保障民主发展；在各级人大职权方面，要关注人民利益分化的程度及所处的阶段，为国家权力机关提出合理建议，指出在一定时期和条件中，应该设立的具体规定和制度，保障国家机构能够处于正常运转状态，推动民主的实现与法制的实施；在民主的范围与内容方面，要在市场经济逐渐发展完善的基础之上，根据全国各地区的具体情况采取科学合理的步骤和形式。在基层微观民主方面，要采取谨慎、积极、有效的措施，以实现多领域宏观民主的发展等。总而言之，党会通过法定程序来推动其部署的实现，并让决定和法律具有高度效力与权威，保证其在民主实践中得到贯彻执行。

　　第三，中国共产党从实际情况与客观要求出发，针对性地提出与社会主义民主发展相契合的重大措施与政策，并时刻对这些措施和政策进行监督以保证其有效执行。社会主义民主政治建设并非一蹴而就，需要漫长的时间来不断完善发展，而其中的每个时期都会面临不同的问题。要想有效解决各个时期民主政治建设所面临的问题和困难，就必须坚持党的领导，保证民主政治建设的稳定发展。党可以充分发挥出群众调研与民主集中的优势，根据每个时期产生的各种情况与问题，按照一定步骤领导民主建设具体工作的开展。党首先会汇集各种信息，深入分析当前存在的问题，研究人民群众的各种利益需求，之后广泛征求多方意见，并在此基础上制定与政府管理和群众需求相契合的具体机制。党在领导民主建设的同时，也在监督民主实施。在党的监督下，党对民主建设的核心领导作用才能得以充分实现，才能有效地管控与调整民主的发展进程。在我国权力结构中，民主政治建设实践接受的党的监督，党的监督在所有民主监督中处于最高层次。党时刻关注民主实践，对于其出现的偏向等问题，以及对民主与民主程序产生严重破坏和干扰的个人与社会团体，党会及时向国家的有关机关提出主张与建议，所有的决策或制裁都由国家机关来决定和执行。如果党内出现了破坏民主的行为或者不利于民主发展的成员，党也会根据党章党纪对其进行严肃处理；如果触犯法律，则由司法机关依法处置。

总而言之，党对于社会主义民主政治的领导，体现在为其指明发展的方向，掌控其发展的进程和步骤，制定与监督具体民主政策与措施的施行，确保社会主义民主会根据规划好的道路有序、健康地发展。

二、中国民主政治发展的根本制度：国体与政体

（一）国体：人民民主专政

人民民主专政是保障广大人民群众和无产阶级利益的基础，也是实现无产阶级历史使命的政治工具。

（1）确保人民群众在内部实行民主的职能。人民当家作主是我国社会主义民主政治的本质内容，此处的人民为工人阶级和其他的社会主义劳动者。人民内部的民主，不仅满足了人民民主专政的内在要求，也是实现广大人民群众当家做主的最佳方式，有利于从基础上巩固与发展我国社会主义制度。而人民群众的内部民主就是人民按照宪法与法律的相关规定，享受其应有的民主权利与自由。此处的权利与自由包括公民享有的政治权利与政治自由，如选举权、被选举权等，也包括监督、罢免、申诉、检举国家机关和相关工作人员的权利，同时还有管理国家文化、经济、社会等事业的权利。党与国家组织力量来引导人民群众的内部民主，使其借助具体制度运行来实现，并通过制定和实施法律法规从法律层面为其提供保障。总而言之，实现人民群众当家做主的根本载体是人民民主专政的国家政

权。人民内部需要遵循民主原则，如果内部出现了矛盾，只能按照民主方式来解决矛盾，坚决制止所有会侵害到人民民主权利的不当行为，这是实行人民民主不可违背的基本原则。只有如此，才能让广大人民群众与工人阶级形成主人翁意识，更具责任感，从而主动参与社会主义事业的发展。

（2）面对国内外敌对势力挑战采取相应措施的职能。建设中国特色社会主义事业，巩固我国的政权和保障人民群众的根本利益，这些都要求我们必须针对极少数敌对分子采取专政。但是一个国家政权会根据其经济政治具体形势的变化而改变专政的对象。我国目前处在社会主义初级阶段，鉴于国外敌对势力仍然存在，因此阶级斗争也必然会在某个范围内存在，甚至会因为一些事件而激化。目前国际上仍有长期存在的反动势力对我国的社会主义事业采取敌视态度。事实上，自社会主义诞生之时，就有国际上的敌对势力企图在摇篮中将其扼杀，尽管如今的时代以和平和发展作为主题，然而帝国主义一直在尝试和平演变及武力威胁社会主义。我国人民民主专政的国家政权需要承担起保障人民在和平中生活和劳动的重要任务。所以，为了保障社会主义制度不遭破坏，保证社会秩序稳定，维护广大人民群众的利益，保障人民的民主权利不会被侵害，人民民主专政的国家政权还需要通过各种措施来对国内的敌对分子进行专政，以及对国外的敌对势力进行有效的斗争。

（3）组织社会主义经济文化建设的职能。无产阶级革命以解放和发展社会生产力作为其最根本目的，所以人民民主专政的国家政权需要积极主动地组织好社会主义经济建设，为满足广大人民的需求而创造出更多的物质财富，促进人民群众物质文化生活水平的进一步提高。人民民主专政的国家政权需要承担的经济职能主要有三个：第一，借助政权力量建设及完善社会主义经济制度，保障社会主义经济的发展。第二，建立与领导社会主义市场经济体制，通过宏观调控与微观管理，保障社会主义经济事业开展得以顺利进行。第三，对外开放，通过加强跟其他国家之间的经济贸易联系，促进社会主义经济事业的发展。

人民民主专政的国家政权不仅有经济建设职能，而且还需要承担起组织社会主义文化建设的职能。在社会主义建设中，文化方面的建设也是重中之重，其基本内容就是持续满足人民群众在精神上的各种需求。所以加强社会主义精神文明建设跟组织社会主义文化建设之间有着紧密的联系，并且也是社会主义国家政权必须承担起来的重要责任。国家主要通过立法和政府决策来指引文化事业的未来发展道路，进行社会主义文化事业的建设。国家通过制定可以促进社会主义文化事业繁荣发展的相关政策和法规，从法律方面为其蓬勃发展提供保障。

（二）政体：人民代表大会制度

1. 人民民主专政的政权组织形式

政体就是政权构成的形式，即一定的社会阶层会通过怎样的形式来组织其政权机关，以此来保护自己，抵抗敌人。马克思提出，政体是由国体决定的，其必须跟国体相适应，服务于实现国家阶级本质。在中国，与人民民主专政最匹配的政治制度就是人民代表大会制度，它可以将我国政治制度具有的社会主义本质充分体现出来，它是我国的根本政治制度，为我国人民群众掌握与行使国家权力提供保障。

首先，人民代表大会制度是我国国家权利的基础。我国宪法规定，我国人民民主专政国家制度的根本与核心就在于国家的一切权利都属于人民。然而，我国疆域辽阔，人口众多，不同地区在经济、文化等方面有一定的差异。作为一个大国，我国的人民很难完全通过直接民主的方式来对国家和社会中的种种事务做出决定。而通过施行人民代表大会制度，就可以选出各级代表机构，让他们反映出人民群众的利益与意志，并代表人民群众行使国家权力，以及对国家事务进行管理，我国的各级人大都产生于民主选举，都会对人民负责，并受到人民的监督；其中，我国的最高权力机关为全国人民代表大会，它代表广大人民来行使立法权、人事任免权、监督权及重大事项决定权，是实现人民当家作主地位的根本保障。人民代表大会制度的实质就是人民选出能够代表自己的人大代表，保证国家一切权力都由人民掌握，它是最适合人民民主专政的一种政权组织形式，是构成中国国家权力以及国家权力机构的基础与根本。

其次，我国的其他具体制度都是由人民代表大会制度所决定的。人民代表大会制度是我国的根本政治制度。之所以称其为根本政治制度，是因为它是我国所有制度的出发点和根本点，是衍生其他具体制度的基础。我国社会主义制度体系包括干部人事制度、财政税收制度、司法检察制度、行政管理制度、文化教育制度等众多具体制度，都是在人民代表大会制度的基础之上建立与发展的。人民代表大会决定具体制度的规则和内容时采取的方式为立法决定；而这些制度的实现方式和具体形式则是由其他国家机构与人民代表大会之间的关系决定的；人民代表大会制度从多个角度保证具体制度的运转不会遭遇阻碍。具体来看，全国人民代表大会通过制定宪法、法律，形成中国所有具体制度正常运行的基础，从而对我国经济社会的其中一个领域的基本秩序及相关政策方针进行规定。人民代表大会制度囊括了我国的方方面面，如政治、经济、军事、外交等，全面反映了我国社会生活的面貌。

再次，人民代表大会制度的群众基础十分广泛。我国的群众组织有许多，如妇联、工会、共青团和一些专业团体。跟这些群众组织相比，人民代表大会的成员囊括了全国各个领域与机构的人士，包括各人民团体，各地区、各民族、各阶层等，可以更好、更充分地体现人民的意志与利益，是拥有最广泛代表性的国家政治组织。而妇联、工会和共青团等群众组织，其组成成员只是部分群众的代表，只能体现这一部分群众的利益与意志。坚持从群众中来、到群众中去，是人民代表大会制度始终不变的工作原则。其各级人民代表都是广大人民群众通过民主选举的方式所产生的，必须接受广大人民群众的监督。他们要积极主动参与社会生活，了解人民的愿望和想法，并从多数人的愿望和利益出发做出决定，他们同时担负着引导人民群众参与国家建设和管理的任务，人民代表大会代表必须牢记自己是群众的代表，积极深入群众当中，广泛组织、动员群众贯彻与执行那些经过人民代表大会投票通过的各种决定。

最后，从上述所提的特点可以看出，我国人民代表大会可以充分体现社会主义民主性质，也就是国家一切权力属于人民，它与我国的社会发展现状以及阶级结构相契合，可以保障人民民主专政政权组织机构作用的发挥。

2.人民代表大会制度的优越性

民主集中制原则在人民代表大会制度中得到了充分体现，作为与我国人民行使国家权力原则相匹配的根本政治制度，人民代表大会制度使得民主与集中实现有机统一，具有非常可观的优越性。

第一，国家权力归属于人民的原则可以在人民代表大会制度上得到充分的体现。我国宪法明确规定，人民拥有中华人民共和国的所有权力，而代表广大人民行使国家权力的机关是全国人民代表大会与地方各级人民代表大会。该制度是人民当家作主的保障，将我国社会主义民主政治的广泛性与真实性充分体现了出来。首先，人民选举是我国各级人民代表大会的选举途径，因此人大代表是受到群众支持和信任的人，群众基础极为广泛。人大代表包括农民、工人、知识分子等各界人士，代表性十分广泛，经济社会等重大问题有了他们的共同参与，就保障人民各方面的利益需求都可以被照顾到。其次，人民是人民代表大会权力的根本来源，跟其他政治机关相比，其在法理上有独一无二的全权代表性。国家权力经由人民代表大会进行统一行使，国家政治生活的每一个方面都由其代表与衍生，国家的行政机关、检察机关等所有国家机关都由其产生，并受其监督。最后，选民与选举单位有权监督各级人民代表大会的代表，全体人民也有权监督所有的国家机关与每一位国家工作人员。这也是确保人民代表和国家机关始终都能遵循人民的意志，保护人民的利益，对人民负责，而这一切都充分体现出了人民代表大会制度在民主上有着难以超越的优越性。

第二，国家权力通过人民代表大会制度得以集中与统一。人民代表大会制度的作用方式及其权利性质，决定了在该制度之下我国的国家机关可以进行密切配合及分工合作。而各级人民代表大会的政治功能是这种机制最主要、最显著的表现。各级人民代表大会，不仅是议事机关，也是工作机关，担负着代表广大人民群众行使国家政治权力的任务。作为我国最高立法机关，全国人民代表大会有制定与修改宪法、法律的权力，以及对国家经济社会等面临的重大问题做出决定的权力。全国人民代表大会同时也是我国的最高权力机关，最高国家机关和领导该机关的主要人员都是由它所产生的。例如，作为我国最高行政机关的国务院，也是全国人民代表大会的执行机关，需要对它负责，并接受它的监督，向其报告一切工作。而地方各级人民代表大会则是地方的权力机关与立法机关，拥有制定地方性法规，对地方重大事项做出决定的权力，拥有罢免或者选举本级政府领导人员的权力。在国家机关当中，有权力选举或者罢免本级的人民法院院长及人民检察院检察长的机关为县级以上的各级人民代表大会。而所有的人民法院与人民检察院都必须对相同级别的人民代表大会负责。由此一来，国家的权力在人民代表大会制度中实现了统一和集中。它借助各级人民代表集中了广大人民分散的意志，最终形成了全国人民与地方的统一意志。

第三，中央与地方在人民代表大会制度下实现有机统一。民主集中制是人民代表大会组织起来的根据，民主集中制既可以保证地方的主动性与积极性得到充分发挥，又保障了中央能够进行集中统一领导，是有机结合中央与地方的重要制度联结。全国人民代表大会所制定的各种法律与通过的决议，所有的国家机关都必须按照要求严格遵守与执行。全国人民代表大会展现出来的权威性，是确保国家机构形成统一整体的基础，有利于我国攻破经济社会面对的各种艰难任务。我们既要注意保证国家整体利益的实现，也要兼顾地方发展平衡，尽全力将地方发展的创造性与积极性调动起来。我国宪法中有明确规定，省、自治区和直辖市的人民代表大会及其常务委员会有制定地方性法规的权力，而在少数民族自治区域，自治机关也有制定单行条例与自治条例的相关权力。由此一来，人民代表大会使得中央与地方权限得到了良好的划分，在保证地方有一定自主权力的同时确保中央的统一领导，同时发挥了双方的积极性。邓小平同志曾表示，我们采取的民主集中制具有极大的优越性，跟西方的民主相比，我们的制度可以让人民更好地团结起来。

在我国社会主义民主政治当中，人民代表大会制度是最为鲜明的特点，它与我国国情相契合，并体现出了中国特色社会主义民主政治的本质所在，有强大的活力与显著的优势。我们要坚持发展人民代表大会制度，只有这样才能巩固中国特色社会主义制度，才能保证全国各族人民的根本利益得以实现。

第五节　中国特色社会主义民主政治建设的前进方向

全过程人民民主理念是中国共产党在理论上和实践上深入探索、不断发展马克思主义民主理论的最新成果。在全新的历史条件下，要尽可能保证全过程人民民主的扩展，将全过程人民民主的具体实施机制进行完善，推动全过程人民民主建设与社会主义法治建设之间的联系和互动，提高全体人民的政治参与能力，加强其权利意识，通过对全过程人民民主理论体系的深入研究，逐渐完善和发展全过程人民民主。要从中国政治传统中挖掘内生性资源，挖掘党在百年奋斗中所积累的统一战线历史经验，以促进全过程人民民主的发展完善，将全过程人民民主与统一战线的内在一致性揭示出来，让统一战线的作用充分发挥出来，加快全过程人民民主的进程。

党的十八大之后，以习近平同志为核心的党中央一直坚持党的领导、人民当家作主及依法治国三者的有机统一，努力完善人民当家作主制度体系，使人民民主能够得到更为充分和广泛的发展，在实践中不断促进全过程人民民主的完善，激发社会主义民主政治的活力。2019年11月，习近平总书记在上海考察时，首次提出全过程人民民主这个概念，表示人民民主为全过程的民主。2021年3月，《全国人民代表大会关于修改〈中华人民共和国全国人民代表大会组织法〉的决定》中出现了"全过程民主"的表述。2021年7月，在庆祝中国共产党成立100周年大会上，习近平总书记重申了"全过程人民民主",指出我们应坚持以人民为中心的思想,发展全过程人民民主。2021年10月,在中央人大工作会议上,习近平总书记在讲话中再次强调,必须深刻认识到民主政治的发展规律,加快全过程人民民主的发展和完善。"积极发展全过程人民民主"在2021年11月的党的十九届六中全会上得到再次强调,并写入《中共中央关于党的百年奋斗重大成就和历史经验的决议》。全过程人民民主实际上就是更生动的人民当家作主,成了我国民主政治中重要的议题及核心要义,是从理论上对社会主义民主政治的一次创新。全过程人民民主的提出与解读虽然是在新时代背景之下,但是其拥有悠久的发展历史。

习近平总书记强调,要形成以人民为中心点的发展思想,加快全过程人民民主的发展,要保证社会公平不被破坏,尽快将发展不平衡不充分及人民群众面临的种种问题进行解决,实现人的全面发展,加快共同富裕的进程。全过程人民民主理论始终坚持以人民为中心的价值理念,有效地将人民当家作主的民主理念嵌入治国理政的各个层面,把对人民利益的关切融入国家经济社会发展的全过程,使"中国之治"彰显出中国风格、中国特色和中国气派。

"全过程人民民主"这一新理念、新表达科学揭示了中国特色社会主义民主的深刻内涵、时代特征和政治优势,标志着我们党对社会主义民主政治建设规律的认识达到了一个新高度,为推进中国特色社会主义民主政治建设指明了前进方向。

一、坚持党的领导、人民当家作主、依法治国有机统一

中国特色社会主义民主政治将坚持三者之间的有机统一作为其本质特征,这个本质特征同时也从内部保证了全过程人民民主的发展。全过程人民民主对党的领导、人民当家作主及依法治国三者之间如何进行统筹的问题做出了深刻回答,强调我国必须毫不动摇地走中国特色社会主义政治发展道路,在新时代中国特色社会主义民主政治建设实践当中实现三者的统一,统一于人民代表大会制度的根本制度安排和根本制度载体,统一于全

面建设社会主义现代化国家、实现中华民族伟大复兴的全过程。

发展全过程人民民主，就是要正确处理政治、民主和法治的关系，把坚持党的领导、人民当家做主与依法治国紧密结合起来、内在统一起来，用科学理论阐释人民民主、用国家制度推进人民民主、用良法善治保障人民民主，在党的领导和支持下不断发展人民民主，努力实现更高水平的人民当家作主。

二、坚持党内民主与人民民主相统一

党内民主与人民民主是党和人民关系在民主政治领域的集中体现，是中国特色社会主义民主的两个基本方面。人民民主是社会主义的生命，是中国共产党始终高举的旗帜。党内民主是党的生命，是坚持和加强党的全面领导的必然要求，是党内政治生活积极健康的重要基础，对发展人民民主具有重要的引领、带动和促进作用。

改革开放以来，中国共产党团结带领人民成功开辟了中国特色社会主义政治发展道路，为人民民主找到了正确的发展方向。发展全过程人民民主，必须在党的领导下不断发展党内民主，促使党对中国特色社会主义民主政治建设的领导水平和能力得到提高，从根本上保证人民当家作主的实现，让党和国家更具活力，提高人民的积极性，实现人人都能行使民主权利、参与民主过程、分享民主红利、承担民主责任的良好政治局面。

三、坚持选举民主与协商民主相统一

选举民主是人民依照宪法和法律管理国家和社会事务，管理经济和文化事业的一种国家形态和国家制度。在我国现行宪法框架和法律体系中，选举民主是我国人民代表大会制度的重要内容和政治基础，是全过程人民民主的基础性制度性安排。协商民主是中国特色社会主义民主政治的一种独特优势与形式，它是一种有效的民主方式和手段。全过程人民民主理论当中有一个原创性极强的贡献，那就是将协商民主和选举民主进行有机统一的同时，强调协商民主要具有中国特色，呈现出其制度优势。中国特色社会主义制度中的事情是由众人一同商量着解决的，人民民主就是找到社会要求与意愿的最大公约数。中国特色社会主义协商民主使得民主形式更加多样，民主渠道得以扩展开来，民主的内涵变得更加深刻。

四、坚持发展人民民主和实现人民幸福相统一

民主的发展其实就是不断解放人的过程，让人不再受到外在关系束缚，成为可以全面发展的自由的人的过程。人民是全过程人民民主的出发点，也是落脚点。我们党带领人民一同努力发展全过程人民民主，在民主的每一个环节和领域中体现出人民的利益，维护着人民的权益，反映出人民的意志，为人民谋福祉，通过多种形式和途径保障人民当家作主，让人民对生活产生的美好向往得到满足，更好实现人民幸福。现阶段发展全过程人民民主，就是在面对人民群众针对民主、公平、安全、法治、环境等方面产生的期待和要求做出积极地回应，努力让人民群众更具安全感与幸福感，通过法治的方式为人民提供保障，促进人的全面发展，推进全体人民共同富裕的进程。

五、坚持发扬民主和实行集中相统一

全过程人民民主坚持民主集中制，把民主与效率统筹兼顾起来，把民主与集中辩证统一起来，既充分发扬党内民主和人民民主，又努力实现相对集中和高效管用，较好地解决了如何实现人民民主这个世界难题。民主集中制是我们党的根本组织制度和领导制度，它可以让全党的活力得到极大的激发，让全党的行动与思想都得到统一，避免分散主义的出现，是一个高效率的科学制度。民主集中制同时也是我国在活动和组织当中必须遵守的基本原则，能够充分发挥各地方、各部门、各领域的主动性和积极性，同时保证国家统一、高效组织推进各项事业。发展全过程人民民主，就要在国家的治理体系与治理能力现代化过程中贯彻民主集中制，提高国家机关的效率和能力，加强各类国家机关的合作协调，从而形成强大的治国力量。

　　全过程人民民主包括选举民主和协商民主、党内民主和人民民主、国家治理和基层自治、直接民主和间接民主等各种各样的民主形式，是一种全覆盖、全流程、持续性的民主形式，充分彰显了中国式民主的鲜明特征和显著优势，体现了实现人民当家作主的中国智慧。

第二章　全过程人民民主概述

第一节　全过程人民民主的内涵解读

以习近平同志为核心的党中央在深刻洞察、总结和分析了国内外民主政治发展的具体情况、多年积累的经验和出现的种种问题之后，提出了全过程人民民主这一概念。该概念拥有的理论内涵及在实践中需要遵循的要求都是全新的。中国新民主政治观在提出全过程人民民主及对其理论进行凝练之后得到了确立。

一、全过程人民民主的时代背景

党的十八大之后，以习近平同志为核心的党中央根据实现国家治理体系与治理能力现代化的目标，提出了许多关于中国特色社会主义民主的全新观点、论断及实际措施。其中，全过程人民民主概念的正式提出，是原创性的理论贡献。该概念的提出是一个不断发展完善的过程。习近平总书记在 2014 年庆祝全国人民代表大会成立六十周年大会上表示：我们必须要坚持与发展人民代表大会制度，要让人民在形式上和实质上都享有权利。如何实现人民真正当家作主的问题在此提出，让全过程人民民主得以拥有一个十分清晰明确的问题导向。2019 年，习近平总书记前往上海考察时，提出中国特色社会主义民主就是全过程民主，这是全过程人民民主概念首次提出。2021 年 3 月，全国人大将全过程民主写入《中华人民共和国全国人民代表大会组织法（修正草案）》与《中华人民共和国全国人民代表大会议事规则（修正草案）》中，让全过程民主晋升成为一个规范性的法律概念。同年 7 月，在庆祝中国共产党百年华诞大会上，习近平总书记正式提出了"全过程人民民主"的概念。同年 10 月，习近平总书记在中央人大工作会议上对全过程人民民主理论做出了全面且系统的阐述，标志着全过程人民民主表述的确立。正式确立全过程人民民主在理论和实践上都具有重要意义。中国共产党在"工农民主"与"人民民主"之后提出的"全过程人民民主"是对原有民主理论的一次突破性创新与发展。该理论将中国共产党对于民主的全新理解、认识及实践进行了集中呈现和准确地表达，促进了中国新民主政治观的确立。

二、全过程人民民主的核心要义

在理论内涵上，全过程人民民主的指向十分明确。它是马克思主义对于人民民主提出的一系列理论精髓的继承与发展，是对我党百年来的民主政治建设经验进行的总结，是超越资本主义民主理论的存在。坚持全过程人民民主，就是为人民真正当家作主提供保障，是保障人民主权、人民参与和人民利益的基础，它可以将人民形式上有权但实质无权的问题从根本上解决。民主最根本的要求就是人民主权。在西方民主制度中，选举是中心，因此只有选举才是人民行使主权的主要场地。这就是将人民主权削弱成了单纯的选举权，人民无法参与政治的全过程。除了选举的其他政治过程中，人民主权明显被虚置，完全背离了民主的本意。而全过程人民民主就是在所有的政治过程中人民都有在场的权力，人民主权得以常在。民主最根本的要求就是保证人民参与。人民参与国家公共事务的管理工作，这才是民主的本意。

选举并不代表民主，它只是民主的一部分，是人民在参与国家公共事务管理的一个方面。全过程人民民主就是保障人民可以参与政治的全过程。而要落实民主的要义，就必须保证有丰富多样、畅通无阻的参与渠道及制度形式。民主一直追求的是人民的利益。民主促进国家、社会和公民发展的基本机制与核心逻辑在于专制治理远不如众人治理具有优越性，少数人的利益远不如公共利益具有优越性。全过程人民民主在众多领域为公民表达其自身利益及参与政治设置了相应的渠道与机制，如在行政、司法、社会与立法等领域，保障人民可以表达其利益需求的权利。在实践机制上，全过程人民民主有一些非常鲜明的特点。第一，实践方面。人民可以在任意时间参与到国家公共事务管理的每一个节点上，阶段性条件并不会对其产生限制。人民既可以选择在特定时间参与国家公共事务的管理，也可以选择任意时间将自己的建议和意见提出。我国民主制度包含了法定的规范化程序及一般性、社会性的协商程序。第二，空间方面。空间过程条件并不会限制人民对国家公共事务管理全过程的各方面参与。公民若是想对国家某个事务提出建议或者反映情况，可以通过参与行政、立法与司法过程来实现。第三，形式方面。人民有多种多样管理国家公共事务的渠道与方式。具体的民主实现方式包括选举、监督、信访、协商、批评等。我国的政治民主制度是宏观性的，但也有微观性民主回应机制来应对人民日常生活中的参与需求。全过程人民民主这三个方面的规范性机制，建构了一条科学合理的实现人民民主的道路。

在价值目标上，全过程人民民主有本真追求。实现人民真正当家做主是全过程人民民主的追求，它尽可能避免出现人民形式有权但实质无权的情况。全过程人民民主将原有的民主概念进行了前置修饰，从时间、空间与内容上使原有的民主内涵得到扩展。全过程人民民主是扬弃前人经验与教训之后的人类民主思想，形成了将概念、制度、实践、理论与规范统一的体系，具有科学性、规范性与系统性。全过程人民民主是民主的新政治发展要求，并经过立法程序和国家的法律体系融为一体，得到了法律的保障。全过程人民民主与世界民主发展潮流相符，是实现中国国家治理现代化的重要途径，也是向世界提供的中国方案。

三、全过程人民民主的三维解读

人民民主的内涵在全过程人民民主概念提出之后得到了进一步的具体与充实，中国特色社会主义民主政治迎来了一个全新的发展阶段。而要想深入理解全过程人民民主，可以从三个视角来进行分析，分别是"全过程""人民"及"民主"，在此基础之上来看待全过程人民民主采取了怎样的实现道路及得到了哪些根本保障。

站在"全过程"的角度来看。"全"指的是在空间上的整体、完整，而"过程"则是事物在时间上的发展，合起来的"全过程"可以将其理解为持续、完整。所以，全过程人民民主，就是在中国特色社会主义民主政治的发展过程当中全方位地实现人民民主。具体来看，"全过程"就是民主政治要素必须全面，制度链条必须完整，民主过程必须有协同性，人民民主必须有系统性，它将中国特色社会主义民主的开放性与科学性揭示了出来。进入新时代，全过程人民民主的发展进一步加快。党的十八大报告中提到社会主义协商民主是我国人民民主的重要形式。中国特色社会主义民主政治要素从过去的四个转变成了五个，即在原有的选举民主、基层民主、社会民主和公民民主中，增加了一个协商民主。更加全面的民主政治要素与更加完整的制度链条将民主过程的全领域，包括民主协商、民主管理等完整覆盖。"西式民主"的特征是非连续性的点状，而全过程人民民主的制度程序与参与实践都是完整的，两者存在根本上的差异。人民处于主体地位及人民的立场是全过程人民民主主要强调的内容，而且体现在国家政治生活的各个环节与领域当中，体现出全过程人民民主具有系统性，绝不是"单一民主"或"一次民主"。

站在"人民"的角度来看。马克思主义经典作家在论述民主时，也回答了人民是怎样创造国家这个问题。而全过程人民民主，则是回答了人民怎样才能"进入国家"这个问题。全过程人民民主从理论与现实上为人民进入国家提供了依据和途径。通过"人民当家作主"这个导向，亿万人民群众得以通过多样化的民主形式和制度来参与国家事务的管理工作，拥有管理各方面事务的权力[①]。从人民视角来看，全过程人民民主的起点必须是人民在政治上提出的需求，其环节为人民的政治参与，其终点与新的起

---

① 王庭大，董天美.坚定推进全过程人民民主[J].党建，2022（2）：29-31.

点则是人民政治诉求的实现。因此，可以看出全过程人民民主以人民为中心作为其内在依据，保障人民当家作主的权力是其具体表征，而维护人民根本利益不受侵害则是其实践指引。社会主义民主政治的核心是人民当家作主，而其中的人民便是在全过程人民民主论断当中最核心的存在。此处的人民不同于西方人本主义所提到的抽象个人，也跟古代"民本主义"当中提到的没有主体性的"民"有巨大差异，此处的人民不再是被支配的对象，克服了民主政治实践里的极端个人主义[①]，是一种全新的真正的人民民主，不在资本主义的逻辑范围内，也不受奴役思维的限制。西方民主的政治逻辑是通过资本使得人民民主被弱化，而全过程人民民主的落脚点就是人民，资产阶级民主理念并不是它的价值准线，也不会遵循资本逻辑作为民主实现的动因，更不会将资本在金钱上的交易当作政治民主的筹码。

站在"民主"的角度来看。民主其实就是每一个人都拥有管理国家与社会事务，对国事发表自己意见的权利，这是人类文明进步的标志。民主有两种形式，分别为民主理念与民主实现，而两种形式的统一才是真正的民主。如果两者之间没有达成一致，便是虚假民主。人民民主专政的国家性质，从体制机制上保障了全过程人民民主理念和实践的有机统一，实质民主和程序民主、国家意志与人民民主、过程民主与成果民主及直接民主和间接民主在此得到真正的相互统一，它是在党的领导之下进行的民主实践，是行使主体的人民性、民主形态的复合性与行使过程的完整性及民主绩效的最优解[②]。全过程人民民主对理念和实践的有机统一问题给出了答案，人民当家作主在其帮助下得以与中国特色社会主义民主政治全过程相互融合，"全过程""人民"与"民主"实现了有机统一。因此，这才是一种最真实的民主，没有掺水分的民主，能够赢得人民支持的民主。

---

① 李怡，肖昭彬."以人民为中心的发展思想"的理论创新与现实意蕴[J].马克思主义研究，2017（7）：159.

② 张明军.全过程人民民主的价值、特征及实现逻辑[J].思想理论教育，2021（9）：31-3.

四、全过程人民民主的根本保障

坚持党的领导、人民当家作主及依法治国三者之间的有机统一，从根本上保障了全过程人民民主的推进和强化。首先，中国共产党的领导是中国特色社会主义制度的最大优势，全过程人民民主的内在要求就是坚持党的领导。而领导与支持人民当家做主则是党的工作重心[1]。因为中国共产党从成立的那一天起，就承担起了中华民族复兴，实现中国人民当家作主的任务[2]，因此中国共产党始终将人民民主这一旗帜高高举起[3]。中国共产党带领广大群众探索出来的全过程人民民主是我国的民主成果，是人民参与民主所积累的中国民主经验，是人民和历史选择了中国共产党领导全过程人民民主。"人民当家作主"与"党的领导"在内部具有一致性。党对于人民的领导，其实就是人民在党的领导之下实现自己的权利、行使自己的权力的过程，是党与人民血肉联系的一种诠释。其次，无论是全过程人民民主的价值指向，还是社会主义民主政治的本质，都是人民当家作主。全过程人民民主从内在到外在都需要遵循人民当家作主的原则，因为它代表着党的领导，体现了依法治国的人民立场。而发展社会主义民主政治，就是通过制度体系为人民当家作主提供保障，充分激发人民的创造活力，保障人民的利益[4]。所以全过程人民民主在遵循人民当家作主的基础上就不会出现偏离，不会导致人民失去其权力，始终有一个价值导引。最后，党领导人民对国家进行治理的最基本的方略就是依法治国，它也是全过程人民民主法治化实现的途径。社会主义民主，必然是在党的领导之下，具

---

[1] 中共中央文献研究室.十八大以来重要文献选编：中 [M].北京：中央文献出版社，2016：173.

[2] 中共中央文献研究室.十八大以来重要文献选编：中 [M].北京：中央文献出版社，2016：52.

[3] 中共中央文献研究室.十八大以来重要文献选编：中 [M].北京：中央文献出版社，2016：59.

[4] 2017 年 10 月 18 日习近平在中国共产党第十九次全国代表大会上的讲话《决胜全面建成小康社会，夺取新时代中国特色社会主义伟大胜利》。

有纪律和秩序，有社会主义法治保障的民主。全过程人民民主具有程序化、规范化与制度化，实现了民主和法治的统一。人民的主体地位由宪法确立，拥有一切权力，所有的国家机关、党和相关工作人员在行使权力时都不能超过宪法和法律规定的范围。人民通过依法治国得以根据法律采取各种形式和途径对国家事务、社会事务和经济文化事业等进行管理[1]，是有序民主的体现。

国家治理往往会陷入治乱兴衰这种难以逃脱的历史周期律当中，而坚持党的领导与人民当家作主、依法治国三者之间的有机结合，则可以帮助国家跳出这个历史周期律。三者之间的结合让人民得以在党的领导之下凝聚到一起，形成一个有机整体，而宪法则是人民与党的共同意志的体现，整个国家的组织、发展和运行都需要遵循宪法这一根本法，党是人民依据宪法治理国家的核心。[2]

总而言之，三者之间的相互配合、相互支撑，使得党能够更有力地领导全过程人民民主，保证其社会主义性质，使全过程人民民主具有规范性和有序性，为其长远发展奠定基础。

作为一个全新的社会主义人民民主概念，全过程人民民主无论在理论上还是在实践上都需要进一步发展完善。第一，需要加强其竞争性，在基层人大代表选举投票环节当中，要为选举人和被选举人之间提供更多的见面机会，实现民主形式与本质在时空上的统一，提高其竞争性。第二，需要进一步完善其规范性，如在协商民主中，要明确具体的协商程度，如协商的内容，协商的对象和主体，协商的具体问题及场合等，完善协商程序，增强全过程人民民主的规范性。建设社会主义现代化强国的目标如今正在一步步实现，随着中国特色社会主义事业进程的推进，全过程人民民主会持续对局部问题进行解决，并发展出新的理论成果。

---

[1]　2021 年 7 月 1 日习近平在庆祝中国共产党成立 100 周年大会上的讲话。

[2]　林尚立 . 论人民民主[M]. 上海：上海人民出版社，2016：29.

第二节　全过程人民民主的理论渊源

全过程人民民主是诞生在深刻理论渊源之上的民主。而民主这一概念最早出现在古希腊雅典城邦时期。随着人类社会的现代化进程加快，民主也拥有了独特的价值与地位，成为一个可以将人的主体性彰显出来的重要制度。民主作为中国共产党长久以来在理论上的主张及实践行动，也是全人类共同的价值。在新时代，中国共产党人对民主有了全新的理解、定义与实践，形成了全过程人民民主，它诞生于人类社会民主思想的土壤当中，是对人类社会民主思想的一种扬弃。它从更高层次的理论与实践上对民主进行了创新和发展，是人类民主理论与实践的新内容。

马克思和恩格斯等人创立了科学社会主义理论体系，共产主义运动与国际工人运动在理论指导之下得以轰轰烈烈地进行，不断批判着资本主义代议制民主的本质。在资产阶级中出现的民主只是一个服务于资产阶级剥削统治的工具，如果采取资产阶级代议制来实现民主，无产阶级永远都不会得到平等和自由。要想改变这一切，就必须让无产阶级成为国家的统治阶级，建立属于自己阶级的政府[①]。无产阶级专政借助革命的方式建立起来，是一种全新的民主模式，跟人类历史上的所有民主形态相比都要更先进、更科学。然而这并不是最终的民主模式，让人们不再被剥削和支配，实现真正的全面自由，实现彻底的自治，实现最彻底的民主才是真正的共产主义[②]。列宁进行了马克思主义中提到的无产阶级专政政治实践，这是一个伟大的创造。列宁也在实践中发现社会主义是建立在民主之上的[③]。

[①]　商红日.全过程民主彰显人民民主的本质 [J].探索与争鸣，2020（12）：13-15.

[②]　解放日报.尽心履职，发展全过程人民民主 [N].解放日报，2022-01-20（1）.

[③]　李怡，肖昭彬."以人民为中心的发展思想"的理论创新与现实意蕴 [J].马克思主义研究，2017（7）：26-33，159.

于是列宁将马克思主义提到的无产阶级专政的相关理论与当时俄国的国情相结合，建立了苏维埃政权。在列宁领导之下形成的苏联是人类民主发展史上浓墨重彩的一笔，它是资产阶级代议制民主之外的一个全新的民主实践，许多"二战"之后独立的国家都受到了其深刻影响。

中国共产党将马克思主义民主思想进行了中国化，最终所形成的民主理论与我国国情相契合。中国共产党提出的民主理论及实践都是一个持续发展变化的过程性理论体系。毛泽东同志的民主思想在新民主主义革命及社会主义革命与建设时期都有体现。他表示，新中国的国体，即国家性质，就是无产阶级领导的、以工农联盟为基础的人民民主专政[①]。毛泽东同志所提出的民主思想理论为我国民主政治奠定了基石。邓小平同志深刻总结历史经验，强调要进行改革，实现党与国家制度的完善，建立完善的制度以保障党与国家政治生活的民主化，整个社会的民主化[②]。邓小平同志提出了要加快建设社会主义民主、尽快促使社会主义法治完善的思想，在实践中建设法治化和制度化的民主，为改革开放设定好了民主法治的制度框架和价值目标。以江泽民同志为代表的中国共产党人提出了"三个代表"重要思想。这是理论建设的一个新进展，它让国家、政党与人民之间拥有了一层现代性政治关系，促使党的执政在实践与理论上都更加融洽。以胡锦涛同志为代表的中国共产党人着重探索党内民主与执政现代化方面的内容，并提出社会主义以人民民主为生命。以习近平同志为代表的中国共产党人提出了全过程人民民主思想，奠定了社会主义现代化国家建设与中华民族伟大复兴实现的民主基石。

一、古希腊的直接民主

全过程人民民主并非无端无源的政治臆想，事实上，它跟中国古代的

---

① 张明军.全过程人民民主的价值、特征及实现逻辑[J].思想理论教育，2021（9）：31-37.

② 王江伟."全过程人民民主"的实践形态：结构要素与生成机制[J].求实,2021（5）：17-30.

政治文明思想及人类政治文明早期形态之间都有一定的联系，而这种联系主要体现在人民与民主的关系上。民主诞生于古希腊雅典城邦，是当时全新的政治实践形式。从本质上来看，这是一种"直接民主"。在公元前6世纪，雅典城邦形成了一套全新的政治体系，公民可以在这里直接决策和管理公共事务。然而，此时的古希腊其实是一个奴隶制"城邦社会"，贵族寡头之间的斗争所形成的社会，完全不可能让全体人民都享有政治权利，只是借助一些形式民主，如投票、辩论和抽签来达成民主。所以只有少数公民享有民主，妇女与奴隶则毫无民主权利；政治自身虽然具有"调和"的形象，但很容易被政治上的争吵与争论展现出的无序性摧毁。政治共同体在一次次演变中，形成了通过国家机器来运作公共权力的民主形式。这种政权将人民和民主分割开来，由统治者独自享有公共权力，僭越了人民民主。剥削阶级的当政者为了获得政治信任，会通过形式上承诺人民，形成了一种极具欺骗性的政治形势，并完全取代了"代表人民利益"的民主理念。可见，无论是奴隶制度还是封建制度，其民主都不是一种"代表人民利益"的民主，而是诉诸"君权神授"来诓骗人民从而使政治制度与民主更具有合理性的虚假民主，在这种政权中，统治者成了神的化身，天道与人道相等，从而形成了一整套等级森严的政治秩序，最终实现的是对人民的统治，而不是人民的统治，导致民主变得不民主。

二、苏格拉底、柏拉图和亚里士多德的代议制民主

苏格拉底、亚里士多德与柏拉图都亲自观察与研究过民主城邦，并最终提出了政体分类这一思想，这是针对民主政治进行的一种奠基性的思考。自17世纪资产阶级革命之后，古希腊的民主思想被众多资产阶级思想家们重新挖掘、建构，并构建出一套与资产阶级利益相符合的制度与理论，即使用代议制民主代替了古希腊雅典的直接民主。政党是代议制民主中必然存在的工具，代议制这一民主形态得到了广泛使用。但从民主发展整体情况来看，代议制民主倾向于关注民主选举的环节，并不是真正的人民当家作主。

三、中国古代社会的民主

中国古代设想的民主公共政治权利的标志是"天下"，对应着现代中国政治中的"人民"。"天下"当中有一种人民性，"天"是一种比喻，其中有人民公意的内涵。而"天"这一比喻导致"天下"充满了神秘性，在专制政治当中，"人民"必须依赖着"天"。由此便出现了"天理"，其代表为宋明理学的兴盛，然而只有精英阶层，如士大夫等才有解释权。之后，充满人情的、世俗的"公理"将"天理"替代。"公理"主要有两个要义：即可以将大众在世俗当中的利益体现出来，以及论证与凝练这个普遍要求。随着专制制度的不断强大，民主思想从朴素发展到狭隘，民主的实践动力与主体精神不断被消磨。我国古代提出的民本思想中确实具有人民民主的意味，其具体含义有两层：第一，人民利益是国家与社会的价值主体；第二，要想稳固君主权力就必须得到人民的拥护。然而，受到帝制"家天下"这一政治设定的制约，民主可以实施的范围非常狭小，人民虽然是价值主体，却完全没有得到应有的重视，关于"民本思想"的争论多体现在理论层面而极少付诸现实。

四、马克思主义经典作家的民主思想

全过程人民民主的一大主要思想来源就是马克思主义经典作家论述的民主思想。首先，建立一个民主国家是实现民主诉求的前提。《共产党宣言》指出："工人革命的第一步就是使无产阶级上升为统治阶级，争得民主……利用自己的政治统治，一步一步地夺取资产阶级的全部资本。"[1] 此处可以看到两个事实，即民主是由一定阶级所进行的政治统治，拥有坚实的经济基础才能保证民主的实现及长久稳固。经过阶级斗争所形成的国家

---

[1] 中共中央马克思恩格斯列宁斯大林著作编译局.马克思恩格斯选集：第一卷[M].北京：人民出版社，2012：421.

是统治的工具，"借助于国家而在政治上也成为占统治地位的阶级"①，施行其民主。所以，无产阶级必须"建立民主的国家制度，从而直接或间接地建立无产阶级的政治统治"②。恩格斯指出："只有在民主共和国这种政治形式下，才能取得统治。民主共和国甚至是无产阶级专政的特殊形式。"③其次，国家权力由人民来掌握是实现民主政治参与的重要标志。在资本主义社会中，民主是受到资本权力主导的，"资本权力……如此蛮横，采用贿赂手段如此明目张胆……任何民主共和制、任何选举制度都不会改变事情的实质"④。并且，"资产阶级民主主义不能做到使劳动群众具有一种内容适合于他们的阶级地位的意志……而这一点社会主义一定会做到"⑤。社会主义中的民主是统一了理论和实质的民主，"反对把政治民主的基本要求庸俗化，也甚于维护这些要求"⑥。列宁更为详细地表明，应"让群众自下而上地直接参加全部国家生活的民主建设"⑦，他还认为"民主其实就是国家形式，是国家形态的一种"⑧。因此，"没有民主，就不可能有社会主

---

① 中共中央马克思恩格斯列宁斯大林著作编译局.马克思恩格斯选集：第四卷[M].北京：人民出版社，2012：191.

② 中共中央马克思恩格斯列宁斯大林著作编译局.马克思恩格斯选集：第一卷[M].北京：人民出版社，2012：304.

③ 中共中央马克思恩格斯列宁斯大林著作编译局.马克思恩格斯选集：第四卷[M].北京：人民出版社，2012：415.

④ 中共中央马克思恩格斯列宁斯大林著作编译局.马克思恩格斯选集：第四卷[M].北京：人民出版社，2012：53.

⑤ 中共中央马克思恩格斯列宁斯大林著作编译局.马克思恩格斯选集：第三卷[M].北京：人民出版社，2012：550.

⑥ 中共中央马克思恩格斯列宁斯大林著作编译局.列宁选集：第二卷[M].北京：人民出版社，1972：180.

⑦ 中共中央马克思恩格斯列宁斯大林著作编译局 列宁选集：第二卷[M].北京：人民出版社，2012：48.

⑧ 中共中央马克思恩格斯列宁斯大林著作编译局 列宁选集：第二卷[M].北京：人民出版社，2012：201.

义"①。除此之外，"广泛民主原则"要满足两个条件："第一，完全的公开性；第二，一切职务经过选举"②。最后，民主是否真实是区分资本主义民主和社会主义民主的主要依据，资本主义民主"实质上始终是少数人的即只是有产阶级的、只是富人的民主制度"③，而社会主义民主则拥有特殊的品质，不是这种具有局限性的民主，因为它是"绝大多数人的，为绝大多数人谋利益的独立的运动"，该运动既重视生产力发展，同时也关注人民是否拥有生产力。此外，"没有代表机构，我们不可能想象什么民主，即使是无产阶级民主"④。在马克思看来，当时的国家政权只是一个委员会，管理着所有的资产阶级共同事务。具体看，表现为"它的真专制与假民主，它的政治面具与财政骗局，它的漂亮言辞与龌龊手腕"⑤。因此，资本主义民主难免会面临民主治理虚伪化的险境。而且，马克思肯定了巴黎公社的经验，认为由所有公社成员产生于共同选举而且随时可以将其罢免的民主制度值得肯定。

全过程人民民主将马克思主义经典作家对民主作出的论述作为其指导思想。经典理论中表明，建立一个民主国家是实现民主的前提，因此新的问题由此诞生，那就是为了从根本上为人民民主提供保障，我们需要建立一个怎样的国家？民主的客观条件包括一个可以推动和掌握生产力不断发展的社会主义国家及具有革命性且得到了无产阶级理论武装的人民。资产阶级通过建立资本主义国家这一统治工具来推行伪民主，政治民主中有了

① 中共中央马克思恩格斯列宁斯大林著作编译局编译.列宁选集：第二卷[M].北京：人民出版社，2012：782.

② 中共中央马克思恩格斯列宁斯大林著作编译局编译.列宁选集：第三卷[M].北京：人民出版社，2012：417.

③ 中共中央马克思恩格斯列宁斯大林著作编译局编译.列宁选集：第三卷[M].北京：人民出版社，2012：189.

④ 中共中央马克思恩格斯列宁斯大林著作编译局编译.列宁选集：第三卷[M].北京：人民出版社，2012：152.

⑤ 中共中央马克思恩格斯列宁斯大林著作编译局.列宁选集：第三卷[M].北京：人民出版社，2012：60.

资本力量的渗入，国家本来是为了实现民主，却被资产阶级加以利用，异化成了谋求阶级利益的工具，这种民主只是资产阶级的民主。因此，将资本主义民主的欺骗性与虚假性向大众揭露出来，推翻资产阶级的统治，建立一个社会主义国家，实行民主制度和民主政治，实现真正的民主，是历史发展的必然趋势，也是无产阶级的重要使命。

五、中国共产党对全过程人民民主的探索

自成立之初，中国共产党就把人民当作民主的根本，区别于我国古代社会中的"天理"及"天"语境中的、西方"上帝"语境中的民主。革命战争的年代里，中国共产党一直以人民的利益为重，积极发扬民主作风，保持和人民大众的血肉联系。党在一大中指出要用无产阶级的革命军队推翻资产阶级，要让劳动阶级重建我国①。毛泽东同志在《新民主主义的宪政》中提出"中国固然缺少很多东西，但这两样东西的缺少是最主要的，一个是民主，另一个是独立。二者缺一不可，否则就无法办好我国的事情"②。这个观点为我国的社会主义革命指明了方向。毛泽东同志在《论联合政府》中着重指出新民主主义国家的所有武装力量，与其他的权力机关相同，都归属于人民，用于保护人民，这就又强调了民主的作用、主体地位③。

中华人民共和国成立后，将国家所有的权利都归属人民的根本政治原则一直贯穿民主政治实践的始终，将人民民主专政作为国体，人民代表大会制度作为政体，以国体和政体为基础形成我国的基本制度架构。《中华人民共和国宪法》（简称《宪法》）于 1954 年指明中华人民共和国作为人民民主国家，是以工农联盟为基础，由中国工人阶级领导，所有权利归属人民的国家。新中国在快速发展时，将根本政治制度确立为人民代表大会

---

① 《中国共产党历次党章汇编：1921—2017》编委会.中国共产党历次党章汇编（1921—2017）[M].北京：中国方正出版社，2019：62.
② 毛泽东.新民主主义的宪政 [M].北京：人民出版社，1967：46.
③ 毛泽东.论联合政府 [M].北京：人民出版社，1965：102.

制度，同时逐步建立与完善了许多基本政治制度，如民族区域自治制度、中国共产党领导的多党合作和政治协商制度、基层群众自治制度等，逐步将人民当家作主理念融入治理国家与社会的全过程中。党的十六大初次提出了"发展社会主义民主政治，最根本的是要把坚持党的领导、人民当家作主和依法治国有机统一起来"①的"三者统一"原则。本项原则的出现是形成中国特色社会主义的政治发展道路的标志。进入新时代后，以习近平同志为核心的党中央一直坚决维护人民民主的价值追求，并将其进一步发展成全过程人民民主，这是中国特色社会主义民主政治的新论断。

第三节　全过程人民民主的价值意蕴

全过程人民民主作为一种政治文明模式，它具有中国特色；作为一种社会主义民主形式，与西方民主有所区别；作为一种"中国式民主"模式，可以被其他国家所借鉴。

一、全过程人民民主是"人类文明新形态"的政治文明新表达

习近平总书记提出："我们坚持和发展中国特色社会主义，推动物质文明、政治文明、精神文明、社会文明、生态文明协调发展，创造了中国式现代化新道路，创造了人类文明新形态。"② 这一论述指出新形态的人类文明具有十分重大的意义，是人类文明发展过程中的"话语革命"。人类文明的新形态是一种遵守人类文明演变规律的、以人民作为中心的、和平发

① 中共中央文献研究室.十六大以来重要文献选编[M].北京：中央文献出版社，2006：24.
② 习近平.在庆祝中国共产党成立100周年大会上的讲话（2021年7月1日）[M].北京：人民出版社，2021：45.

展的、协调发展的文明形态①。在人类文明的新形态中，政治文明作为其有机构成的一部分，而全过程人民民主作为其政治文明的新表达。全过程人民民主的提出并不是一件容易的事情，它由我国的实际国情与马克思主义的基本原理结合而成，是党在领导人民经历百年斗争、扎根中国土地、借鉴世界文明、汲取中华优秀传统文化的前提下打造的新课题、新论断与新概念。全过程人民民主体现了中国特色的社会主义的道路自信、理论自信、制度自信与文化自信，是扎根于党的百年奋斗与实践中最具中国特色的人民民主政治实践，也是新时代背景下党呼喊出的响亮政治主张。全过程人民民主作为政治的话语表达，不仅抽象地表达了政治文明，还反映了中国特色社会主义的民主政治现实，它统一了中国特色社会主义的民主政治的具体实践和理论表达，对建设政治文明的内容、主体、环节与要素等方面的动态运转进行了调节，是指向民主、立足人民、基于全程的具有现实性、科学性、原创性的中国特色政治的话语表达与文明样态。同时，全过程人民民主作为政治文明的新表达，概括与凝练了中国特色社会主义的经验与政治文明成果，它建立了我国政治话语的自信，强化了以人类文明新形态为根基的中国政治话语的表达，并在其"三者统一"原则、制度体系与实现过程的基础上形成了中国风格与特色的政治话语的表达方式，有益于摆脱"西方文明中心论"语境下我国受西方国家影响而形成的政治话语困境②，有益于党在新时代接着带领人民努力奋斗，向实现中华民族伟大复兴的第二个百年奋斗目标、全方位建立社会主义现代化强国不断迈进。

二、全过程人民民主是中国特色社会主义民主政治的新探索

全过程人民民主是具有人类文明特点、社会主义特质与中国特色的民主政治的新探索，是具有独创性的中国式的民主。习近平总书记创造性地

---

① 陈金龙. 人类文明新形态的基本特征 [J]. 东南大学学报（哲学社会科学版），2021，23（5）：150.

② 陈金龙，蒋先寒. 人类文明新形态的由来、特征与价值 [J]. 学术研究，2021（9）：1-5.

指出要以"四个要看、四个更要看"作为标准来对一个国家进行评判，即要看人民有没有投票权，更要看人民有没有广泛参与权；要看人民在选举过程中得到了什么口头许诺，更要看选举后这些承诺实现了多少；要看制度与法律规定了什么样的政治规则与程序，更要看这些法律与制度是不是真正得到了执行；要看权力运行规则与程序是否民主，更要看权力是否真正受到人民监督和制约。全过程人民民主在整个过程中内在地符合了这个标准，生动地总结了中国特色社会主义民主政治的实践标准、实践逻辑与实践品质。

全过程人民民主以在中国特色社会主义的民主政治实践的各领域、全过程、各层次与各环节等实现人民民主作为主旨，促进人民行使国家权力与民主权利，凸显中国特色的社会主义政治的制度优势。例如我国制度的优势就是集中力量办大事，这点已经被证实了无数次，这同样在政治制度上也体现为一种制度优势，全过程人民民主就是一个例子。之所以能够让全过程人民民主在我国的政治生活中扎根、生长、发芽，形成中国特色社会主义的民主政治，从根源上来说是因为在全过程人民民主始终贯彻了党的集中统一领导，才使其有了可以依靠的领导力量，有了真切存在的践行者、领航者与保卫者。在中国特色社会主义民主政治的新探索的价值指向中，人民的利益与国家的利益高度一致，政治制度本身就体现了人民民主的精神与意志，所以人民在政治方面的诉求可以通过全过程人民民主的现实保障、制度体系与实现过程及时高效地得到回应。因此，全过程人民民主的提出激发了人民的创造性、积极性与主动性，强化了人民对政治制度、对国家、对党的认同，不断凸显政治制度优势。总之，全过程人民民主在党的领导下成功推进，人民民主导向人民的利益，人民的利益又与国家的利益互相照应，人民的诉求在民主政治的实践中得到体现与回应，这种良好的民主政治运行过程中体现的民主是高质量的。

三、全过程人民民主为人类文明发展提供了政治文明新样态

全过程人民民主作为民主的一种新模式，不同于西方所谓的自由民

主。将人权、自由与民主作为标榜的西方政治制度，其制度躯壳看似民主却总是暴露现实弊端。例如，体现西方民主虚伪性的金钱政治，民主变成了"钱主"，资本常态化地操控政治；轮流坐庄与多党制选举出现了恶性竞争，不断发生社会资源浪费与政策不连续的状况，频频出现不同当政者矛盾的前后政策、任职空窗期等现象；三权分立致使政体失灵与效率低下，不免产生预警能力不足、政府关门及国家治理能力低下等弊端[①]。西式民主正像这样不断丧失着人民的信任。

　　资本主义国家的生产资料私有制决定了其国体为资产阶级专政，总统制政治制度将维护资产阶级的利益作为目的，资本力量控制的政治民主无法做到从根本上为工人阶级这样的弱势群体的实际诉求与政治地位考虑，所以，某些国家对外宣称的"中产阶级外交"只能为物质生活提供短暂的救急，其根本目的就是通过调和阶级矛盾，避免社会出现冲突，稳固资产阶级的经济利益与政治统治，并不能使非资产阶级从根本上获得政治上的发言权。全过程人民民主的出现目的就是让人民能够当家做主，这区别于西方民主本质上体现的伪民主与不民主。从文明互鉴与人类文明的角度来分析，全过程人民民主作为中国特色的一种政治文明样态，为发展人类文明特别是在发展人类政治文明这一方面，提供了中国方案、中国智慧与中国经验，为发展中国家走上现代化提供了不同道路，提供给那些寄希望保持自身独立又希望加快发展的民族与国家一些全新的选择。所以，它拥有世界级的推广意义与示范价值。

　　实际上，全过程人民民主作为一种政治文明的新形态，指向将自己的事情做好这一逻辑，我国既不会输入其他国家的民主模式，也不会将我国的民主模式进行输出，而是宣扬"共创人类美好生活""各美其美，美美与共"的民主理念。所以，全过程人民民主不仅作为一种中国模式成为世界政治文明体系中的一部分，也是中国特色社会主义实践里形成的人类政

① 周骏，黄晓波.制度自信：历史与现实的理性形塑[M].桂林：广西师范大学出版社，2019：183.

治文明的新形态，这种政治文明样态依靠人民、围绕人民、为人民谋求利益与民主，是能够为其他国家提供可借鉴的中国模式。

第四节　全过程人民民主的实现理路

实现全过程人民民主需要以完善科学的制度体系作为基础，我国为了让全过程人民民主更好地发展，打造了"根本政治制度和基本政治制度"的科学布局与"五维一体"的环节化实现路径。

一、"根本政治制度和基本政治制度"的科学布局

当前，中国已经实施了"根本政治制度和基本政治制度"科学布局，能够积极推动全过程人民民主的发展，使人民当家作主的制度体系能够健全且全面、广泛及有机衔接。从顶层设计方面确保了全过程人民民主的实行。从根本政治制度的角度分析，人民代表大会制度能够推进全过程人民民主的实行。根本政治制度中的根本，就是全过程人民民主的核心点，确切地说，人民通过投票选举出人大代表，人大代表组成权力机关后代表人民行使国家相应的权利，不仅避免了有些国外民主鼓动财力、违背民意与蛊惑民心进行选举的缺点，而且人民选举出来的代表能够充分反映人民的利益。同时，产生于人民代表大会并对大会负责的"一府一委两院"在权力监督与流动上产生协调合作的高效运行模式，能最大程度降低财力物力人力及政治资源的损耗，提升民主成效与质量。更加重要的是，人民代表大会能够在最广泛意义上使人民发扬民主、建言献策与参与我国政权的诉求得以实现。人大代表是收集民智、吸纳民意的沟通者，使人民期待与国家政事相互联结，极大地凸显出民主制度的优势。

从三个基本的政治制度角度来分析，全过程人民民主也是其内部的支柱。首先，共产党领导的政治协商与多党合作制度是一种新型的政党制度，它将社会主义的道路共识作为自身的政治基础，奠定了党的领导地

位，有机统一了各民主党派的参政地位，打造了长期共存、互相监督、肝胆相照、荣辱与共的新型政党关系。从全过程人民民主的角度来分析，参政党与执政党将合作、共赢、非竞争、稳定发展作为价值导向，二者合作共存、相辅相成，是一种友党关系，一种"执政与参政"的关系。该制度使参政议政、政治协商及民主监督一体化，人民政协下达各界，上通中央，是人民诉求与党和政府的决策直达。因此，避免了西方传统政党制度存在的精英政治、官僚政治、政党缠斗、恶性竞争与"否决政治"等缺点的出现①。其次，基层群众自治制度作为人民能够在政治实践中直接参与的制度安排，是直接让群众参与行使民主的权力、管理社会与国家事务的根本保证，是人民当家作主最有效且广泛的方法。本制度将实现基层群众的自我教育、自我管理、自我监督与自我服务作为目标，将增强社区（村）组织的动员能力、优化服务格局、强化居（村）委会的规范化建设、健全自治机制等作为要点。从实现全过程人民民主的角度分析，基层群众自治制度将每个人都参与进去作为基础，促进人民以直接的方式参与基层社会治理会政治实践中，有益于实现人民群众参与民主中的实践能力的提高。该制度是人民民主发展的基础性建设，能够统一协商民主与选举民主，推动国家治理能力与治理体系现代化②。在此之上，激发出了人民群众的首创精神，增强与优化了基层社会的发展活力与治理效能，国家的整体治理与精细的微治理互相结合，促进基层自治多元化协同格局的形成。最后，民族区域自治制度作为维护国家统一基础上的目标，在行政区划的基础之上于民族聚居区行使自治权建立自治地方、与设立自治机关的民主实践，其将实现国家整合、保障各民族政治的权利与协调民族关系作为目标。各民族之间一律平等，打造中华民族的共同体意识。它的优势就是实现共同的繁荣发展与团结奋斗，民族区域自治拥有"政策与制度"的双重属性，是解决民族问题的根本政策，从而在政策的基础之上形成国家

---

① 邓晶艳，代金平.中国新型政党制度的比较优势 [J].探索，2018（6）：88-94.
② 彭海红.基层群众自治制度体现人民民主实质 [J].红旗文稿，2018（20）：20-22.

的制度，并实现国家制度与政党政策的有机结合。坚持区域因素与民族因素相结合，自治与统一相结合，是从国家发展格局与治理中对该制度内在要求的审查。将民族区域自治与实行全过程人民民主相结合，提高了民族地区的治理效能；维护了领土的完整与国家的统一；稳固了党在民族区域执政的"存量"胜势、创建"增量"胜势；保证了民族共同、平等发展的权利，能够促使在民族地区实现人民的当家做主。基本政治制度的科学布局，凸显出全过程人民民主制度部署的系统性、全面性、高效性与层次性等特点，集中体现了新时代中国特色社会主义民主政治的特色、优势与关键所在。

二、全过程人民民主"五维一体"的环节化实现路径

如何让人民群众实现"全过程"的参与是全过程人民民主的要点，要构建有序、多样且畅通的民主渠道，丰富民主的形式，从各领域、各层次推动人民有序参与政治，避免出现局部性参与、单环节参与及间歇性参与等"非全过程"的参与。以此使人民民主的最后一环节能够顺利进行，在民主管理、民主协商、民主监督、民主选举与民主决策的基础上形成了"五维一体"的环节化实现路径，蕴含权利实现与权力实现两条思路，实现人民群众自我管理、行使国家权力的政治参与。

人民群众在民主选举的环节通过社会层面及国家层面的民主选举推选出人大代表，并组成相应的国家权力机关，推选出社会层面基层群众的自治组织，二者互相协调配合，为实现全过程人民民主创造了充分的政治条件与广大的民主基础。人民群众在民主协商的环节关注社会与国家的重大决策、公共议题等进行商议、沟通、对话，各自发表自身意见，并在此前提下尽力达成政治共识。政协协商、政党协商、政府协商、基层协商、人大协商、人民团体协商等提供给民主协商具体的保障与广阔的平台。人民群众在民主决策的环节以协商为前提，收集各方的建议意见，并在渠道、程序、过程、制度与方式等科学设计的基础上调动人民群众民主决策参与的主动性、积极性，保障民主决策的科学、高效及客观。人民群众在民主

管理的环节实现民主管理主要通过城市社区自治、村民自治中的民主管理的方式，也可利用企业的民主管理等途径实现，充分发挥人民群众的表达权、知情权、监督权与参与权等。人民群众在民主监督环节，通过直接与间接、线上与线下相结合等方式参与群众监督、民主党派监督、舆论监督与人民政协监督等监督中，实现高质量的、科学的人民监督。

总之，全过程人民民主的环节化实现是在民主管理、民主协商、民主监督、民主选举与民主决策这五个环节的基础上完成的，这五个环节组成了其动态的实现过程，涵盖其基本步骤、基本要素与基本内容，最大限度上促进了人民民主全方位的实行。每个环节彼此依存、互相关联，一同构成全过程人民民主中"全过程"的逻辑。

第五节　全过程人民民主的运行机理

全过程人民民主既是民主思想创新的理论，又是确切有用的民主实践形态。全过程人民民主依靠相应的要素与条件，如制度机制、社会基础、政治保障、参与主体及空间场域等。制度、社会、政治与空间等要素与它们互相之间的关联，一同组成全过程人民民主运行的机理。

一、以人民当家作主为内核

人民当家作主是全过程人民民主的目的与价值。全过程人民民主涉及公共权力与公共利益等事宜，包含行政领域、社会领域、政治领域及司法领域。这些领域都需要吸收民意并认真对待，回应民众的要求与意见，将实现人民的利益作为宗旨。全过程人民民主在管理、协商、监督、选举与决策等思路中，落实及体现了民主要求，贯彻了民主价值。在人民当家作主中，民主选举作为其基本方式。人民利用选举制度，推选出一些具有相应能力、意愿及品质的人实行具体的公共管理，在政治领域中为群众服务，成为间接实现民主的形式。全过程人民民主中的民主选举依旧是实现人民当家作主的基础的制度安排，以秘密、平等、直接选举与间接选举相结合、普遍为原则进行投票。全过程人民民主将选举作为基础，但拥有和资本主义选举制度不同的基本特征。其选举消除了资本与利益集团操纵与控制选举、开具空头支票与撕裂社会等缺陷。其选举体现了选贤任能的逻辑、人民的逻辑、社会团结的逻辑及公共利益的逻辑，而不是媚俗取宠的逻辑、资本的逻辑、内讧分裂的逻辑与利益集团的逻辑。

民主协商作为实现人民当家作主的主要机制。民主是凸显公共理性的过程，是形成公共意志、意见交流与利益表达的过程性机制，协商在全过程人民民主中是诉求利益与表达意见的一种协调机制，贯穿在民主过程始终，对公共理性中的内在规律进行了充分考虑，避免在竞争选举中出现空口承诺、群体对立、虚假民主及社会撕裂等弊病。民主协商指在公共意识最终形成前，相关群体通过一定的方式，利用协商的办法，将个体利益与意见充分反映出来，最大限度上符合大部分人的利益与意见，同时照顾到小部分人的利益与意见。实现人民当家作主的核心环节就是民主决策。在国家政治过程中公共决策是全过程人民民主实现的根本。资本主义的民主落后于全过程人民民主的地方，主要就是人民在选举后不能参与制定公共政策，对社会及国家的发展没有产生根本的影响。反之，人民在全过程人民民主中参与公共决策的方法及路径是多种多样的。首先，公共决策的基础是人民的愿望与人民的利益，关注长远的、根本的利益，防止出现短期的利益行为。其次，进行公共决策时前置人民意见的征求程序，吸取、反馈及解释人民提供的意见建议。最后，在征集完成社会层面的意见后，决策机关内部的民主程序也非常重要。严格按照个别酝酿、集体领导、会议决定与民主集中的原则实行相关决策体制。

人民当家作主的主要表现就是民主管理。参与公共事务的管理是人民当家作主的客观要求，一方面可以将公共管理效能进行提升，另一方面可以让人民参与公共管理。比如，人民在参与立法时，除了推选人大代表参与立法环节外，还可以对法律草案及立法动议提出相应的建议，也可以将相应的控告及申诉提供给立法机关等。民主管理参与中影响最大、最常见及最广泛的方式就是人民参与行政。人民可以通过信访、提出建议意见及参与各项听证等方式影响与参与公共行政。法律对公民诉讼权利的保证，以及利用人民陪审员制度参与司法审判具体活动是人民参与司法的重要形式。全过程人民民主在司法范畴的具体体现与制度安排就是人民陪审员制度。

人民当家作主的主要环节就是民主监督。怎样保障专业政治管理的团队可以依法使用人民授予的公共权力是相对更重要的问题。民主监督在全过程人民民主中存在的内容有两方面，一是利用专门的制度机制进行民主监督；二是在决策、选举、管理及协商过程中融入相应的监督机制。所有党政机关都须接受人民监督，建立接受、调查、响应、处理及反馈相应的监督机制，公开政务及党务，保障人民实行民主监督的合法权利。

二、以国家政治制度为载体

我国的现代国家政治制度是中国共产党带领人民在革命、改革及建设中逐渐发展与探索形成的，在人民与历史的意志与双重选择下，被证实治理国家有成效的制度体系，是可以让全过程人民民主所依靠的制度载体。全过程人民民主最根本的制度载体是社会主义制度。在政治方面，社会主义的体现与要求就是实现人民民主。人民民主只有在社会主义的制度之下，才能有生存及发展的空间。由中国共产党领导建设的社会主义制度是全过程人民民主最根本的制度前提。社会主义制度具有基础性、原则性地位，是国家根本的制度，是文化、政治与经济所有制度的基础与前提。社会主义制度在马克思主义中国化的进程中，具体体现为中国特色的社会主义制度，将坚持中国共产党的领导作为其本质的特征。经济、政治、社会及文化等方面在社会主义制度中的规范性，奠定了全过程人民民主必要的基础。

全过程人民民主在我国实现的主要制度载体是人民代表大会制度。人民代表大会制度是被宪法所规定的我国根本的政治制度，承担着党与人民追求民主的初心使命。人民代表大会制度在具体的运作中有机统一了党的领导、依法治国与人民当家作主。其将人民主权的实现作为中心价值，将政治文明发展史中各项政体的优点予以吸收，接续大一统的中国政治传统与革命实践形成的政治格局。人民代表大会制度涵盖管理、协商、监督、选举与决策等环节，和全过程人民民主相吻合。人民代表大会制度在全过程人民民主的发展过程中可以提供相应的规范保障，具有相应的宪法约束力。

全过程人民民主基本的政治制度载体是基层群众自治制度、新型政党制度与民族区域自治制度。新型政党制度的出现是为了解决不同界别及党际民主在国家公共的事务管理方面如何进行参与的问题。民族区域自治制度指在各个少数民族的聚居地按照国家的统一领导实施区域自治，行使自治权，建设自治机关的制度。将人民群众通过党的领导对城市社区、农村村级公益事业和公共事务直接行使民主权利的程序、政策、规范及法规的总和称为基层群众自治制度，其在我国政治的制度体系中具有特殊的作用。

我国除基本的政治制度以外，全过程人民民主的实行还依靠许多其他重要的政治制度。中国特色社会主义的民主制度体系中主要的组成部分就是人民政协制度，它作为统一战线制度中的主要设置，具有重要的民主作用。人民政协的参政议政、政治协商与民主监督功能也是具体实现全过程人民民主的方式。微观层面的制度机制在国家的宏观政治制度中，也具有落实全过程人民民主具体方案的作用。在立法阶段，我国建立了具体的立法听证、立法联系点与立法咨询等吸收与征求民意的制度机制。在行政阶段，我国建立了行政听证、信访、行政复议与市民热线等了解民情、听取民情与汇集民情的工作机制。在司法阶段，我国建立了人民陪审员制度，这是实现全过程人民民主的又一有效举措。

三、以依法治国为方式

法治与民主的关系除作为一个理论的问题以外，更重要的是作为一个实践的问题。二者在最初阶段并没有相关联系。作为政体的类型，民主区别于法治，由此才有了柏拉图关于民主政体的不满以及关于法治的认同。亚里士多德最早提出了法治的相关概念，他认为已经被制定且本身是良好的法律得到人民的普遍遵守就是法治。古罗马的政治文明形态把共和作为其基本的追求，将法制与民主在实践中相结合，用法治的方式来规范民主，建立了共和政体的基础形式。资产阶级自近代以来通过实行民主实践，客观上利用法治框定民主等方式来探索与构建民主。在基本的建设资本主义的政治秩序中，法治与民主二者的关系越加紧密。中国共产党通过实践与探索，构建并发展了相关国家法制体系，逐渐确定了建立社会主义法治国家及依法治国的基本方针，坚决做到党的领导、依法治国及人民当家作主的有机统一。中国特色社会主义法治与全过程人民民主之间具有相互作用、互为表里的关系。全过程人民民主的建立、运作与发展过程都体现了法律保障。中国特色社会主义法治将全过程人民民主贯彻到司法、立法、守法及执法等各方面、各领域与各环节中。党的领导与依法治国的价值根基就是全过程人民民主，党的领导与依法治国又为全过程人民民主提供了相应法治保障与政治保障。

首先，全过程人民民主的发展，要进入法治的轨道。我国宪法对国家所有权力归属于人民的基本原则作出了相关规定，并对人民的各种权利进行了规定。

其次，健全与完善了中国特色社会主义的法律体系中与公民民主权利有关的规定。规定了公民平等一体的参与权、选举权、监督权与知情权等，规定了复议、申诉、信访及控告等救济的权利。这些规定构成了系统性民主权利的保障体系。

最后，全过程人民民主将提升为具有规范性的法律概念。2021 年 3 月召开的十三届全国人大四次会议表示，将坚持与发展全过程人民民主写入《中华人民共和国全国人民代表大会组织法（修正草案）》与《中华人民共和国全国人民代表大会议事规则（修正草案）》中，全过程人民民主在坚持与发展过程中的法律基础得到进一步夯实。

在各环节与各领域中对全过程人民民主的落实，同样也要符合依法治国的要旨。中央和地方在政治方面要制度化地召开人大与政协会议。建立健全立法、司法与行政方面相应的法律体系，保障在相关领域的相关环节能够落实全过程人民民主。法律是保障全过程人民民主的底线，要对损坏全过程人民民主的一切主体及行为进行相应制裁。所有主体的民主权利都要在宪法规定的范畴内行使，不能越过宪法的底线。

四、以坚持党的领导为保障

坚决拥护中国共产党的领导是我党百年发展的根本政治经验，是中国特色的社会主义最根本的特征。党的领导贯穿在创建、发展与运行全过程人民民主过程的始终，是全过程人民民主的基本保障。首先，是中国人民创建的，中国共产党领导的全过程人民民主。缺少党的领导，就不会形成全过程人民民主。全过程人民民主和党的领导形成"主体—行为—价值"的有机统一体系。其次，中国共产党代表着我国广大民众的根本利益，代表着中华民族的整体利益。党的领导和人民及中华民族的利益保持高度一致，党的领导为人民的利益服务，并被人民所支持与认可。党的革命性、人民性及先锋性，与全过程人民民主的价值追求相符。最后，在我国复杂的规模巨大的空间领域内实践全过程人民民主，国家的稳定、秩序、改革及发展需要强大的群众组织力、政治领导力、思想引领力及社会号召力。党的政治能力、价值精神与组织结构，决定了党必然在全过程人民民主的实践中作为保障者、组织者与支持者。

第六节　全过程人民民主的法律保障

法治与民主在当代政治中总是相生相伴。法治提供给民主相应的保障与规则，而民主则规定了法治的效能与价值。民主政治只有在法治的环境中才能维持相对稳定，运行民主的机制才能正常进行。

在我国，人民代表大会制度是我国根本政治制度，人民当家作主的最高实现形式与重要途径就是实现全过程人民民主的主要渠道。而作为全国人民代表大会及其常务委员会依照法律行使职权的主要制度保障，《中华人民共和国全国人民代表大会组织法》（以下简称《全国人大组织法》）与《中华人民共和国人民代表大会常务委员会议事规则》（以下简称《全国人大议事规则》）在组织与运行国家机构中拥有特殊的地位。十三届全国人大四次会议于 2021 年 3 月 11 日通过决议，对实行近 40 年的《全国人大组织法》与《全国人大议事规则》进行首次修改，全过程人民民主的写入作为其中的重大成果，意味着人民当家作主的保障与发展、全过程人民民主的坚持有了更稳固的法律保障。

《全国人大组织法（修正草案）》通过修改增加了总则部分的规定，要求全国人民代表大会及其常务委员会体现人民的意志，坚持全过程人民民主，保障人民的权利，倾听民众的建议与意见，始终和民众保持密切的联系。新法在要求全国人大代表时增加了"充分发挥在全过程民主中的作用"这一表述。《全国人大组织法（修正草案）》与《全国人大议事规则（修正草案）》除了上述明确的表述外，其他内容也以提升人大活动的民主化程度为主线，将落实全过程人民民主的具体要旨贯穿其中。

一、加强全国人大常委会和代表的联系

最高国家权力的机关组成人员就是全国人大代表，象征着人民的意志与利益。保证人大代表能够充分参与其中，发挥其源于人民、扎根于人民的枢纽作用，既有益于将全过程人民民主制度的优势全面发挥出来，又有益于相关决策与法律能够更好地聚民智、接地气、惠民生与察民情。全国人民代表大会常务委员会进一步加强与代表的联系，是完善人大制度的重要举措。《全国人大组织法（修正草案）》要求全国人大常委会和各专门委员会、工作委员会同代表保持密切联系，听取代表的意见建议，支持和保障代表依法履职，扩大代表对各项工作的参与，充分发挥代表作用；要求建立健全常委会组成人员和各专门委员会、工作委员会联系代表的工作机制。这是将实践中行之有效的工作机制上升到法律层面。事实上，自第

十三届全国人民代表大会以来，全国人大常委会邀请900人次代表列席常委会会议，参与各项法律案审议。在常委会会议期间与列席人员座谈交流，是十三届全国人大常委会的一项创新举措。通过将这些举措进一步规范下来，能够推动代表与全国人大常委会的联系更加密切，提出意见建议的途径更加畅通。

二、多个方面加强代表工作

完善人大制度，加强代表履职是重点。《全国人大组织法（修正草案）》和《全国人大议事规则（修正草案）》从多个方面对加强代表工作作出规定。一是加强人大代表与人民、原选举代表的直接联系。在我国各级的人民代表大会上，镇、乡、民族乡、县、自治县、无设区的市、市辖区的人大代表直接由选民选举而成，全国人大以及设区的市、自治区、自治州、省、直辖市的人大代表间接由下一级人大选举而产生。选民和直接选举而成的代表关系最为密切。《全国人大组织法（修正草案）》规定，全国人大代表应该与人民、原选举单位保持紧密关系，可以出席原选举单位的人大会议，利用多种形式反映与听取人民的要求与意见，为人民努力服务，在全过程人民民主中充分发挥其自身作用。二是加强人民群众对代表履职情况的监督。《全国人大议事规则（修正草案）》根据以往做法和实践经验，设立了大会发言人制度、新闻发布会制度，并借助信息化的手段，方便广播、电视、网络等媒体对会议进行公开报道，借助这样的方式使得人民群众能够便捷地了解人大工作状态。三是细化代表履职的规则和保障。修改后的全国人民代表大会议事规则规范了全国人大代表的请假制度，要求全国人民代表大会代表应当出席会议；因病或者其他特殊原因不能出席的，应当向会议秘书处书面请假。秘书处应当向主席团报告代表出席会议的情况和缺席的原因。同时，还保证了人大代表发言的快速化，方便代表交流和履职。全国人民代表大会会议期间，代表在各种会议上的发言，整理成简报印发会议，并可以根据本人要求，将发言记录或者摘要印发会议。会议简报、发言记录或者摘要可以为纸质版，也可以为电子版。

三、健全人大的工作程序

全过程人民民主，也意味着制度本身要不断趋向完善。立法是全国人大及其常委会最重要的工作之一，是将党的意志转化为国家意志的途径，立法的全方位、全流程与全链条在全过程人民民主的要求、理念与原则中贯彻，既是社会主义民主政治的内在发展需要，又是实施《全国人大组织法（修正草案）》及相关制度规定，遵循法治准则的客观要求。例如，《全国人大议事规则（修正草案）》规定，全国人大常委会对即将向全国人大提请审议的法律案，除经常委会会议讨论决定不发布以外，一般都应面向社会公布30天以上，广泛征集民众的意见。该规则新增加规定，全国人民代表大会通过的法律、决议、决定，发布的公告，以及法律草案的说明、审议结果报告等，应当及时在全国人民代表大会常务委员会公报和中国人大网上刊载。事实上，十三届全国人大在这方面有着不少成功的经验，如编写《民法典》过程中，前前后后向社会公布征求意见10次，累计接收40多万民众提出的高达100多万条的建议或意见。从建立立法项目到法律草案的审议，从草案的草拟到评估环节的论证，从征求广泛意见到备案进行审查，从公开立法到法制教育，立法工作的每个环节、整个流程都作为具体实践推动全过程人民民主的进步。开展立法调研、座谈，是法律案起草、审议阶段的"规定动作"，借助这些方式反馈民意、集中民智、听取专家意见，能够最大限度地避免立法过程中的利益部门化、部门利益法治化。

民主是否管用，不仅观其"形"，更要察其"实"，相关程序的设计一定要关注效率和效果。例如，《全国人大议事规则（修正草案）》特别规定，全国人民代表大会举行会议，应当合理安排会议日程，提高议事质量和效率。一方面适当精简了法律案的审议程序中"建议表决稿"的环节，这符合立法法规定，也符合代表审议法律案的需要。另一方面精简了议案表决办法。以往每年由大会主席团专门通过一个议案表决办法，这次把表决内容在法律里作出规定，不必再单独通过议案表决办法。会期虽然短了，但是能够保障代表小组会议、代表的审议时间，也有利于会风文风的改进，能更好促进代表履职。

第七节　全过程人民民主的制度基础

如果说代议制民主所包含的政治权力与民众利益适应性的内在矛盾是一个恒久命题的话，那么，中国特色社会主义政治制度所提供的全过程人民民主实践，就是破解这一恒久命题的有益探索。作为国家形态的民主，我国的人民民主具有两个维度：一是国家对人民的维度；另一个则是人民对国家的维度。前者体现为人民民主专政的国体；后者体现为人民通过各种形式参与国家政治生活的制度体系，包括人民代表大会制度的政体、中国共产党领导的多党合作政党以及基层群众自治制度等。我国实行的民主是以人民民主专政制度为国体的社会主义民主，以人民代表大会制度为政体的根本政治制度，这是中国特色社会主义政治发展道路的基本规定。

一、全过程人民民主是人民民主本体属性的必然逻辑

人民民主的根本特征就是其对本体属性的注重。该本体属性是指国家所有的权力归属于人民。全过程人民民主作为国家权力和人民在现实中建立关系的逻辑必然，从理论方面概括了人民民主的实践特征，换句话说，全过程人民民主是人民民主的必然要求。国家的所有权力归属于人民作为人民民主的核心，要求人民和国家的所有权力形成必然的系统性连接，这在逻辑上组成了全过程人民民主的起点。正像马克思曾认为的，国家作为一种政治制度，其本身、制度及法律在民主制中都只是人民的特定内容与自我规定。① 在民主制中体现为民众的国家制度，在君主制中则体现为国

---

① 中共中央马克思恩格斯列宁斯大林著作编译局.马克思恩格斯全集：第 4 卷 [M].北京：人民出版社，1958：104.

家制度的民众。列宁进一步明确:"民主是国家形式、国家形态的一种。[①]"

中华人民共和国成立之时,毛泽东同志就特别强调人民本体:要求各级政府都要加上"人民"二字,各种政权机关都要加上"人民"二字,如法院叫人民法院,军队叫人民解放军,以示和其他政权之不同[②]。关于新中国的政权组织形式,他说,"我们采用民主集中制""不必搞资产阶级的议会制和三权鼎立"。"议会制,袁世凯、曹锟都搞过,已经臭了",应当"建立民主集中制的各级人民代表会议制度"。1949年通过的、起着临时宪法作用的《中国人民政治协商会议共同纲领》的序言中指出:"中国人民政治协商会议一致同意以新民主主义即人民民主主义为中华人民共和国成立的政治基础,并制定以下的共同纲领,凡参加人民政治协商会议的各单位、各级人民政府和全国人民均应共同遵守。"1954年,毛泽东同志在《关于中华人民共和国宪法草案的报告》中,把民主原则和社会主义原则作为宪法草案的两个原则。"我们的民主不是资产阶级民主,而是人民民主,这就是无产阶级领导的,以工农联盟为基础的人民民主专政。人民民主的原则贯穿在我们整个宪法中。"1949年以来,宪法虽经多次修订,但中华人民共和国的一切权力属于人民,人民是国家的主人,人民依法享有管理国家和社会事务的一切权利之宪法原则始终如一。

国家的一切权力属于人民,首先强调的是人民民主的本体属性,即民主的阶级基础或人民范畴。本体属性是人民民主区别于西式民主最显著的特征。中共八大报告中曾提出人民民主是属于大部分人的,而不是属于小部分人的,是属于农民、工人与其他所有劳动人民以及所有爱国的拥护社会主义的人民的,人民民主专政是以工人阶级作为代表的人民大众对反动派、反动阶级以及对社会主义革命有所反抗的剥削者的专政。改革开放之前的实践中,知识分子一直是人民民主本体属性中确定性不足的一个群

---

① 列宁.论国家[M].外国文书籍出版局,1950:95.

② 中央文献出版社.建国以来毛泽东文稿:第2册[M].北京:中央文献出版社,1988:180.

体。中共十二大明确了知识分子是工人阶级的一分子，并且强调在工人阶级中知识分子是拥有较多科学文化知识的一些人，是开拓先进生产力的人，在现代化建设与改革开放中拥有特殊的地位。改革开放以来，我国出现了个体户、自由职业人员等新的社会阶层。2001 年，党内曾把这一阶层界定为"也是有中国特色社会主义事业的建设者"。2002 年，党的十六大明确提出，他们"都是中国特色社会主义事业的建设者"。2004 年，十届二次人大将"社会主义事业的建设者"写入宪法。宪法序言中说明：在长期的革命、建设、改革过程中，已经结成由中国共产党领导的，有各民主党派和各人民团体参加的，包括全体社会主义劳动者、社会主义事业的建设者、拥护社会主义的爱国者、拥护祖国统一和致力于中华民族伟大复兴的爱国者的广泛的爱国统一战线。人民民主的本体属性意味着人民范畴的不断扩大，而国家的一切权力属于不断扩大的人民范畴，则意味人民对国家一切权力发挥系统性作用的内在逻辑，即全过程人民民主的逻辑。

二、全过程人民民主是人民民主制度优势的必然要求和体现

归根结底，人民民主的合理性在于其能够保障大多数人民的利益。《共产党宣言》强调，工人革命的首要任务就是将无产阶级提升为统治阶级，获得民主。毛泽东同志在《论人民民主专政》中提出通过总结相关经验，集中于一点，就是工人阶级（在党的领导下）领导的将工农联盟作为基础的人民民主专政，这是中国政治的特有表述，它既能够对现代中国政治的本质作出相应解释，又能够展现中国政治与西方政治不同的特色。实质上，人民民主专政是民主形式和内容、政体与国体的统一。其有两个根本特征：一是工人阶级经过中国共产党来领导国家政权；二是广大人民群众在国家管理中进行广泛参与。这两个特征在实践中往往是相互融合的，如果人民民主的本体属性蕴含着全过程人民民主的逻辑必然的话，那么全过程人民民主制度的根本就由人民及"一切国家权力"制度的系统性联结组成。我国对人民民主制度的选取，因为自身的国情使然的同时，还因为资产阶级共和国的形式、西方资产阶级的文明与资产阶级的民主主义都不

能真正走进中国人民的心中。就此而言，人民民主是领先于西方代议制民主的，它不仅利用选举制度让人民和"一切国家权力"建立相应的授权关系，还利用选举制度外其他多种的制度，尤其是中国共产党领导的多党合作和政治协商制度与最广泛的统一战线制度中"一切国家权力"同人民所建立的系统性连接，进而打破了代议制民主中包含的人民利益与政治权力二者适应性上的内在矛盾。

人民民主制度体系为全过程人民民主实践提供了坚实的制度基础。这集中体现为中国共产党全面领导的根本制度与人民群众广泛参与国家管理的有机统一。中国共产党的领导是人民民主最具实质的组织要素。党的十六大报告指出："共产党执政就是领导和支持人民当家作主，最广泛地动员和组织人民群众依法管理国家和社会事务，管理经济和文化事业，维护和实现人民群众的根本利益。"习近平总书记指出，"中国共产党的领导，就是支持和保证人民实现当家作主"，就是"最广泛地动员和组织人民依照宪法和法律规定，通过各级人民代表大会行使国家权力"。中国共产党领导的人民民主制度从以下两个方面对全过程人民民主实践具有特别重要的意义：一是发挥有序政治参与的组织作用。除了在定期选举中发挥组织作用之外，特别注重在政治过程的各个环节即决策、管理、监督等发挥有序政治参与的组织作用，从而保证政治权力的行使过程与人民利益的一致性。这就在制度上有可能弥补"人民只有在投票时被唤醒、投票后就进入休眠期"和"选举时漫天许诺、选举后无人过问"的缺陷。二是为人民群众关于个人利益与公共利益相融合的认知提供理论引导。民主的精髓就是人民群众对公共利益的要求与政治权利相匹配。利益的差异、多元化，甚至冲突都是实际生活中的常态，最大利益公约数的形成是民主政治要解决的一个根本问题。由此，应该培养人民群众科学合理的利益认知，为其提供相应的理论指导。所说的"领导"，又叫意识形态领导权，其性质内涵就是引导人民群众的思想。党的意识形态领导权是有效及有序进行政治参与的主观基础。

人民民主是正在发展的民主。所谓超越西式代议制民主是就人民民主所蕴含的全过程人民民主优势而言的。习近平总书记强调："发展社会主义民主政治，关键是要增加和扩大我们的优势和特点，而不是要削弱和缩小我们的优势和特点。我们要坚持发挥党总揽全局、协调各方的领导核心作用，提高党科学执政、民主执政、依法执政水平，保证党领导人民有效治理国家，切实防止出现群龙无首、一盘散沙的现象。我们要坚持国家一切权力属于人民，既保证人民依法实行民主选举，也保证人民依法实行民主决策、民主管理、民主监督，切实防止出现选举时漫天许诺、选举后无人过问的现象。我们要坚持和完善中国共产党领导的多党合作和政治协商制度，加强社会各种力量的合作协调，切实防止出现党争纷沓、相互倾轧的现象。我们要坚持和完善民族区域自治制度，巩固平等团结互助和谐的社会主义民族关系，促进各民族和睦相处、和衷共济、和谐发展，切实防止出现民族隔阂、民族冲突的现象。我们要坚持和完善基层群众自治制度，发展基层民主，保障人民依法直接行使民主权利，切实防止出现人民形式上有权、实际上无权的现象。我们要坚持和完善民主集中制的制度和原则，促使各类国家机关提高能力和效率、增进协调和配合，形成治国理政的强大合力，切实防止出现相互掣肘、内耗严重的现象。"①

三、人民群众有序政治参与是全过程人民民主的实践形式

人民具有的民主权利即在人们投票选取的权利中体现，又在人民参与日常政治生活中体现。在比较的政治意义中，全过程人民民主的特殊点在于其更关注人民持续参与日常政治生活的权利。马克思指出，在国家生活中"一切人都希望单独参与立法权无非就是一切人都希望成为真正的（积极的）国家成员，希望获得政治存在，或者说，希望表明和积极确定自己的存在是政治的存在。"② 这是人类政治生活通向民主的内在要求和动力。1949 年以来，关于人民民主权利的认知及其法律化不断进步，从对人民

---

① 习近平总书记在庆祝全国人民代表大会成立 60 周年大会上的讲话。
② 中共中央马克思恩格斯列宁斯大林著作编译局. 马克思恩格斯全集：第 1 卷 [M]. 北京：人民出版社，1956：393.

民主制度和权利内涵认识不足逐渐走向对制度的体系化和权利的法律化认知。中共十二大以来，完善和发展人民代表大会制度成为政治建设的根本遵循，"共产党执政就是领导和支持人民掌握管理国家的权力，实行民主选举、民主决策、民主管理和民主监督，保证人民依法享有广泛的权利和自由，尊重和保障人权"。进而对公民的"四权"进行确立：表达权、知情权、监督权及参与权。在坚持维护公民权利与坚持完善人大制度的基础上，党的十八大在人民民主实践之中促进社会主义协商民主的融入，很大程度上对人民民主制度中的要素和内涵进行了拓展。习近平总书记指出："保证和支持人民当家作主，通过依法选举、让人民的代表来参与国家生活和社会生活的管理是十分重要的，通过选举以外的制度和方式让人民参与国家生活和社会生活的管理也是十分重要的。"① 这一思想为协商民主融入人民民主提供了理论基础。党的十九大要求"扩大人民有序政治参与，保证人民依法实行民主选举、民主协商、民主决策、民主管理、民主监督；维护国家法制统一、尊严、权威，加强人权法治保障，保证人民依法享有广泛权利和自由"。人民群众广泛参与国家管理，是人民民主制度的重要内涵，同时也是全过程人民民主的实践形式。对西式民主中的意识形态偏好进行剥离，民主在实际生活中的展示离不开两个根本问题：一是在人民意愿基础上的公权力授权机制，即人民对谁来掌控公权力的选择；二是在人民意愿基础上的政策选择机制，即人民对公共政策形态参与的选择。这两个根本问题也就是实体民主与程序民主。实际中，西方国家利用竞争性选举机制对这两个问题同时进行了解决，具有在人民意愿基础上实现政策授权与选择制度的同构特点，即对政策进行选择的同时进行人的选择。西方各个国家的政治制度虽然各不相同，但其在利用竞争性选举这个机制时，同时对上面两个民主问题进行解决的手法上是相似的。而中国民主实践则和其有着鲜明的区别。采用两种完全不同的制度机制来实现政策的选择与人的选择即人民意愿基础上的政策选择与公权力授权。前者是利

---

① 习近平总书记在庆祝中国人民政治协商会议成立 65 周年大会上的讲话。

用人民有序、广泛的参与机制来实现的，后者则是利用选举制度。一方面，中国政策的选择是利用民众有序广泛的参与来实现的；另一方面，中国选举制度及实践与政策的选择没有直接联系，只解决选择人的问题。人的选择是比较候选人的综合素质，是谁有更好执行党的政策、路线、法律及方针的能力，而不是比较不同的政策主张。

如上所述，制度体系中，广泛有序参与系统主要有：政党的系统，尤其是人民政协的系统，执政党的组织系统，政治体系中的信访系统以及人民代表大会的系统。上述四个系统保证人民有序广泛的参与，有序广泛地参与能展示我国最具特色的民主现实，保证政策具有社会适应性，组成人民民主根本的实践特点。经过人民有序广泛参与和选举，让我国社会基于人民意愿的政策选择与公权力授予得到满足，组成了我国社会主义的民主政治"全过程"的制度优势与特点。

第三章　全过程人民民主与党的领导

第一节　党的领导在全过程人民民主建设中的
核心地位

　　世界上没有两片相同的树叶，更没有完全相同的政治制度模式和民主样本。由于政治发展道路选择的偏误和盲目追求某种民主范式，国家动荡、民族分裂、社会停滞的例子比比皆是。究其根本，一个国家走什么样的民主政治道路，势必要与这个国家的国情和性质相适应。政党是现代政治区别于传统政治的重要标志，是现代政治生活得以展开的核心力量。在经济和社会发展的具体形态下，在国家与社会的内在要求的相互作用下，相适宜的政党力量应运而生。

　　马克思主义的基本观点认为：无产阶级作为人类历史上的先进阶级，必须组织起政党。在我国，这个马克思主义政党就是中国共产党。共产党是无产阶级中最有觉悟、最有战斗力的先进部队，不仅能够领导而且一定要领导无产阶级的一切组织。列宁进一步指出，"无产者的阶级联合的最高形式，即无产阶级的革命政党……"[①]，"马克思主义教育工人的党，也就是教育无产阶级的先锋队，使它能够夺取政权并引导全体人民走向社会

[①]　中共中央马克思恩格斯列宁斯大林著作编译局.列宁选集：第四卷 [M].北京：人民出版社，2012：160.

主义……"①，党领导的实质就是达到"由无产阶级夺取政权并组织社会主义社会"②。

20世纪中叶至20世纪末，有不少发展中国家在经历民主化浪潮后纷纷遭遇民主返潮，政治学家在研究分析这一非个别现象时，发现经济发展能力弱、执政党能力弱、政治集聚度低是打破国家稳定政治秩序的主要原因。只有通过一个强有力的政党掌握国家权力，推动构建高组织化的制度运转，对各种社会力量进行有效的调节和干预，才能使后发的国家进入正常运行轨道。因此，执政党通过动员能力把国家与社会紧密联系在一起，在国家全局中居于核心位置成为必然。

与西方先有国家、后通过选举产生执政党不同，中国共产党在当时众多政党中脱颖而出，取得新民主主义革命的胜利，一手缔造了中华人民共和国，而后成为执政党，领导人民进行社会主义革命，确立社会主义基本制度，实行改革开放。中国共产党的成长与当代中国的现代化发展命运与共，息息相关，甚至可以说是先有政党，后有其领导建立的国家；并且在成为执政党后，中国共产党与国家、社会构成了紧密的三角关系。党对国家制度进行设计与运作，对社会实现有效聚合，这是当代中国国家制度体系的构建逻辑，也决定了中国共产党的领导在当代中国国家制度体系中始终处于核心地位。历史证明，没有中国共产党的领导，中华民族就不可能实现从站起来、富起来到强起来的伟大飞跃，也不可能具有今天的国际地位。从建立中华人民共和国、确立社会主义基本制度，再到改革开放，而今迈入新时代，我们党做了许多其他政党做不了、做不成的大事，才使得中国共产党在世界各国政党中脱颖而出、不断发展壮大。而中国共产党之所以能带领人民攻坚克难，取得举世瞩目的发展成就，也正是因为坚持以人民为中心的立场，以最广大人民根本利益为最高标准，一以贯之地推进

---

① 中共中央马克思恩格斯列宁斯大林著作编译局.列宁选集：第四卷[M].北京：人民出版社，2012：131.

② 中共中央马克思恩格斯列宁斯大林著作编译局.列宁选集：第四卷[M].北京：人民出版社，2012：273.

中国特色社会主义建设。

正如毛泽东同志指出："没有中国共产党的努力，没有中国共产党人做中国人民的中流砥柱，中国的独立和解放是不可能的，中国的工业化和农业近代化也是不可能的。"① "工、农、商、学、兵、政、党这七个方面，党是领导一切的。"② 邓小平指出："在中国这样的大国，要把几亿人口的思想和力量统一起来建设社会主义……没有这样一个党的统一领导，是不可能设想的，那就只会四分五裂、一事无成。"③ "中国由共产党领导，中国的社会主义现代化建设事业由共产党领导，这个原则是不能动摇的……"④

这些为坚持党的全面领导提供了丰富的理论支撑和具有说服力的实践经验。党的十九大把"中国共产党的领导是中国特色社会主义最本质的特征，是中国特色社会主义制度的最大优势。党政军民学，东西南北中，党是领导一切的"这一重大政治原则写入党章总纲。十三届全国人大一次会议审议通过的宪法修正案，把"中国共产党领导是中国特色社会主义最本质的特征"载入宪法总纲。⑤ 党的十九大报告又将"坚持党的领导、人民当家作主、依法治国有机统一"作为发展社会主义民主政治的首要战略任务，进一步明确，在我国政治生活中，最根本的是坚持党的领导。人民当家作主是社会主义民主政治的本质特征，党的领导是人民当家作主的根本保证。

---

① 《毛泽东选集》（第二版）导读编写组.毛泽东选集：第二版 导读[M].北京：新华出版社，1991：5.

② 中共中央文献研究室.建国以来重要文献选编：第15册[M].北京：中央文献出版社，2011：131.

③ 薛木铎.坚持和发展毛泽东同志的建党思想：学习《邓小平文选》[M].北京：光明日报出版社，1984：15.

④ 薛木铎.坚持和发展毛泽东同志的建党思想：学习《邓小平文选》[M].北京：光明日报出版社，1984：16.

⑤ 本书编写组.中共中央关于坚持和完善中国特色社会主义制度、推进国家治理体系和治理能力现代化若干重大问题的决定辅导读本[M].北京：人民出版社，2019：6.

居于中国政治核心地位的中国共产党，实际承担了两个角色，它不仅是执政力量，更是领导核心；中国共产党不仅掌握国家公权力，更承载着治理的实际责任。作为当代中国政治制度的核心构成，党的领导从一开始就全面介入国家建设与社会发展之中，并且形成了以党的领导为核心进行社会革命的局面。基于执政要求，党对国家制度进行有效设计和运作，作为领导力量的党有效地进行社会动员和整合，社会始终紧紧围绕在党的周围，建立起稳定而广泛的政治认同。党不仅成为领导力量，也成为组织基础。国家制度的建设与运行、国家事务的管理，都直接与党的组织、党的领导相连接，相适应；社会的改造与重构直接以党的组织力量和组织网络为资源，把国家和社会全面整合进党的领导体系和组织体系之中。[①]

值得注意的是，三者之间的关系并非一成不变。过去，党与社会的紧密联系基于单位制度的社会结构而形成，随着社会的自主与多元化发展，人们的政治生活和社会关系逐渐从单位制中脱离，传统的动员和整合社会的传统制度、手段无法取得积极的效果。全过程人民民主的实践是在新形势下践行人民民主的最新尝试，是将日益高涨的人民参与热情纳入人民当家作主的制度体系之中。把党的领导作为全过程人民民主的根本前提，把党的领导放在全过程人民民主的核心位置，把党的领导贯穿在全过程人民民主中，标志着我们党对社会主义民主政治建设规律认识的深化。

第二节　党的领导在全过程人民民主建设中的具体实践

党的十九大报告提出"扩大人民有序政治参与，保证人民依法实行民主选举、民主协商、民主决策、民主管理、民主监督"的新要求。全过程

---

① 林尚立.领导与执政：党、国家与社会关系转型的政治学分析 [J].毛泽东邓小平理论研究，2001（6）：37-44.

人民民主是对社会主义民主制度实践最新的、全面的、最形象的概括，是维护人民根本利益的最广泛、最真实、最管用的民主。只有坚持党的领导，才能从宏观的顶层设计和运作体系再到微观的实操环节，全面把握全过程人民民主反映"维护人民根本利益的最广泛、最真实、最管用的民主"的精神实质，牢牢把握住全过程人民民主的独特之处，即"全过程"。

一、坚持党领导下的全过程人民民主是由我们党肩负的历史使命所决定的

全过程人民民主践行着中国共产党的初心和使命，这取决于党作为使命型政党的内在要求，体现了中国共产党根本的价值追求。我党造福人民、来自人民且扎根人民，心中挂念最广大人民根本的利益，认为无产阶级运动是绝大部分人的、独立的，并为绝大部分人谋求利益的运动①。党从成立那天起就把实现中华民族伟大复兴与中国人民的当家做主作为自己的责任②。党组织以解放人民为目标，完全是为了人民利益而工作。可以看出党的一切工作必须以最广大人民根本的利益作为最高标准，解决人民最现实、最关心及最直接的利益问题，让人民逐步增长的美好生活需要得到满足。

人民立场是中国共产党解决一切发展难题的逻辑起点和价值基点。"人民民主是中国共产党始终高举的旗帜"，肩负着以党的领导推进实现人民民主的使命。毛泽东同志说："只有让人民来监督政府，政府才不敢松懈。只有人人起来负责，才不会人亡政息。"③中国共产党人把马克思主义的民主理论与中国政治发展实践结合起来，成功找到人民民主这一新的民主形式。

早在 1949 年之前，中国共产党就积累了一定的民主选举和建设民主

---

① 芮良，张素芳.《马克思恩格斯选集》专题摘录：上 [M]. 北京：中国广播电视出版社，1992：27.

② 习近平. 在庆祝全国人民代表大会成立六十周年大会上的讲话 [J]. 当代党员，2019（21）：1-5.

③ 黄炎培. 八十年来 [M]. 北京：中国文史出版社，1982：149.

政权的珍贵执政经验。随后，我党作为执政党创立了由中国共产党领导的多党合作和政治协商制度，政体确立为人民代表大会制度，国体确立为人民民主专政，实行基层群众自治制度，推行民族区域自治制度，始终坚持党的领导、依法治国以及人民当家作主的有机统一。党的十八大至今，民主选举、民主决策、民主协商、民主监督及民主管理使社会主义的民主性质不断得到丰富与发展。全过程人民民主精确概括了社会主义民主实践。中国共产党在这个过程中，通过集中表达与高度整合人民的意志、公正分配公共服务与公共产品、全心全意服务于民众，并利用法律程序将人民与党的意志提升为国家意志，使国家意志、党的意志与人民意志保持高度一致。

二、全过程人民民主在党的领导下夯实顶层制度设计，与时俱进推进人民民主的制度建设

我国作为社会主义国家，所有的政治制度安排都是让人民能够拥有最充分、最广泛的民主权利。1949 年至今，中国共产党一直不断地探索与推进社会主义的民主政治的程序化、制度化与规范化，使人民当家作主制度体系不断健全，沿用国家的历史传承，在优秀文化传统中扎根，关注经济社会的发展基础。中华人民共和国成立初期，确认实行人民民主专政的国体，实行人民代表大会制度的政体，实行由中国共产党领导的多党合作和政治协商制度，实行基层群众自治制度以及民族区域自治制度。这些制度经过 70 多年的逐步改进、有序发展，使中国特色社会主义得到充分体现，有效保障人民拥有更加充实、广泛的自由与权利。

强调坚持党的领导，要着力从制度安排上发挥这个最大的优势，把握中国特色社会主义民主的正确路线，着眼于以什么样的思路来谋划和推进中国社会主义民主政治建设，起到管根本、管全局、管长远的作用。按照党总揽全局、协调各方的原则，充分发挥人大、政府和政协的作用，坚持和完善社会主义民主制度，保证决策和立法体现人民的意志。在制度设计上注重呈现全过程参与的形态，如作为参政议政的重要平台的人民代表大

会制度，是全过程人民民主实践主要的构成渠道。人民能够经过人大代表以提案和意见的形式进行意见表达，对重大议题项目、重大法律法规以及重大决策政策等享有决策参与权、事务知情权、执行监督权、意见表达权、绩效评估权及规划建议权等，并利用多种制度和机制设计使其能够具体实现。与此同时，我国还创设了包括政协协商、政党协商、人民团体协商、人大协商、基层协商及政府协商在内的民主协商制度形态，是党的群众路线在新形势下的具体体现与拓展应用；创造了以村民自治和居民自治为主体的基层群众自治制度、以职工代表大会为主体的企事业民主管理制度等直接民主制度形态。

三、全过程人民民主在党的领导下保障运行过程

全过程人民民主是我国社会主义民主政治区别于西方民主显著特征的新揭示。与西方民主只注重几年一次的选举民主不同，全过程人民民主更强调包括选举在内的民众全方位、全过程参与和实践。因此更强调这一系统的稳定性和连续性。习近平总书记多次强调："保证和支持人民当家作主，通过依法选举、让人民的代表来参与国家生活和社会生活的管理是十分重要的，通过选举以外的制度和方式让人民参与国家生活和社会生活的管理也是十分重要的。人民只有投票的权利而没有广泛参与的权利，人民只有在投票时被唤醒、投票后就进入休眠期，这样的民主是形式主义的。"① 坚持党的领导可以保证全过程人民民主这一实践有效落地运转。党的领导不意味直接命令，也不是直接具有行政权、立法权、监督权，而是在党的领导下，通过完善一系列政治制度、组织机制来实现，采取公示、听证、质询、论证等直接参与的方式，保证在建设民主政治的全部过程中对民主管理、民主协商、民主监督、民主选举及民主决策进行有机统一，把党的领导融入社会主义民主的全过程，集中一切力量、资源和智慧，进而将民主的价值、民主的过程、民主的绩效以及民主的发展道路有机统一

---

① 中共中央宣传部.习近平新时代中国特色社会主义思想学习纲要[M].学习出版社，2019：131.

于社会主义现代化的历史进程之中。

"人民通过选举、投票行使权利和人民内部各方面在重大决策之前进行充分协商，尽可能就共同性问题取得一致意见，是中国社会主义民主的两种重要形式。"① 如何就共同性问题取得一致意见，考验的是制度运行的过程如何能够产生具体性实效。党的执政能力和执政水平保障了在推进全过程人民民主的过程中把事关国计民生的重大公共决策等放到民主范畴中进行考虑。调动一切积极因素，妥善协调处理社会各方面诉求。人民参与社会生活与国家的全过程管理，既能够经过人大代表将自身的需求与意愿转变为各项意见或提案，最后经过人大批准后转变为国家和地方的政策体系、法律法规及大政方针等；又能通过评估制度、立法联系点制度、网站意见征询征求制度、人大代表工作室制度及听证制度等多种制度，直接将这些建议或意见提交给国家和地方的决策机关，以供借鉴、参考及运用。近几年，全国人民代表大会及其常务委员会正在逐步展开基层立法联系点制度的设立等一系列扩大人民参与渠道、提升参与质量的措施，探索以民意"直通车"等为代表的形式创新。以党的领导保障运行层面的连续性，以生动的实践丰富全过程人民民主的时代内涵，不断完善社会主义民主政治制度。

四、全过程人民民主在党的领导下确保运行实效

习近平总书记提出："社会主义民主不仅需要完整的制度程序，而且需要完整的参与实践。"② 这完整的民主实践也包括最终运行实效，即如何能把人民的意志通过党的领导转为具体的政治实践。也就是说，解决问题的成效是全过程人民民主成果的集中体现，只有把一件件民众关切的事项转化为一条条保障民生的发展、一项项惠民便民的举措、一件件民生成

---

① 习近平. 在庆祝中国人民政治协商会议成立65周年大会上的讲话[N]. 人民日报，2014-09-22（2）.

② 习近平. 在庆祝中国人民政治协商会议成立65周年大会上的讲话[N]. 人民日报，2014-09-22（2）.

果，才能把全过程人民民主的真实性、优越性更加充分地体现出来。办好中国的事情，关键在党，全过程人民民主的运行实效也需要靠党的领导来确保。

以党的领导避免全过程人民民主的草率化。在党的领导下保证党政部门的一致性是全过程人民民主的一项重要特征，把民主的精神、民主的原则、民主的方法等，运用到公共权力机关的所有部门及其所有的工作环节。党的领导健全人民当家作主制度，完善为民谋利、为民办事、为民解忧和保障人民权益、接受人民监督的体制机制，为人民管理国家事务、管理经济文化事业、管理社会事务提供更有力的保障。

以党的领导避免全过程人民民主的低效化。中国政治体制的最大优越性就是在党的领导下，有利于提高决策效率，进行有效治理。党的领导作为国家组织形式和活动方式的基本原则，是嵌入式的。嵌入式的党组织能够把各方面资源有效整合，不受制约和限制，发挥跨层级体制的作用，畅通各种利益诉求进入决策程序的渠道，把方方面面的力量汇聚起来，以广泛达成决策和工作的最大共识，推进决策科学化、民主化。比如 2019 年《中华人民共和国未成年人保护法（修订草案）》和《中华人民共和国预防未成年人犯罪法（修订草案）》公开面向社会征求意见，最后有 2 万余人提出建议，诸多意见得到吸收和采纳。一些年轻人从当事人的视角出发，对修订草案提出修改意见，被全国人大常委会法工委采纳，参与到保护自己的立法修订中。

全过程人民民主不仅关乎政治民主，更关乎经济社会生活的方方面面，而在民主管理、民主监督、民主决策、民主协商、民主投票的全过程人民民主的实操过程中，相关组织和制度总是会面临处理民主与集中、分工与统一、监督与支持、制约与配合、程序与实体等一系列实际问题，只有在全领域、全方位、全环节中始终坚持党的领导，才能把"众意"转化为"公意"。

第三节　党的领导在全过程人民民主建设中的领导作用

　　党的领导在整个社会主义事业中处于核心位置，是社会主义革命的历史逻辑和内在要求所赋予的。共产党执政就是领导和支持人民当家作主，同样地，只有充分实现人民当家作主的权利，才能巩固党的执政地位。党的十九届四中全会指出，我国国家制度和国家治理体系具有多方面的显著优势，其中之一是"坚持人民当家作主，发展人民民主，密切联系群众，紧紧依靠人民推动国家发展的显著优势"，并提出要"坚持和完善人民当家作主制度体系，发展社会主义民主政治"。① 全过程人民民主不同于西方竞争性民主，它强调以合作参与来推进社会主义民主政治的发展。理论、历史与实践都已证明党的领导是推进全过程人民民主的根本前提。在"两个大局"的时代方位下，开启全面建设社会主义现代化国家新征程和"两个一百年"奋斗目标的历史交汇点上，怎样守正创新地以党的领导不断拓展和完善全过程人民民主的具体实践，进行制度建设，发展和完善中国特色社会主义民主政治，成为摆在新时代中国共产党面前的一项重大问题。

　　全面思考提升"党的领导"能力，"不断增强党的政治领导力、思想引领力、群众组织力、社会号召力，确保我们党永葆旺盛生命力和强大战斗力"这个重大课题，在全过程人民民主的发展与推进中同样具有根本性、全局性、稳定性和长期性的意义。换言之，党的领导的完善与全过程人民民主的完善是同一个问题的两个方面。

　　中国特色社会主义已经进入了新时代。新时代的中国面临着改革、发

---

① 任平. 紧紧依靠人民推动国家发展[J]. 时代主人，2019（11）：44.

展、稳定等复杂任务和挑战，没有一个坚强、有力的党的领导不足以应对各种显性和隐性的挑战。同样地，没有强有力的党的领导和卓有成效的党的建设，不足以让全过程人民民主发挥制度优势。

从坚持"党的领导"的角度出发，提升党的政治领导力，牢牢把握全过程人民民主的发展方向。发展社会主义民主政治就是要体现人民意志、保障人民权益、激发人民创造活力，用制度体系保证人民当家作主。以党的领导谋划和推进中国社会主义民主政治建设，起到管根本、管全局、管长远的作用。党的领导要始终对全过程人民民主掌舵，继续在新时代推进一整套多层次、全方位的社会主义民主政治制度安排，在全方位、全领域、全过程中保证国家的一切权力牢牢掌握在人民手中。这要求中国共产党真正代表全体人民，真正为全体人民着想。在社会利益错综复杂、价值多元、意识形态领域斗争尖锐的形势下，保持党组织和党员干部的理想信念，永葆先进性，是永恒的命题。

从加强"党的建设"出发，增强党的引领力和组织力。加强党的领导能力建设是推进国家治理体系和治理能力现代化的关键。"以更大的力度、更实的措施发展社会主义民主……确保人民享有更加广泛、更加充分、更加真实的民主权利，让社会主义民主的优越性更加充分地展示出来。"[1] 党的领导归根结底是人的工作，要加强领导干部的政治素养和实操水平，从思想上牢固树立"以健全民主制度，丰富民主形式，拓宽民主渠道"的目标导向，从行动上提高党政干部把方向、谋大局、定政策、促改革的能力，以党的领导保证人民当家作主下的民主参与、选举、决策、管理、监督有序有效，不会出现群龙无首、一盘散沙的现象，保证决策、监督、协商成果落地，才能够确保人民享有更加广泛、充分、真实的民主权利。并且在此过程中加强对权力的监督，包括人民的监督、党内监督、政府部门间的相互监督、社会舆论监督等，严格在法治范围内依法治国，推进全过

---

① 习近平.在第十三届全国人民代表大会第一次会议上的讲话[J].中华人民共和国国务院公报，2018（12）：5-8.

程人民民主的实际进程。

从扩大人民群众有序参与做起，增强党的社会号召力。在党的领导下，人民群众的民主意识、民主素养、民主观念都得到显著提升，形成了在民主选举、民主决策、民主管理和民主监督等过程中尊重规则和规范的民主理性。但现有的全过程人民民主是有限的，如何扩大社会上各职业、各阶层、各地域、各民族、各党派的人民参与度，是在未来一段时间内继续发挥社会主义民主制度政治优势的重要着力点。中国共产党要以更大力度贯彻党的群众路线，密切同人民群众的联系，倾听人民呼声，回应人民期待，不断解决好人民最关心、最直接、最现实的利益问题，才能形成正面的引领和向导，号召更多的人民群众通过民主途径参与治理，把国家发展的目标、改革的任务转化为全体人民的自觉行动。以此凝聚起最广大人民的智慧和力量，让全过程人民民主焕发出蓬勃生命力，让社会主义民主的优越性更加充分地展示出来。

为更好地发挥党的领导在全过程人民民主中的作用，中国共产党应当坚持依法治国的基本方略，加强党的自身建设，调整和完善党的领导方式，更好地完善顶层设计和运作机制，加强群众路线，把党的领导落实到各项工作的实处，切实增强党在全过程人民民主中的政治领导力、思想引领力、群众组织力、社会号召力。全过程人民民主的发展是党的领导成效的重要体现。

第四章 全过程人民民主的制度及程序规则

第一节 基于全过程人民民主的制度与程序

民主是一个古老而常新的话题。说它古老，是因为追溯到古希腊时期，民主的思想及其政体形态已经成为当时重要的讨论范畴和实践对象；说它常新，是因为民主自从产生就一直争论不断，直到今天仍然是重要的争议话题。当然，在今天的世界，没有人敢公然反对民主，这使得民主成了目前为止认同度最高且最能体现人类政治理想价值的制度安排。

任何一种政体的实现都需要一定的制度建构与程序规则，民主亦不例外。从古到今，诸多的政治思想家提出了众多的实现民主的制度方式和程序规则，为民主在人类政治生活中扎根提供了参考。思想观念的变革带来政治实践的进步，近代以来的民族国家以政治思想家的规划为实践先导，为实现民主累积了诸多制度与程序规则，前者如三权分立制度、代议制、选举制度等，后者如罗伯特议事规则等。正是这样的思想创新与实践累积，为民主在世界范围的传播和扎根奠定了坚实的理论基础和经验基础。

就民主的一般制度设计而言，它是在一定的原则基础上产生的。人民主权原则、代议制原则、权力分立制衡原则、法治原则等构成现代民主政治的一般原则。在这些原则之下，现代民主政治形成三权分立制度、代议制度、选举制度等诸多制度。这些制度的存在和发展使得人类社会进入一个如何在超大规模社会解决权力与权利关系、国家与社会关系、政府与市场关系等相关问题，构成现代国家的基本政治运作。民主政治的一般制度及其程序规则是发展演进的。"民主不是独立存在的，包含着各种各样的内容和形式，并在不同的层级展示出不同的功能和结构；根据结合的主体的不同，展现出的民主的类别和性质也不相同；根据衔接的政治过程的环节不同，进而形成了多种民主的运行机制。"① 由此可知，民主政治也不再是一种单纯的政治生活方式，变成了一种集合体，它具有不同的运行机制、不同的过程环节、不同的内容形式。民主，其最一般的含义是少数服从多数、多数尊重少数。正是因为这样的内涵，使得直接民主受制于国家规模、人口数量、地理交通等因素，容易导致民主政治被简化为选举政治。一方面，民主约等于选举与民主的政治本源内涵并不一致。民主的本源是直接民主，要求全体符合条件的公民都参与到政治生活中来，民主被简化为选举显然是排除了绝大部分民众参与民主政治的机会和可能。另一方面，民主被简化为选举是现代政治生活的重要特征。考虑到国家规模、人口数量、地理交通等因素，虽然有极个别国家仍然采用全民公决的方式决定宪法修改等重大事项，但绝大多数国家都采用了间接民主的方式，即使是作为直接民主形式的全民公决也是在极端重要的情况下针对特定的事务才开展的。由此可知，直接民主已经逐渐无法适应当今社会，民主政治的主流渐渐变成了间接民主，其中的主要代表就是代议制。但是，随着现代民主的飞速发展，民主政治正在向间接民主和直接民主相结合的阶段过渡。就民主政治的表现而言，间接民主仍然是主流，表现为代议制度仍然占据主流和多数，但是，随着网络技术的发展，网络投票等方式已经日渐进入民主政治生活中，似乎有找回民主政治本源的可能。

　　讨论民主的一般制度与程序规则，其要义在于，在西方社会，选举民主逐渐与民主等同，在这种条件下，中国特色社会主义民主已经展现出其

---

① 李猛，杨海蛟.程序民主：西方的逻辑与中国的实践 [J].探索与争鸣，2011（6）：45-48.

蓬勃的发展潜力,它包含着民主监督、民主管理、民主协商、民主决策、民主选举等内容和形式。那么,在社会主义制度之下,如何实现人民当家作主,就需要党通过制度建设与程序规则实现民主运行的可能,保证民主的真实性和有效性。在中西方的制度竞争中,如何体现人民民主的优越性,并进而超越西方民主,归根结底就是要实现人民当家作主的真实性和有效性,确保我国的民主真正落到实处。如果说人民民主是价值意义上的民主形态,那么,全过程人民民主就是切实可操作的民主形态。"如果将选择公共政策和形成公权力都看成一个政治过程和政治系统,那处在这个过程所有环节中的民主制度本来就是统一的,如管理民主、监督民主、决策民主、协商民主、选举民主等,也就是说全过程人民民主。"① 这一方面说明中国特色社会主义民主政治是在对西方选举民主的批判的基础上进行的创新,同时也说明中国特色社会主义民主政治已经在形式和实质两方面超越西方的民主,这就需要提供新的发展的政治空间以建构中国特色社会主义民主政治。"人民民主展现的是实质民主和程序民主的有机结合。民主不但要重视程序和形式,也要重视内容和实质。人民民主只有既重视程序正义,也重视实质正义,人民才能真正掌握民主的权利。"② 习近平总书记也曾讲过,如果人民只有投票的权利却无法广泛地、真正地参与其中的权利,投票时人民参与,投票后跟人民的关系就不大了,这种形式的民主是空泛的,是形式主义的。③

① 赵志疆.从这里读懂全过程人民民主 [N].河南日报,2022-03-12(2).

② 祝灵君.推进全过程民主离不开党的领导 [J].探索与争鸣,2020(12):5-8.

③ 方涛.中国特色协商民主的宣言书:学习习近平总书记在庆祝中国人民政治协商会议成立65周年大会上的讲话 [J].上海市社会主义学院学报,2015(1):7-11.

第二节　基于全过程人民民主的制度的完善

　　民主需要在一定的规则与程序内实现，这是在形式意义上的民主。但更重要的是在实质意义上拓展民主的内涵，这就需要在制度体系上呈现出民主的全过程性。党的十九大报告强调："发展社会主义民主政治就是要体现人民意志、保障人民权益、激发人民创造活力，用制度体系保证人民当家作主。"当前中国的全过程人民民主主要表现在基层群众自治制度、民族区域自治制度、中国共产党领导的多党合作与政治协商制度以及人民代表大会制度等制度体系中，这些制度体系使中国特色社会主义民主政治更加法律化和制度化，总体上构成了中国特色社会主义民主政治的制度构架，必须长期坚持、全面贯彻、不断发展。习近平总书记指出："这样一套制度安排，能够有效保证人民享有更加广泛、更加充实的权利和自由，保证人民广泛参与国家治理和社会治理；能够有效调节国家政治关系，发展充满活力的政党关系、民族关系、宗教关系、阶层关系、海内外同胞关系，增强民族凝聚力，形成安定团结的政治局面；能够集中力量办大事，有效促进社会生产力的解放和发展，促进现代化建设的各项事业的提高，促进人民生活质量和水平不断提高；能够有效维护国家独立自主，有力维护国家主权、安全、发展利益，维护中国人民和中华民族的福祉。"① 总而言之，中国特色社会主义民主政治制度的程序化、制度化、规范化，从不同领域、不同层次推动公民有条不紊地参与政治决策，发展了更加健全、更加充分、更加广泛的人民民主。

　　当前共产党人面临的重大任务是推动中国特色社会主义制度的发展，使其更为稳定，更加成熟，为国家的长治久安、社会的和谐稳定、人民的

----

① 习近平.在庆祝全国人民代表大会成立六十周年大会上的讲话[J].当代党员，2019（21）：1-5.

幸福安康以及党和国家的事业的发展建立一套更管用、更稳定、更完善的制度体系。对构成中国特色社会主义制度体系的重要制度、基本制度、根本制度要时刻坚持和完善，着力增强弱项、补齐短板、发扬优势、稳固根基，建立运行有效、科学规范、系统完备的制度体系。人民代表大会制度是我国的根本政治制度，所谓根本制度指的是对我国发展全局具有指导性、全域覆盖性、顶层决定性作用的制度。人民代表大会制度是实现依法治国、人民当家作主、坚持党的领导有机统一的根本政治制度安排。基本制度指的是对国家经济社会发展等有重要影响的、体现和贯彻国家经济生活和政治生活的基本原则的制度，当前我国政治领域的基本政治制度有三种，基层群众自治制度、民族区域自治制度、中国共产党领导的多党合作和政治协商制度。其中中国共产党领导的多党合作和政治协商制度是由中国人民和中国共产党共同创造的政治制度，是在中国土地上成长起来的新型的政党制度；民族区域自治制度是中国特色社会主义解决民族问题的正确道路的制度保障和重要内容；基层群众自治制度保障人民群众依法自我监督、自我教育、自我服务、自我管理。而重要制度是由基本制度和根本制度衍生得出的，是国家治理各个环节、各个方面、各个领域具体的主体性制度。显然，按照中国特色社会主义民主政治发展的要求，在根本制度和基本制度已经成熟定型的基础上，推进中国特色社会主义民主政治的制度化、规范化、程序化的重要着力点就在于对其重要制度的发展和完善。按照这一设计，全过程人民民主的根本制度和基本制度在于为中国特色社会主义民主政治提供制度框架，全方位民主的重要制度在于为中国特色社会主义民主政治提供具体的运行机制，形成了促进"全过程人民民主"更为细致发展的机制[①]，其核心内容包括以下内容：中国共产党的全面领导制度是保障中国特色社会主义民主政治的运行机制的根本制度，起到领导作用，两大制度形态包括中国共产党领导的多党合作和政治协商制度与人民代表大会制度。三大基层的直接民主形态包括决策议事协商会议民主制

---

① 唐亚林."全过程民主"：运作形态与实现机制[J].江淮论坛，2021（1）：68-75.

度、企事业民主管理制度、基层群众自治制度。四大权利指监督权、表达权、参与权和投票权。五大民主运行形式为民主监督、民主管理、民主决策、民主协商、民主选举。民主的重要制度的设计应该致力于维护人民的根本利益。根本制度与基本制度是维护人民根本利益的基础性、奠基性与前提性的制度设计。在具体的实践阶段，重要制度是直接作用于全过程人民民主的。需要注意到的是，在重要制度的具体实践上，仍然存在着制度上的薄弱环节，集中体现在某些制度规定过于强调原则性、一般性、口号性，缺乏程序性、具体性、可操作性，没有形成全面、具体、有效的制度体系，这就需要按照全过程人民民主的要求，促进中国特色社会主义民主政治的重要制度更加成熟和更加定型。邓小平同志曾说：当前我们的民主制度其实并不完善，需要制定相应的条例、法令和法律规范民主制度，使人民民主变得法律化、制度化。1980 年 12 月 25 日，邓小平出席中共中央工作会议闭幕式。他在讲话中指出，要继续发展社会主义民主，健全社会主义法制。这是三中全会以来中央坚定不移的基本方针，今后也决不允许有任何动摇。他说，"我们的民主制度还有不完善的地方，要制定一系列的法律、法令和条例，使民主制度化、法律化。"① 因此，为保证民主能够行之有效、行之有据，必须完善民主的重要制度，即完善监督制度、管理制度、决策制度、协商制度、选举制度等。中国共产党对人民民主进入实践操作层次的机制和形态进行了理论提炼和实践创新，创造出"全过程人民民主"的四大运作形态，即监督式民主、协商式民主、参与式民主、回应式民主。② 实践是检验一切制度最好的方法，要努力提高制度的执行力，坚决维护制度的平等性，执行制度过程中任何人都不能破例，保证制度的权威性和严肃性，使其拥有强大约束力而不是普通的"橡皮筋"。在"不忘初心、牢记使命"主题教育总结大会上，习近平总书记强调，有了好的制度如果不抓落实，只是写在纸上、贴在墙上、锁在抽屉里，就会成

---

① 邓小平.邓小平文选：第 2 卷 [M].北京：人民出版社，1993：359.

② 唐亚林."全过程民主"：运作形态与实现机制 [J].江淮论坛，2021（1）：68-75.

为稻草人、纸老虎,形成"破窗效应"①。

"坚持执行制度没有例外,对违反制度规定踩'红线'、闯'雷区'的,要零容忍,发现一起就坚决查处一起。"② 以选举制度为例,选举权和被选举权是公民的一项重要的政治权利,参加选举是公民行使管理国家权力的重要途径。我国《中华人民共和国全国人民代表大会和地方各级人民代表大会选举法》(以下简称《选举法》)和《中华人民共和国宪法》(以下简称《宪法》)都规定,凡是我国年满十八周岁的公民,都有被选举权和选举权,不因居住期限、财产状况、教育程度、宗教信仰、家庭出身、职业、性别、种族和民族发生改变。由于不同历史时期的具体情况,《选举法》经历了数次修改,旨在保障代表来源的广泛性、选区划分的合理性、选民登记的便捷性、选举程序的可操作性。《宪法》和《选举法》的有关规定有利于发扬民主,保障人民行使管理国家的权利。当然,这一制度仍然在不断地完善过程之中,适当增加县乡两级人大代表名额等修改意见就是进一步优化人大代表结构、针对性解决群众政治参与度不足的问题,更好地体现全过程人民民主。选举制度的发展完善是在不断地经验累积的基础上完成的,但同时,也是在相关事件的经验教训基础上不断反思的。为此,《选举法》不断修正对破坏选举行为的法律责任,力求使其与监察法、公职人员政务处分法、公务员法等法律法规相衔接,为选举制度的有效实施提供坚实的配套保障。这说明,在根本制度、基本制度已经基本确立的情况下,保障全过程人民民主顺利实施的重要制度应该务实管用,更加有针对性和指导性,而不能是空洞乏力的,否则制度就会流于形式。

---

① 于喜敏.习近平总书记在"不忘初心、牢记使命"主题教育总结大会上的讲话摘录[J].文艺生活(艺术中国),2022(3):4-5.

② 中共中央印发《关于加强新形势下党的督促检查工作的意见》[J].人民公交,2017(6):74.

第五章 全过程人民民主与国家治理体系

第一节 全过程人民民主与国家治理体系的内涵解读

国家治理是现代文明社会的治理模式，治理和管理的差别主要体现在治理和管理的主体的多与少上，中国国家治理体系的现代化建设，是由中国共产党集中统一领导，政府全权负责所有事务，社会各界和人民群众广泛参与的，促进制度越发完善，权力的分工和结构越发合理，监督、管理、执行、决策等体制机制越发健全的状态和进程[①]，它强调的是政府、社会组织、社区单位、企业、个人等所有利益攸关者在治理的全过程中的共同参与协同行动，因此，它包含着共同参与、审慎决策、利益分享、责任共担等内容，同时把民主打开为一个持续行动的全过程人民民主。

一、共同参与是现代国家治理体系的本质要求

"在理论上，作为大多数人统治的民主的本质就是参与"[②]，参与式民主理论是在人们对近代西方国家代议制民主现实发展的基础上反省得出

---

① 李景治.国家治理体系现代化的意义、内涵和实现路径[J].中国浦东干部学院学报，2020，14（4）：21-29.

② 陈尧.民主的要义：当代西方参与式民主理论研究[M].上海：上海人民出版社，2016：15.

的，它的核心是要求公民参与公共决策，强调公民积极参与公共决策对于个人的发展有不可忽视的意义和价值。至于参与，指的是公民作为基层单元要参与到国家所有层次的决议中去，确定了民主社会中公民参与决策的关键地位，同时企图继续扩展公民在政治参与范围和方式的一种民主的理论范式。更深入地讲，现代国家治理理论的核心观念是共同参与型治理，这表示任何公民对于社会公共各类事务和国家各类事务的决策都有参与的权利，而不是仅有"投票"的权利。根据参与式民主理论可以看出，它以实现所有人平等且自由的发展为终极目标，而想要实现这样的目的，公民通过各种方式（如妥协、协商、讨论等）直接地、广泛地参与到社会公共生活中是最容易的方式。这个过程不但服务和活跃了社会公共生活，还能在一定程度上积极促进公民教育。

巴伯、达尔、麦克弗森和佩特曼等是当代参与式民主理论在西方的主要代表，他们所做的就是再次强调公民参与在民主生活中的核心地位，最大限度恢复民主的本意，达到更真实的民主。他们认为公民直接参与政治决策，不但能增强公民的政治责任感，避免公民因不参与决策产生的疏离感，增加公民对于整体的公共问题的注意力，还对培养出对政治事务更有兴趣、更敏感的公民以及积极参与的公民有极大帮助。

可见，在对代议民主制下渐行渐远的西方现代民主制进行修正的基础上，参与式民主再次找回了民主的要义和国家权力的本源，强调了国家权力中心，即政府之外的民众对国家和社会公共事务决策参与的重要性，它不等同于直接民主，但是它也不想停留在只能"参与投票"的地步，而是重申公民需要直接参与治理社会公共事务和国家事务的整个过程，并强调公民参与决策的效用对民主有重要作用。从这个意义上说，现代国家治理体系强调包括政府在内的社会组织、社区单位、企业、个人等所有利益攸关的多主体对国家和社会公共事务的共同参与。李景治认为，当前中国的国家治理体系，是由中国共产党集中统一领导，政府全权负责所有事务，在社会各界、人民群众以及政协和人大等政治主体共同积极地参与下，推进和经济发展、文化繁荣、生态良好、社会和谐、政治稳定的途径和方法的集合。可见，基于中国特色社会主义制度体系的国家治理体系中，其参与主体不仅包括人大、政协等政治系统内的主体，也包括社会组织、社区、企业、个人等政治系统外的主体。70 多年来，中国的国家治理体系正是沿着由内而外不断拓展治理主体的发展路径，来巩固和增强我国的治理能力。

二、审慎决策是现代国家治理体系的内在要求

国家治理体系的现代化不但重申参与的深度和广度，要求参与决策主体向广度和深度两个方向拓展，而且强调参与结果的高质量，要求在多主体的基础上考虑专家的专业意见，尽量做到科学决策。

审慎决策是在尽可能地集合多个团体的智慧后，由多个主体联合对决策内容进行解析，最后拟定决策的过程，其目的是做出更为科学的判断，做出更受认可的决策。其中，参与决策的主体组成决策群体。决策过程中，参与决策者必须为那些具有新颖和高度不确定性的非程序化决策寻求和协调解决方法，甚至面临反复的妥协、不休的争论。因此，一般来说，审慎决策能够更有效地提高决策质量，有利于决策后续的执行，但是，由于要协调解决比较复杂和综合的问题，往往又会花费大量的时间和精力。因此，分析审慎决策的利弊及其影响因素，具有重要的现实意义。

虽然很多人认为审慎决策并不是最好的决策方式，但审慎决策的应用仍然很广泛，因为它有以下几个优点。

第一，审慎决策在面对逐渐精细化、专业化、复杂化的决策问题时，能更好地利用多个领域的智慧。而各个不同领域的群体广泛参与决策，能从不同角度分析决策问题，从而提出更多有价值的建议，有助于在真正实施和贯彻决策方案之前，发觉其中存在的问题，降低决策风险，进而提升决策的针对性。

第二，审慎决策能够综合不同群体的知识优势，了解更多的信息，对做出更多可行性的方案有很大帮助。因为参与决策的群体成员是从多个群体中选出的，他们的从业情况不相同，熟悉的知识面也不同，掌握的信息

更不同，便于互补，从而发现更好的行动方案。

审慎决策便于充分利用不同成员的背景、经验、教育程度。对于那些经验和背景都不相同的成员，他们在解决问题的思路、要解决的问题的类别、选择收集的信息等方面通常差别很大，让他们广泛参与决策对考虑决策问题的全面性有极大帮助，提升决策的科学性。

审慎决策比其他决策更容易获得所有人的认可，进而有利于顺利实现决策。因为参与决策的群体成员具有代表性和普遍性，所以在综合多方面观点的基础上产生的决策是各个群体对决策问题的相似的看法，因而有助于施行决策的相关人员和部门接受和理解，在实行过程中更容易获得其他部门的配合和支持，进而在很大程度上对提升执行决策的质量有帮助。

在制定决策的过程中，利益相关的主体通过理性协商的手段寻找共同利益，即最大共同点，做出能被大多数人接受和认同的决策。当前党和政府科学决策的重要手段就是协商民主，先讨论、协商再做出决策，同时广泛地听取其他不同的意见，起到完善决策的作用，在实行决策和评估决策的阶段，采用民主协商的手段，将失误降到最低，对于推进国家治理体系和治理能力的现代化有益处。

三、利益分享是现代国家治理体系的目标指向

现代国家治理的目的是确保社会的稳定团结，保证整个社会中所有社会成员以及各个群体的利益能够充分协调和实现，最大限度化解社会矛盾，同时保证社会的所有成员通力合作，万众一心协同发展，达成最终的共享和共建。"利益分享"是新提出的观点，它的实质是尊重和承认社会中所有主体享有的现有经济权利，同时还能合法以及合理地追求切身利益。"利益分享"是在以人为本的理念基础上得出的，是此理念最具体的表现形式，它打破了传统思维"利益独占"的封锁，倡导推动社会主义经济的发展以及解决当前社会主义内部各个利益主体之间存在的利益矛盾，创建整个社会的利益分享的机制是最有效的手段。在社会经济活动的任一层次，各个利益主体之间都能施行利益分享。这种利益分享制度最鲜明的

特点是社会中任何经济主体都与企业（代表局部利益）以及政府（代表国家整体利益）分享利益。它保证所有的经济主体都有自己的利益、责任和权利。在避免风险的压力及谋求利益的动力的双层作用下，所有主体都会极力增强自身的活力。利益分享的机制是在确定利益具有多元性及各个主体追求利益具有的协同性的基础上，促使经济生活和经济决策变得民主化，为经济和社会的和谐发展带来新的生机。建立新型的利益分享机制，是现代国家治理的目的，也是解决当前社会存在的贫富收入差距较大问题的有力措施，是实现共同富裕的不二法门。理清收入分配的关联，创建合理的、科学的收入分配的制度，是一项长久且艰辛的任务。因此，必须从我国的实际国情出发，持续推动经济快速发展，增加社会财富，重视民生建设，同时增强对社会公平性的重视程度，促进符合社会主义市场经济体制的利益分享制度的发展，把利益分享当成我国社会主义经济发展和改革的一项基本原则，并根据利益分享的机制对建设我国现代国家治理体系作出更好地指导，从而实现创建社会主义现代化强国的远大理想。①

四、责任共担是现代国家治理的有效保障

责任共担与共同参与、审慎决策、利益共享是一个有机的整体。要构建涉及多层次、多领域、多主体的共责共担的复合治理机制。首先，提升国家的民主治理能力和公共责任，用以维持国家和社会之间的信任关系，进而为现代国家治理提供最有效的保障和强有力的支持。值得注意的是，想要提升国家的治理能力，不能简单地重申国家具有的控制能力，而应该通过调整国家内部的治理结构，提升国家对于社会和市场的监管能力，同时采用分权和放权等方式调节国家和社会、市场之间的关系，促使它们形成互补协作的关系。在中国，提升国家治理能力的重中之重是发挥中国共产党执政的优势。其次，提升组织、个人识别风险的能力，增强其风险意识和公共责任感，提升其在行为方面的强度和广度，同时提高决策和行为的理性程度。全体公民的安全感、幸福感、获得感不但需要国家相关制度

---

① 李炳炎.应将利益分享作为构建和谐社会的一项基本原则[J].民主，2007（6）：5-7.

提供，更需要所有组织和个人的投入、参与以及自我担当，才能实现真正的责任共担。最后，注重扩展和培养社会信任。只有相互信任才能保证公民自觉践行公共责任，在保障传统共同体精神的同时，也要扩展社会信任的边界，提升对他人的认同感，培育共同体意识，为整合整个社会提供共同的基础价值；而且还要防止民族主义出现过激化，提升对国际问题的包容度和关注度，在全球化的进程中养成正常的心态，从而推进处于风险治理中的地区、国际以及全球合作。

中共十八届三中全会上提出的"推进国家治理体系和治理能力现代化"，习近平总书记在中国共产党第十九次全国代表大会上所作的报告进一步从战略高度出发，对国家治理体系和治理能力现代化提出了一系列新的要求，是一份大力推进国家治理体系和治理能力现代化的宣言书。党的二十大报告把"国家治理体系和治理能力现代化深入推进"作为未来五年我国发展的主要目标任务之一。新征程上，必须深入推进国家治理体系和治理能力现代化，把我国制度优势更好转化为治理效能。党的十八大、十八届三中全会、十九大、十九届三中全会、十九届四中全会等，对优化政府职责体系，构建职责明确、依法行政的政府治理体系，建设人民满意的服务型政府，做出了权威性安排，为发展完善政府职责体系指明了方向。但是，必须清楚地认识到当前中国的民主政治建设仍处于探索时期，仍有大量的新问题需要仔细地研究和探索，需要驻足新时代，在不断的改革和创新中推陈出新，不断增加对社会主义民主制度的创新，不断推进国家治理，实现其可持续发展。

第二节　基于全过程人民民主国家治理体系的制度架构

习近平总书记提出的"全过程人民民主"这一重大论断，是对人民民主的科学概括及高度肯定，展现了中国式民主的追求和实质，也在很大程度上充实了中国特色社会主义民主的内涵体系。如今不断推行国家治理体系和治理能力的现代化，全过程人民民主为深化改革、全面部署民主化、制度化、法治化的战略做出了新的注解。国家治理体系所提供的制度架构是全过程人民民主线性发展的前提和基础，而全过程人民民主的实践使国家治理体系运转起来并直接影响着国家治理体系效能的发挥。

中共十九届四中全会审议通过的《中共中央关于坚持和完善中国特色社会主义制度、推进国家治理体系和治理能力现代化若干重大问题的决定》指出，国家治理体系和治理能力最能体现一个国家的制度以及制度的执行能力。中国的国家治理体系是坚持中国共产党领导的管理国家的制度体系。它包含了党的建设、生态文明、社会、文化、政治、经济等各个领域内法律法规和机制体制的安排，是一系列密切相关、相互协作的国家制度；国家治理能力指的是使用国家制度管理社会所有方面事务的能力，包括治党治国治军、内政外交国防、稳定发展改革等各个方面。国家的治理体系和治理能力是有机结合的统一体，两者相辅相成，单靠哪个治理都是片面的，好的治理体系能提升国家的治理能力，提升了国家的治理能力才能更好地发挥国家治理体系的效用。[①] 学术界对于国家治理体系的解析多是从纵向和横向两个维度开展的。横向维度主要是对国家治理体系基本观念的二次理解，即国家治理体系，是一种综合调解并解决各个领域内种种矛盾形成的制度化的结构，它的本质是各种领域内种种制度的有机结合；纵向维度是从多个层次出发解析国家治理体系，其中有四个层次的，即治理方式、治理组织、治理制度和治理理念；有三个层次的，即治理效果、治理机制和治理主体。比如，俞可平认为国家治理体系的三大要素即治理主体、治理机制和治理效果[②]。再比如，认为国家治理体系即是由各个领

---

① 陈培永.《中共中央关于坚持和完善中国特色社会主义制度推进国家治理体系和治理能力现代化若干重大问题的决定》辅助读本[M].广州：广东人民出版社，2021：12.
② 俞可平.推进国家治理体系和治理能力现代化[J].前线，2014(1)：5-8，13.

域的制度安排、组织人员、法律法规、组织机构、指导思想等要素构成一整套密切相关、相互协作的体系。

衡量一个国家的治理体系是否现代化，要看公共权力运行的制度化、规范化、民主化、法治化、效率这五条标准。这五条标准，延续对治理体系中的制度的强调，将国家治理体系的现代化分解成制度建构和运行的五大目标。因此，认识国家治理体系，就必须重视体系中制度架构的作用。有"中国之制"，才能有"中国之治"，权力运转的制度化是改革的重中之重，以制度化推进现代化也是党和国家的目标和要求。

全过程人民民主是一种全过程的民主。理解全过程人民民主，可以从全过程的民主决策、全过程的民主协商以及全过程的民主实践三个维度对其核心要义加以理解与深化。全过程人民民主既是大事小事讲民主，民主贯穿全过程，又要以协商民主统一思想，凝聚共识，重视解决人民问题的实际能力与长期的治理绩效。全过程的民主才是真正的民主，这是全体人民能够实际参与政治活动、全面覆盖政治活动内容、形成实质民主。全过程人民民主在程序、内容、层级、主体和治理等五个方面都具有显著优势，它注重形式程序的闭路循环、强调实质内容的全面有序、提倡不同层级的上下联动、强化各类主体的关系耦合、彰显国家治理的良好成效。关注全过程人民民主，就既要关注它的程序性，又要关注它的民主性；既能用重视的民主制度做架构支撑，又要能实质体现民主的效用。

人民民主专政是我国的国体。人民代表大会制度是支撑我国国家治理体系和治理能力的根本政治制度。人民民主专政的国体与人民代表大会制度的政体决定了我国治理体系中不容忽视的人民主权地位。人民当家作主就是中国现代国家治理的制度对于"谁来统治"这个国家权力管理问题的回应。在中国的国家治理体系中，在根本上是通过党的领导和人民代表大会制度来实现人民主权的制度安排的，人民当家作主是中国现代国家治理的制度属性。党的十九大报告指出：我国的社会主义民主是维护人民根本利益的最广泛、最真实、最管用的民主。发展社会主义民主政治就是要体现人民意志、保障人民权益、激发人民创造活力，用制度体系保证人民当家做主。①

也有学者完全按照中共十九届四中全会《决定》将其归纳为人民代表大会、多党合作和政治协商、爱国统一战线、民族区域自治、基层群众自治等制度五个方面。中国现代国家治理体系的形式规范则是人民共治，以社会主义为发展取向的现代国家建设，决定了国家治理体系是以人民为中心，让人民共享国家发展成果。党和国家各项制度的设计都围绕"如何让人民真正行使权力"出发，以选举民主、决策民主、管理民主、监督民主、协商民主这五大民主始终贯穿于制度建立和权力行使的全过程，将民主程序内化于制度建设的全过程。全过程人民民主只有以制度架构为依托，才能更好地发挥其惠及人民的实践价值。相反，假若民主只是价值和口号，只是空想和目标，那它就是无本之木，无源之水，是人民无法接触的空中楼阁。因此，推进国家治理体系的制度化、规范化建设，就是为全过程人民民主实践搭建制度平台，夯实践行全过程人民民主的基础。

制度治理效能的根本目标是展现全过程人民民主优势。习近平总书记指出："评价一个国家政治制度是不是民主的、有效的，主要看国家领导层能否依法有序更替，全体人民能否依法管理国家事务和社会事务、管理经济和文化事业，人民群众能否畅通表达利益要求，社会各方面能否有效参与国家政治生活，国家决策能否实现科学化、民主化，各方面人才能否通过公平竞争进入国家领导和管理体系，执政党能否依照宪法法律规定实现对国家事务的领导，权力运用能否得到有效制约和监督。"② 国家治理体系架构的制度好不好，最重要的就是看是否真正体现民意、凝聚共识、真正使国家治理效能提质增效。而人民的意志要想不断进入政治体系，就需要通过一定的制度架构进行集中和表达，没有全过程的民主在主体上、内

---

① 王东明.以习近平新时代中国特色社会主义思想为指导团结动员亿万职工 为决胜全面建成小康社会夺取新时代中国特色社会主义伟大胜利而奋斗：在中国工会第十七次全国代表大会上的报告[J].兵团工运，2018（11）：10-17.

② 习近平.在庆祝全国人民代表大会成立六十周年大会上的讲话[J].当代党员，2019（21）：1-5.

容上、程序上、层级上的不断实践表达，国家制度就是空中楼阁，无法真正代表广大人民群众的根本利益。

全过程人民民主在国家的有效治理中实现有机统一，通过建立完整的国家治理体系提升国家的治理能力，提升国家的治理能力能完美发挥国家治理体系的作用，它最根本的目的是为社会主义服务，为全体公民的稳定生活服务。全过程人民民主的制度保障了中国道路的成功。全过程人民民主在最大限度上调动了人民群众政治参与的积极性，也汇集民智，尊重广大人民群众的创造力。最重要的是，区别于以往西方国家的党派政治和选举民主，全过程人民民主致力于取得最大限度的"共识"，从而可以有效避免少数人对多数人的暴政。唯有真正的全过程人民民主，才能有效提高国家治理的效能，促进国家治理体系内生良性循环。总而言之，全过程人民民主是能发挥中国特色社会主义制度优点的民主，是对中国特色社会主义制度有极度自信心的民主，是把达成国家有效治理目的当作归宿的民主。

所谓"上下同欲者胜"，全过程人民民主在于让人民意志通过国家治理体系的制度架构进行合理有序的凝聚表达，输出成为国家政策、社会秩序、人民价值等政治产品，最终又反馈成为人民群众的信任支持。全过程人民民主与民主的国家治理体系的制度架构分别作为"人民民主"的动态实践与静态表达，二者之间既呈现出相互影响的发展态势，又彼此支撑与相互促进，成为坚持和完善人民当家作主制度体系，发挥社会主义民主政治，推进国家治理体系和国家治理能力现代化的重要环节。

第三节　全过程人民民主在国家治理体系中的嵌入与贯穿

全过程人民民主是对中国特色社会主义民主的高度肯定与概括，它揭示了我国社会主义民主制度的显著优势和特点。全过程人民民主的提出，不仅是人民民主发展的本质要求，也为人民理解国家治理体系过程提供了一个全新的角度。

习近平总书记在党的十八届三中全会第二次全体会议上进行相关讲话时第一次对国家治理体系的含义进行全方位的说明，中国的国家治理体系是坚持中国共产党领导和管理国家的制度体系，它包含了党的建设、生态文明、社会、文化、政治、经济等各个领域内法律法规和机制体制的安排，是一系列密切相关、相互协作的国家制度。

事实上，全过程人民民主嵌入、贯穿于国家治理体系的方方面面，全过程人民民主实践与国家治理体系的目标都是使整个社会达到善治。笔者通过考察全过程人民民主的四个维度，帮助读者理解其对于国家治理体系的意义。

一、国家治理环节的全过程人民民主

全过程人民民主意味着民主在国家治理的所有环节中都不可缺少，全过程人民民主是一个包含民主监督、民主管理、民主协商、民主决策和民主选举等环节的完整过程，而且是一个循环往复的闭环过程。不同于西方国家的民主只涉及重要国家政策的公投、议会中的党派选举（立法权）与政府首脑选举（行政权）等政治活动的局部领域，我国的全过程人民民主通过国家治理体系的制度设计，确保立法、决策、执行与司法监督的任何政治领域和政治过程，都是以追求全体国民的整体利益为目标，具有充分正当性，也是经得起各种审视与历史考验的真正的民主。

一方面，中国共产党高度重视人民群众民主选举权利的保障，确保民主选举的各个环节人民群众都能充分参与。同时，党中央明确要求在党委、人大、政府、政协换届选举中保证基本群众代表比例，从制度上确保党政干部、企业负责人不会挤占应该给基本群众代表的名额。不但要重视民主选举，对于维护人民群众在民主监督、民主管理、民主协商、民主决策等环节的权利更要重视。注重民主线性运行的所有环节，保障维护人民群众的基本民主权利，使得民主的运行有序且高效，这正是国家治理体系有效性展现与实现的过程。

另一方面，全过程人民民主强调所有民主环节都不可缺少，强调依照法定程序一环一环逐步推进。这就从程序制度的安排上保证了人民群众可以全程参与民主实践。根据民主线性运行的所有环节来看，中国每一次重大决策与重大立法都是遵照程序，经由民主酝酿后，再经历民主决策和科学决策得出的。事实上，中国出台任何政策，都要经过反复论证，而且往往还在局部做试验，看看还存在什么问题，群众反应如何，这样才能逐步推开。《中共中央关于制定国民经济和社会发展第十四个五年规划和二〇三五年远景目标的建议》起草过程，就充分体现了民主决策和民主协商，是全过程人民民主生动实践的典型，对于这一点，习近平总书记在《关于〈中共中央关于制定国民经济和社会发展第十四个五年规划和二〇三五年远景目标的建议〉的说明》中指出：这次建议稿起草的一个重要特点是坚持发扬民主、开门问策、集思广益……从7月下旬到9月下旬，我先后主持召开企业家座谈会、扎实推进长三角一体化发展座谈会、经济社会领域专家座谈会、科学家座谈会、基层代表座谈会、教育文化卫生体育领域专家代表座谈会，当面听取各方面对制定"十四五"规划的意见和建议。8月16日至29日，"十四五"规划编制工作开展网上征求意见。广大人民群众踊跃参与，留言100多万条，有关方面从中整理出1 000余条建议。文件起草组广泛听取各方面意见和建议，反复进行讨论修改，认真做好建议稿起草工作。根据中央政治局会议决定，8月10日，建议稿下发党内一定范围征求意见，包括征求党内部分老同志意见，还专门听取了各民主党派中央、全国工商联负责人和无党派人士代表意见。……文件起草组逐条分析各方面意见和建议，做到了能吸收的尽量吸收，对建议稿增写、改写、精简文字共计366处，覆盖各方面意见和建议546条。这是我国党内民主和社会主义民主的生动实践。

可见，通过充分发扬民主和反复协商进行审慎决策，当代中国重大决策长期以来的这一制度性出台做法，从保障人民群众参与上体现了国家治理体系合法性的积累与巩固，因为它不仅吸纳了最广泛的民意，制定出由人民认可、受人民拥护的政策、方针与法律，还最大限度地让人民切身体验到自己是国家的主人，调动了人民群众的积极性、主动性与参与性，有利于开展国家治理。

二、国家治理制度框架体系的全过程人民民主

全过程人民民主意味着我国每一项政治制度都有完整的实践过程。以基本政治制度为例来看，当前我国有四项基本政治制度：分别是基层群众自治制度、民族区域自治制度、中国共产党领导的多党合作和政治协商制度以及人民代表大会制度。党历来高度重视各项基本政治制度的全过程建设，民主制度的全过程不仅包括要求健全完善基本政治制度，还要求充分发挥民主制度中的动力与活力。建立健全完善的政治制度，不仅可以使人民更好地行使当家作主的民主权利，而且能够推动各项政治制度更好地发展与完善，最后达到促进整个国家与社会的良好发展。作为我国国家治理体系的重要组成部分，各项基本政治制度的完善与健全，除了可以使全过程人民民主在党、人大、政协、政府、人民团体、基层和社会组织中得到充分的展开与实践，一切以民意为上、民主为先，还从制度上促进了我国国家治理体系合法性的累积与巩固，而且各项基本制度在全过程人民民主的指导下完善与健全，本身就是我国国家治理体系实现其有效性的过程，因为只有各项基本政治制度良好、有效运行，才能实现国家与社会的有效治理。

三、国家治理体系发展完善的全过程人民民主

应当清楚地认识到，民主并不只有西方式的代议民主、自由民主，我国所走的道路是一条具有中国特色的、具有中国优势的民主之路。全过程人民民主是在实践中不断探索、不断发展、不断完善的民主，从中国共产党成立伊始，就在不断为实现人民的民主权利而努力与奋斗。回顾历史，我们可以发现从抗战时期的"三三制"到今天的包括人民代表大会制度在内的各项基本政治制度，都是中国共产党带领着中国人民在实践中摸索出

来的，时至今日，中国共产党依然带领着中国人民不断改进、完善我国的各项制度。民主制度的探索、完善与发展，使得我国国家治理体系变得民主化、程序化、规范化、法治化，在全过程人民民主的指导下，国家机关、社会组织等办事越来越规范、越来越透明、越来越高效，体现了我国国家治理体系的有效性。

当前，在党的领导下，民主观念深入人心。人民群众的民主素养大幅提高、民主意识显著上升，这些辉煌成就都印证了我国民主发展的全过程。当然，无论是国家治理体系制度框架的全过程人民民主和国家治理线性推进环节的全过程人民民主，还是国家治理体系发展完善的全过程人民民主，都是党带领人民在实践中进行的，是党和人民共同的选择，是经人民认可、受人民拥护的。因此，民主发展的全过程，就是我国国家治理体系不断巩固和积累合法性的过程。

四、国家治理体系生动实践的全过程人民民主

全过程的民主实践意味着我国的民主是全方位、全周期的，不同于西方资本主义国家普遍流行的竞争性选举为中心的政治民主只是一种有限的、狭隘的民主。西方资本主义国家在选举上存在极为严重的问题，即"政治经济周期"问题，政客为了获取选票一味地迎合选民，经常在选举时期给予选民一定的"福利"，如果选举结束，两次选举中间会出现相当严重的"民主真空期"，即民众的利益无法得到更为有效的表达，而且政客当选后也不兑现先前立下的承诺，民众深深地感受到上当受骗。我国国家治理体系生动实践中的全过程人民民主，首先保证了国家治理体系合法性的积累与巩固。无论是否处于人大代表选举期间，党、政府以及人大或政协的大门都是始终向人民敞开，确保有一条自下而上的表达民意的渠道存在，使得人民与党、政府以及人大之间能够及时、畅通、全面地沟通。

不仅如此，我国国家治理体系生动实践中的全过程人民民主，还保证了国家治理体系有效性的展现。民主治理绩效不单单是民主选举的绩效，更重要的一点是指解决与人民群众切身利益有关的实际问题的能力以及治

理绩效，杜绝西方式民主中政客为了迎合选票而牺牲国家利益的情况，在确保治理民主的前提下提升了治理效率。

如果把我国的国家治理体系看作一幢大厦，那么全过程人民民主就是遍布这幢大厦中的一根根支柱，全过程人民民主的充分实践与发展完善过程，同时也是国家治理体系强化与提升的过程。实际上，推动中国国家治理体系现代化建设，需要进一步发扬法治精神、培育多元和宽容意识、鼓励公民参与。正如习近平总书记于 2014 年在庆祝全国人民代表大会成立60 周年大会上讲话时提出判断一个国家的政治制度是不是有效的、民主的，要从"八个能否"标准来判断，或者从国家决策能否实现民主化、科学化的结果来判断，全过程人民民主并不是仅仅强调过程而不注重结果。事实上，全过程人民民主所追求的正是"善治"的效果。全过程人民民主在党、人大、政协、政府、人民团体及社会组织的生动开展和循环实践，既是国家治理体系的合法性持续积累和不断巩固的过程，也是国家治理体系的有效性充分展现和不断实现的过程。

因此，我们必须根据全过程人民民主的制度设计对国家治理体系中不同主体之间的政治关系进行合理、有效地调整，理顺社会、国家、人民三者之间的联系，提高人民当家做主的主体地位，同时兼顾各个阶层的诉求和利益，通过全过程人民民主寻求各方利益的最大公约数，构建共建、共治、共享的现代国家治理体系，推进国家治理体系和治理能力现代化。

第六章　全过程人民民主与人民代表大会制度

第一节　人大立法议题形成中的民主形式

在人大立法领域，全过程人民民主显现出两个极其鲜明的特征：首先，全过程人民民主是直接民主与间接民主相融合的形式。人大立法领域的全过程人民民主就是在传统代议制基础上，通过进一步扩大人民群众参与立法的形式和途径，增加人民参与立法的广度和深度，不断提升民意对立法的影响，使得立法机关在立法活动中能够透明和公开公正，充分将公众意志体现在立法活动的结果即法律法规中，真正体现"以人民为中心"的治理理念。尽管立法的主导者是国家机关，但公众参与是其中不可或缺的重要一环，不仅议题的提出应该征求社会公众意见，议题的审议和讨论也应该通过听证等方式加以公开。可以说，广大民众对立法议题形成过程的参与程度，不仅直接影响着随后开启的法律法规草案起草过程和法律法规草案的质量，也从根本上影响着法律法规草案的社会适应性。其次，对人大立法来说，全过程人民民主意味着立法信息要做到透明化和公开化。民主立法最关键的要求就是公开立法信息，人民要求立法信息透明化和公开化，展现了民众具有的合法知情权。全过程人民民主要求，立法体系和过程的各个环节要向社会和民众公开，在实现立法程序民主化的同时，也实现了立法内容的民主化。人大制定的法律法规，不仅能体现法律法规的公平公正原则，也能最大限度地体现民众的利益诉求。

一、人大立法议题形成中的民主形式及法律依据

所谓人大立法议题的形成，实践中指的就是法律法规项目的立项过程。立法规划与立法计划是人大立法议题形成的具体形式，它解决的是"立什么法"的问题。科学、可行的立法规划和立法计划是做好立法工作的第一步。法律法规项目的立项、立法项目的征集、调研和论证等环节的工作构成立法工作的基础，是社会公众和政府职能部门立法需求的真实反映。实践中，人大立法议题可以分为公众议题和正式议题两种。公众议题是指某些利益要求或者社会问题引发公众的广泛关注和议论，从而聚集和凝练的立法议题；而正式议题则是由国家政权系统内部决策者持续关注或密切注意，从而使特定的社会问题进入立法过程的议题。公众议题和正式议题的划分是相对的，在立法议题形成过程中二者往往又是互动的。

（一）人大立法议题形成中的民主形式

立法议题要解决的是围绕什么问题或主题开展立法。它是整个立法过程的关键环节，处于立法权运行的首要阶段，属于人大立法准备阶段的重要组成部分。社会上的各种利益和要求是多种多样的，面对纷繁复杂的利益诉求，哪些利益诉求能够经过主题的凝练和程序的过滤形成立法议题，从而进入人大立法规划和立法计划当中，无疑决定着随后的立法质量及法律满足社会需求的程度。作为人大立法过程的起始阶段，议题的形成反映社会普遍需求转换成立法的程度，直接决定着需要优先制定哪些法律和哪些利益群体的利益诉求和主张有可能通过正式立法优先得到满足。在立法的整个过程中，立法工作会触及一连串的具体工作，如立法是否具有可行性和必要性，是否具备立法的所有条件，条件是否完全成熟，对于立法的调研以及论证是否足够，立法中是否涉及具有重大争议的问题，新法与旧法的关系如何处理、是否还有一个法律法规的配套问题等。为了能够处理好这些问题，为后续的法律法规起草和法律法规审议工作打好基础，就必须在这个过程中严谨审慎，充分发扬民主精神，以避免随意立法、无端浪

费立法资源。

在相当长的时间里，人大立法议题的形成过程单向性特征较为明显，即由有关机构和部门，对需要拟定和制定的法律法规，进行创制和拟定之后，形成大体的框架和草案，再交由相应的人大立法机构进行审议通过。这是一种由政府主导的立法议题形成过程，在这个过程中，往往由政府职能部门发起人大立法议题，议题确定后通常也是由政府部门起草并向人大提交法律法规草案，人大再按照法定程序以政府职能部门提出的法律法规草案为基础审议通过。不难看出，这样确定的立法项目及其立法内容不可避免地会带有较强的部门色彩，与人大作为国家权力机关地位和主导立法职能不相适应。虽然行政权介入立法议题选择有其必要性和优点，也是大多数国家通行做法，但从我国人民民主国体和人民代表大会制度政体的要求来看，立法议题的选择必须实现多元化和民主化。

党的十九大报告对于立法有明确的规定：全国人大及其常委会必须在立法工作中发挥主导作用，各级人大及其常委会必须成为能全方位承担宪法和法律给予的种种责任的工作机关，成为与人民群众保持深切联系的代表性的机关单位，努力促进民主协商的建设，增强协商民主制度的建设，形成包含完整的参与实践和参与程序的制度，确保人民在平常的政治生活中拥有更持续的深切参与的权利。人大立法议题的形成由一定程度的政府主导特征走向人大主导，由精英主导走向包括社会公众在内的各方参与的人民协商，已然成为各级人大立法实践的明显特征。议题的形成是立法过程的起始阶段。议题能反映当前社会大众的要求的水平在一定程度上影响着接下来的立法质量和立法过程。在实际情况中，这个阶段的民主机制主要包括议题论证、议题专家评估、议题协商、议题听证、民间和代表立法建议、公开征求立法意见等。就与立法议题的关系而言，公开征求立法意见、代表和民间立法建议的作用是相对独立的，主要就立法议题发挥作用；而其他形式的作用在实践中经常是混合的，如对草案和议题等联合发挥作用。这些民主机制是人大履行职能进而表现全过程人民民主的一个极为重要的方面。

公开征求立法意见，通常是指各级人大及其常委会在编制立法规划时，公开向社会征求立法议题建议的制度。这一制度是随着立法规划在内的人大立法工作方式的形成而逐渐建立的。关于编制立法规划时公开征求立法意见，各级人大都有相应的规范性要求。比如，上海市人大常委会制定的《关于进一步加强民主立法工作的规定》第七条规定："市人大常委会在编制立法规（计）划时，应当通过媒体向社会公开征集立法规（计）划建议项目。征集方案由常委会法制工作委员会（以下简称法工委）提出，报常委会分管领导同意后，送常委会办公厅、研究室分工落实。向社会公开征集立法规（计）划建议项目的时间一般不得少于十五日。"

立法建议，是指人大代表或公民基于自身对公共生活、社会利益和法律需求的认识，通常以书面形式向人大提出立法建议的行为。对人大代表而言，立法建议是一项职权，是《代表法》第三条第三款"提出对各方面工作的建议、批评和意见"权利的一部分。对公民而言，立法建议是他们通过多种途径参与立法活动的权利，是我国宪法和法律赋予公民的权利，也是一项较为重要的公民政治权利。公民行使建议权是公民言论自由的核心组成部分。公民的言论自由不仅包括表达的自由，也包括向国家权力机关建言献策的自由。

（二）人大立法议题形成中各种民主形式的法律依据

通过各种途径和方式参与立法过程是我国的法律和宪法给予公民最基本的权利。《宪法》第四十一条规定，中华人民共和国的公民有权利对任何一个国家工作人员和国家机构提出建议和批评，即确定公民具有建议权。《中华人民共和国立法法》（以下简称《立法法》）第五条规定，立法必须展现人民的意志，弘扬社会主义民主，确保人民能通过多种途径参与立法活动，这体现了公民具有立法建议权。

《立法法》的有关规定为立法议题形成阶段的各种民主机制提供了坚实的法律保障：第一，《立法法》第六条规定，立法应当体现人民的意志，发扬社会主义民主，坚持立法公开，保障人民通过多种途径参与立法活动。其中，坚决公开立法信息是这次修订新增加的内容。这是各级的人大在编撰立法规划时，想要公开地向社会征集相关立法意见最直接的法律依据。第二，《立法法》第五十四条规定：全国人民代表大会及其常务委员会加强对立法工作的组织协调，发挥在立法工作中的主导作用；第五十六条规定：全国人民代表大会常务委员会通过立法规划和年度立法计划、专项立法计划等形式，加强对立法工作的统筹安排。编撰年度立法计划和立法规划，必须仔细研究代表性的建议和议案，更宽泛地征求意见，科学地评估和论证，依据民主法治建设以及经济社会发展的需求，树立立法项目，提升立法的系统性、针对性和及时性。年度立法计划和立法规划是在委员长会议通过后才公布到社会上的，全国人民代表大会常务委员会的工作机构负责拟定和编撰，并遵从常务委员会的要求，敦促年度立法计划和立法规划的落实。第三，《立法法》第三十九条规定：由于法律案的相关问题具有极强的专业性，必须进行可行性的评判，需要召开论证会，全面听取全国人大代表、部门以及相关专家的意见。论证会的全部情况必须向常务委员会呈报。如果法律案的相关问题涉及利益关系的重大调整或是出现极大的意见分歧时，需要举行听证的，必须召开听证会，听取社会相关方面、全国人大代表、专家、人民团体、部门、群众和基层代表的意见，听证会的全部情况必须向常务委员会呈报。这是立法的草案和议题在形成过程中，民主的机制和形式最直接的法律依据。

二、人大立法议题形成过程政治互动的民主价值

人大立法议题形成过程，包含着多层面和多形式的政治互动，其典型特点即发扬民主、问需于民、集思广益。这一过程体现了多方面的民主价值。

（一）深化我国代议民主的实现程度

代议民主是近现代以来人类社会民主政治的基本形式。人民代表大会作为我国代议民主的组织和制度形式，其履职状态真实地反映着我国代议民主的实现程度。一定意义上，立法议题形成是人大履行立法职责最基础

也是最重要的环节，因为立法议题的确立是之后立法机关开展所有立法活动的前提。因此，这一环节的民主机制及实践具有独特的意义。就此而言，一段时期以来各级人大围绕立法议题选择的民主实践，深化着我国代议民主的实现程度。这集中体现在以下两个方面。

1.充分发挥人大在立法议题形成中的主导作用

立法是一项综合性很强的工作，但无论多么复杂，编制立法规划都必然要面对两个问题：一是哪些项目需要立法、哪些项目还不宜立法；二是根据客观条件，确定哪些项目进入正式环节、哪些项目进入预备环节、哪些项目进入调研环节，应该如何进行排序。这两个问题是人大在编制立法规（计）划时难以回避的，是立法议题形成过程中必须解决的核心问题，也是各方利益诉求的聚焦领域和利益竞合的主要内容。一般来说，任何一个立法项目都能够从不同的角度确立立法的依据与理由。一个项目能不能进入立法规划，进入了规划又安排在什么时间进入人民代表大会及其常委会的审议程序，对其中的取舍缓急起决定作用的应该是人大代表。

《立法法》第五十四条规定：全国人民代表大会及其常务委员会加强对立法工作的组织协调，发挥在立法工作中的主导作用。所谓人大主导立法，其意在于强调相对于其他立法主体，有立法权的人大及其常委会，在立法上具有应然和法定的地位和权限，在立法活动中定目标、把方向，居于主导性地位，发挥主导性作用。在实践中，它针对的是长期以来人大立法权行使的不充分问题；在理论上，它则是要求立法回归至代议民主的政治基础，即立法权是人大的基本职权，人大在立法中拥有天然的主导地位。

总而言之，立法议题形成过程中的各种民主形式，都具有体现"人大主导立法"的价值。就立法过程来看，所谓立法规（计）划编制，即人大主导立法的有效机制。实践上，无论是全国人大常委会立法规（计）划的编制过程，还是地方各级人大立法规（计）划的编制过程，其基础都是充分发挥人大代表的作用，充分尊重往届人大立法规划的经验，充分汲取各职权部门合理的立法议题建议，充分激发立法议题社会公开的机制作用。

而人大在这一基础上的主导作用主要表现为统筹安排和组织协调，包括：确立立法项目的挑选标准，启动编制工作、搜集关于立法项目的建议、挑选立法项目、得出立法建议项目的初步方案、征求关于立法建议项目草案的意见、开展立法项目的调研论证，最后通过立法项目方案等。对于存在重大意见分歧或者涉及明显利益冲突的立法议题，由人大常委会主导进行立法项目论证，更是人大主导立法规划编制的集中体现。

虽然实践中围绕立法议题展开的各种民主形式，均具有夯实人大主导立法政治基础的作用。但时至今日，人大的主导立法仍然存在着一些问题。首先，立法的部门化倾向虽然已得到解决，但实现人大主导立法的结构性改变仍面临困难。比如，对收集到的立法项目建议，个别地方的人大常委会并没有进行深入的调研论证，而只是沟通协商后进行简单"拼盘"就了事；某些立法项目仍然存在"等米下锅"的情形，严重依赖政府相关部门的立法动议和论证；当一些国家机关要求对某一领域进行规范、设置税费收缴或开展行政审查的立法建议未列入立法规划和年度计划列入时，常常改头换面变成了规范性文件等。这是典型的强势部门主导立法问题的遗留现象。其次，存在着为贯彻领导意图而片面选择立法项目的现象。为了立法上的"形象工程""政绩工程"，个别地方任由领导"拍脑袋"决策，把一些立法必要性、可行性不强的法规列入立法规（计）划，出现滥用立法资源的现象。再次，由于人大自身立法研究力量的不足，导致人大在编制立法规（计）划时，其作用主要体现为综合协调、信息汇总和统筹安排，而难以实现对立法项目的系统分析和深度研究，这有可能降低人大对一些重要立法项目的主导作用。作为一项复杂的系统性和综合性工程，民主立法要求立法议题的形成必须是开放性的。这一过程必然受到社会各方的影响，但这并不意味着人大要被其他部门、社会舆论牵着鼻子走。"人大主导立法"这一法定原则要求人大对于立法项目选择的指导思想、立项标准、规（计）划编制进度、立法建议项目的价值判断、重大利益分歧问题等，在统筹安排、组织协调、论证研判等各个关键环节都要发挥好作用。

2.充分发挥人大代表在立法议题形成中的履职作用

人大代表集体行使权力是人大履职的一般形式。但任何有意义的、有效的集体行使权力都必须建立在人大代表充分发挥履职作用的基础上。从人民代表大会制度的理论逻辑来看，人大代表来自人民、根植于人民，是人民的代理人，最了解人民群众所思所想所盼。人大代表是组成国家权力机关的人员，是人民代表大会制度能够完好运作的最主要的力量，是法定的制度化的民意反映角色。立法议题形成，理应充分重视和发挥人大代表的作用。"充分发挥人大代表在立法中的重要作用……要建立健全全国人大代表议案、建议和立法规划、立法计划的衔接机制，认真研究采纳代表议案提出的立法建议。要拓宽代表参与立法的途径和渠道，更多吸收人大代表参加立法调研和审议等立法活动。还要健全向下级人大征询立法意见机制，探索人大代表跨级、多层参与立法工作的制度化。"①

实践中，无论在全国人大，还是地方各级人大，人大代表提出的立法议案和建议都是立法议题的重要来源。上海市人大常委会立法规划编制工作的标准之一即"市人大代表提出的立法议案和立法建议、市人大专门委员会关于代表议案审议结果报告中提出的立法建议"。尽管全国人大代表和地方各级人大代表参与立法议题形成的过程不尽相同，但在历时上都经历了大致三轮的深度参与。

在立法议题形成过程中，推进人大代表有效履职机制建设，是我国代议民主实践的重要进展和体现。尽管立法议题形成过程，已经越来越有意识地强调人大代表的作用，但实际的作用仍然有限。比如，人大代表提出的议案和书面建议是各级人大立法规（计）划项目的重要来源之一。然而无论全国人大及其常委会的立法规（计）划编制，还是在地方人大及其常委会的立法规（计）划编制实践中，除了极个别的情况之外，代表提出的议案能够直接进入审议程序的，几乎没有。② 根据《立法法》的规定，人

---

① 李适时.形成完备的法律规范体系 [J].求是，2015（2）：6-8.
② 刘松山.地方人大立法规划的十个问题 [J].地方立法研究,2020（4）：1-14.

大代表在会议期间有权直接向代表大会及其常务委员会提出法律法规议案，也就是说，人大代表提出的法律法规议案经人大主席团通过是可以直接进审议程序的。2023 年修正后的《立法法》也特别强调在编制立法规划和年度立法计划、立法调研、立法论证等立法活动中代表作用的发挥。因此，在制定立法规划、立法计划过程中，应特别重视综合分析代表议案和建议，尽可能地将议案建议予以吸收，反映到立法规划、立法计划中。通过立项机制的完善，帮助鼓励代表提出高质量的立法议案，并为其直接进入审议程序创造条件和预留空间，对激发人大代表履职的积极性意义重大，也是实现人大主导立法议题形成的重要体现。

（二）拓展我国直接民主的"长度"

从直接民主的角度分析，全过程人民民主就是重申人民群众全流程参与公共事务的民主。而公民实践"全流程"即直接民主发挥作用的"长度"。正是在这一意义上，才可以说立法议题选择中人民群众发挥作用的机制拓展了我国直接民主的"长度"。代议制条件下，立法权属代议机构的职权。一般而言，代议机构一经产生，立法权与社会大众就不存在直接的关联了。但从人民主权的制度逻辑而言，立法权的授予并不意味人民群众由此便失去了法律上的创制权，反之，他们对立法过程的参与构成代议机构立法权的行使满足人民群众的利益，符合社会发展需要的保障。从近代以来人类社会民主政治实践情形来看，人民群众参与立法议题的设定仍然是个新生事物。我国各级人大就此开展的实践具有民主制度创新的意义。也正是基于这一意义，我们说人民群众参与立法议题形成的实践，拓展了我国直接民主的"长度"。概而言之，这些实践形式主要有三：面向社会公开征集立法规（计）划项目，就立法规（计）划（征求意见稿）向社会公开征集意见，以及通过基层立法联系点征集立法规（计）划项目。

如上所述，在立法规（计）划项目编制初期向社会公开征集立法项目建议和立法规（计）划项目征求意见稿完成后向社会公开征求意见，是人民群众参与立法提议形成的基本形式。除此之外在各种立法协商形式中以及议题的第三方论证中，均有人民群众多种形式的参与。特别是通过网络形式的参与较为普遍，"在社会转型期的中国，间接民主的代议制方式难以适应社会利益的多元化发展现状，而新媒体却为公众直接参与立法活动提供了技术支持和便捷路径"①。实践中，无论全国人大还是地方各级人大，都做到了通过线上线下既面向全社会公开征集立法规（计）划项目，重点面向有关单位和专业人士公开征集立法规（计）划编制意见，并把人民来信中的立法建议融入立法规（计）划之中。受委托进行立法议题独立研究的第三方，在进行课题研究的过程中也常常运用新媒体直接征求网民意见。

各级人大基层立法联系点也是人民群众参与立法过程新的实践形式。虽然这一新形式为人民群众参与立法过程的作用是全方位的，但立法议题选择则是其中特别重要的方面。理论上，基层立法联系点直接面向基层群众，是非常直接的民意通道，能够直接把"原汁原味"的意见传递给各级人大常委会。基层立法联系点的设立和运行提供了一条新的社会公众参与人大立法过程的途径。就立法议题选择而言，无论是全国人大常委会面向公众征求立法规划、计划建议项目，还是地方各级人大常委会面向公众征求立法规划、计划建议项目，都能够通过联系点把征求立法建议的触角延伸到普通民众。这种途径和方式便利了难以接触立法工作的广大基层民众，为他们充分表达自己的立法意愿提供了可能。实践表明，基层立法联系点已经成为各级人大倾听群众呼声，了解群众意愿，反映群众意志的直接有效途径。

人大民主立法的实践集中体现在社会公众对于立法机关立法前后的不同阶段的参与。随着各级人大开门立法、民主立法实践的发展，当前各级人大对于立法工作最常用的方式就是向社会公开搜集年度立法计划项目建议和立法规划项目建议。立法过程向公民公开并征求意见是一个富有中国特色的法治工作环节。社会公众的参与积极性稳步提高是近年来人大立法

---

① 宋小涛 . 论地方立法中公众参与制度的完善 [J]. 发展，2010（9）：94-96.

民主化的巨大进展。立法议题尤其是民生类立法项目本来就关乎人民群众切身利益，只要进行适当的组织和引导，人民就能积极地参与立法过程中来。从近年来人民群众参与人大立法议题形成的实践来看，其中的多个环节仍需要进一步完善。首先，立法议题信息的公开时段有限、媒体范围偏窄、受众数量受限等问题依然存在。尽管人大在官方传统媒体和政府官网上都会发布征求立法项目意见的公告，但受官方媒体的受众面、影响力的限制，影响了受众的范围，进而限制了公众参与的广度。直接导致立法项目的来源和渠道相对简单，最终能被征集出来的大体上全是政府部门提出的，其他如企业事业组织、社会团体、公众、人大代表提出的屈指可数①。其次，缺乏对公民参与立法项目建议的有效反馈。通过公开征集立法项目的方式可以提高公众参与立法的积极性，但提高公众参与积极性的一个基本影响因素是能够得到人大对自己所提建议的信息反馈。在立法议题形成过程中，既要发扬民主，充分征求各方面的意见，又要对各方面的意见予以及时反馈，这个过程应该表现为一个相互沟通的过程。实践中经常发生的情形是，一部分民众提出了关于立法项目的建议，但是这个建议是否被选用，经历了什么样的研究和审议程序，普通公民根本无从获悉。如果建议未被采用，是由于怎样的原因，因为什么理由，这些相关信息也很少向提出立法项目建议的人员进行回应。长此以往，其结果将导致公众参与积极性下降，征求公众意见流于形式。如何更好地通过制度化的反馈机制，激发和调动公众参与立法构成的积极性，形成公众参与立法议题选择的良性循环，有效避免先决策再听民意等民主立法中的形式主义，实现形式民主和实质民主的有机统一，是立法议题形成中民主机制建设亟待解决的问题。

此外，全媒体时代促使信息的交流方式进行转型，人民参加立法的过程也变得更加方便和快捷，许多重大立法面临广泛的社会关注与热议，如何顺应信息时代的要求，通过现代科技手段助推人大立法议题形成的民主

① 宋方青.论立法规划的强化[J].地方立法研究，2016，1（1）：100-108.

化，也是需要进一步思考的现实问题。

（三）充实我国有序政治参与的深度

井然有序地参与政治行为不仅是人民民主的基础特色，也是我国直接民主最鲜明的实践特性，共同构成我国人民有序参与政治的基本形式。习近平总书记强调：在中国特色社会主义制度下，人民民主的真意就是出现事情好好商量解决，与众人有关的事情让众人一起商量如何解决，找到整个社会要求和意愿的最大的公约数解决问题。① 协商民主对国家治理具有多方面的价值，有效影响政策、保障政策具备社会适应性是其最为核心的价值。政策问题是国家治理过程的关键问题，它的本质是政策必须适应社会，建立保障政策社会适应性的制度。协商民主制度是社会适应性制度体系中的一个基本方面。在实践中，我国多种协商民主的形式都是围绕政策开展的。其中，立法协商包括立法议题协商具有离正式决策（立法）最近、制度化程度较高的特征。正是基于这一特征，人民群众有序参与立法议题形成的实践，充实了我国有序政治参与的深度。

从具体实践来看，人大议题形成过程中的协商民主主要体现在人大常委会统筹、组织、安排立法议题所涉及的不同利益主体，通过议题听证、议题座谈会、议题论证评估等多种形式对话、讨论、咨询、协商，并就哪些立法项目应该进入立法规（计）划，哪些立法项目应该优先排序，尤其是对那些比较重要但存在较大意见分歧的立法项目进行讨论、商议，以达成共识的过程。其中，立法议题座谈会和论证会是常见的协商形式。立法议题形成中的协商民主也是人大主导立法工作的一个重要体现，它的重点就在于政府部门、专家学者、社会组织、政府、公民、人大等各个主体之间对于立法议题相差各个方面的交流和沟通②。而在具体的立法议题及立项的过程中，人大立法机构确认需要与谁协商、协商内容、协商时间、协

---

① 中共中央文献研究室. 习近平关于社会主义政治建设论述摘编 [M]. 北京：中央文献出版社，2017：65.

② 隋斌斌. 当前中国立法协商基本问题探讨 [J]. 党政干部学刊，2017（8）：23-27.

商方式、对于协商的意见是否反馈和吸纳等。

在立法项目决策过程中，邀请人大代表、政府部门、法学专家、相关人士等进行座谈，对所涉立法项目进行交流和讨论，被称为立法议题座谈会。立法议题座谈会因其便捷、灵活，能多层次、多领域地征求公众意见，长期以来为各级立法部门所重视，是立法实践中采取的最多、最常见的一种形式。对于其中的一些立法思路不明确或是存在很大分歧意见的项目，在必要时可以召开针对立法议题的座谈会，听取专家学者、议案领衔代表、项目提出单位和相关单位的意见，并依照座谈会的结果，对立法项目提出安排建议。

立法议题论证，即人大有关机构或人大常委会邀请法学和其他相关领域专家对于法规立项建议展开科学的分析以及充分的论证，特别是对立法议题的可行性和必要性进行评价，甚至在必要时任用第三方展开对立法建议的论证，进而从根源上确保立法的质量。

立法论证评估近年来在立法过程中被广泛运用。这种会议虽可有预设主题，但问题本身具有开放性，往往直面立法决策的实践问题。因问题本身比较集中，且主要由"内行"参加，讨论问题也更容易有深度。通过立法论证评估，可以先把立法思路理清楚，把需要协调的难点提出来，避免了仅凭重要性、必要性、可行性和申报单位积极性立项的现象，有利于立法真正为需而立，立以致用。对比较重要但存在较大意见分歧的立法项目，全国人大常委会法工委会组织召开立法论证会进行专业评估，最常用的做法就是与全国人大有关专门委员会以及中央有关部门开展论证会，听取专家学者、议案领衔代表、项目提出单位和其他相关单位的建议和意见，联合进行研究和评价，得出评价报告，这个是项目能否进入立法规划列表的重要凭据。

第二节　人大法律草案形成和完善过程的民主形式

如果说人大的履职实践是全过程人民民主的集中反映，那么人大立法过程中的民主形式就是这种集中反映的具体体现。立法的本质是将社会生活和发展的普遍需要凝练成为国家意志的活动。由于人民是构成社会生活和发展普遍需求的客观载体，因而立法活动本质上也就是集中呈现民主的活动，是凝练民意的现实过程。立法满足社会需要的程度乃至立法质量，根本上取决于对民意的凝练程度。

一、人大决策结构的开放性与多途径有序参与

就过程而论，人大法律草案形成和完善过程主要有三大典型阶段，即草案的咨询与酝酿、草案的讨论和协商、草案的听证与优化。随着立法过程的"酝酿""参与"与"协商"等形式的展开，倾听公众意见，兼顾群体利益，凝练社会共识，法律草案的内容逐渐清晰并得以完善。

（一）人大内部复合型决策结构的开放性

立法是人大及其常委会最重要的法定职权。立法过程是典型的"政策过程"。政策过程一般包含这样几个阶段：政策议程、政策规划、政策执行、政策评估、政策反馈、政策终结等。而充斥于这一过程具体内涵的即政策。对人大来说，这一过程也就是立法过程。立法草案的形成及其完善过程是人大立法决策的关键阶段，它是继议题确定之后法律内涵正式展开的过程。

在立法工作中，决策结构及其运行模式是主导立法草案形成和完善的主体因素。在实践中，人大及其常委会发挥主导性的作用，其他人大专门的工作机构及相应的专业力量起支持与辅助的作用。由此，人大立法形成

了一个有中心的"同心圆"立法决策结构，即结构上围绕人大常委会的核心决策地位，由内而外形成的形式多样、组织配套、功能互动的复合型的立法决策结构。多数情况下，立法草案的咨询与酝酿首先发起于人大常委会领导下的办公机构与工作部门，再由内而外形成由内圈向外圈延伸的决策参与过程。总之，人大立法草案的形成主要依赖于这样的内部的立法决策（工作）系统和外部的支持系统。

在内部决策系统中，人大常委会就是立法决策体系的核心。立法草案大都是在人大常委会负责主导的情形下得出的立法产品。一般情况下，立法草案的咨询和酝酿是在人大内部完成的。这一阶段，立法工作的主导者是各级人大常委会，但具体执行机构是具有独特角色定位并活跃在立法最前台的法制工作委员会，主要包括全国人大、省、自治区、直辖市等一级的人大常委会法制工作委员会等，它们也被称为"隐性立法者"。实践中，法制委员会不仅在立法过程中"全程在场"，而且它们还处于特别优越的程序结构中。这为法制工作委员会的权力扩张提供了广阔空间和现实可能。立法议题确定并进入立法规划后，在人大常委会的主导下，人大内部的各专门机构特别是法制委员会（全国人大一级为法制工作委员会）在草案形成中发挥着基础性作用。同时，其他机构也起着重要的参与、辅助与支持的作用。比如，人大常委会研究室既是隶属常委会领导的机构，主要是参谋办事，也是为常委会服务的综合服务机构，而地方人大常委会研究室的工作包含以下几个方面：理论研究、信息宣传、文稿起草、调查研究等，属于人大常委会内部自己设定的"参谋部"，扮演的角色也是集助手、号手、参谋、智囊于一身。在形成人大立法草案的整个过程中，这些内部执行与支持的工作机构不仅起到牵头的立法协调功能，也在立法草案咨询与酝酿的过程中发挥十分关键的"类决策"的作用。例如，找哪些机构与成员参加立法草案的咨询与征求意见建议，在多大范围内进行立法草案的咨询，采取多大规模的立法咨询，以及以怎样的频次践行立法咨询程序，这些因素都是直接与间接影响立法草案内容的重要影响因素。

外部支持系统中，咨询与研究系统是立法决策的重要支持。这些支持力量是人大立法草案形成与优化过程的重要智库力量。近年来，地方人大常委会在立法过程中不断强化外部支持系统的功能与作用。首先，持续完善人大立法的咨询系统，加快建设人大立法咨询和支持系统的进程。对于促进中国特色新型智库建设战略来说是必不可少的一部分。2015 年 1 月，中共中央办公厅和国务院办公厅联合印发了《关于加强中国特色新型智库建设的意见》，在此意见中指出党中央对新型的拥有中国特色的智库建设极为重视，必须努力加强建设，同时创建完整的决策咨询的制度，并明确指出全国人大必须增强智库建设，鼓励文史馆员、政府参事、政协委员、人大代表与新型的智库展开合作研究。其次，夯实人大决策的研究支持平台。其中，人大研究会和立法研究所是重要的支持抓手与研究平台。成立这些研究平台的目的是依据国家形势的发展要求，对人民代表大会制度以及人大实践方面展开研究，认真总结地方人大在立法、监督、代表工作等方面的做法与经验，为人大及其常委会提供工作建议与理论支持。

（二）立法过程的有序参与形式

民众有序参与政治是当代中国政治的典型特征，也是我国立法体现全过程人民民主特征最真实的凭据。民众有序参与我国的立法过程的形式有以下几种：立法调研会、立法座谈会、立法论证会、立法听证会和其他实践形式等。

第一，立法调研会丰富草案内容。立法调研是实现科学立法、民主立法的一项最基础的工作，是立法过程的各个阶段、特别是草案形成阶段必须开展的工作。对此，上海市人大常委会拟定了《关于进一步加强民主立法工作的规定》指出：市人大有关委员会可以根据需要，采取走访、暗访等方式开展立法实地调研，选取有代表性的地区或者行业，直接听取基层单位和群众的意见和建议；可以根据需要，采取抽样问卷调查、网上民意调查等方式了解社会各方的意见和建议，并做好调查数据的统计、分析工作；法规案有关问题部门间争议较大的，市人大有关委员会可以根据需要，引入第三方开展评估，充分听取有关专家、教学科研单位、社会组织等的意见，并向常委会报告评估结果；可以根据需要，委托有关专家、教学科研单位、社会组织等作为独立第三方起草法规草案、开展立法调研。受委托方应当通过抽样调查、深度访谈、科学监测、比较分析等多种方式，广泛收集意见和建议，并向委托方提出法规草案以及客观、中立的调研、评估报告。习近平总书记强调："没有调查，就没有发言权，更没有决策权。"① 在立法草案的形成过程中，必须十分重视调查研究工作的充分性与深入性，通过多层次、多方位、多渠道调查了解立法需求，将基层、群众和相关领域作为立法调研的重点。通过立法调研，充分打开社会参与人大开门立法决策的"切口"，挖掘公众参与立法过程的深度。根据公众的立法需求，结合立法的现实趋势，准确把握立法问题的本质和运行规律。

第二，立法座谈会充实草案内容。与立法调研一样，立法座谈会也是立法过程各个不同阶段、特别是草案酝酿和咨询阶段发挥重要作用的民主形式。与立法调研会不同，立法座谈会在许多关于民主立法的地方性规定之中显得更为规范和正式。比如上海市人大常委会关于《进一步加强民主立法工作的规定》就对立法座谈会作了专门规定，要求"市人大有关委员会可以组织立法座谈会，围绕整部法规草案或者法规草案的主要制度、关键条款及分歧意见较大的问题听取社会各方的意见和建议。立法座谈会的出席对象，应当根据法规草案规范的不同行业、领域和内容及常委会审议情况确定。对已经参加过有关座谈会的单位和个人，一般不重复邀请其参加座谈会。召开立法座谈会的有关委员会可以在会前将法规草案及说明、会议议题等材料印发给出席对象；必要时可以将常委会审议情况等印发出席对象。立法座谈会后，召开座谈会的有关委员会应当对座谈会发言进行整理，供起草、审议、修改法规草案参考"。在立法过程的不同阶段，立

---

① 中共中央党史和文献研究院，中央"不忘初心、牢记使命"主题教育领导小组办公室.习近平关于"不忘初心、牢记使命"论述摘编[M].北京：中央文献出版社，2019：211.

法座谈会的主题会有明显区别。草案咨询与酝酿阶段中，公众参与立法的重心聚焦在立法草案议题与内容的专业性与公共性两大方面；草案的协商和完善阶段，座谈与协商的主题要紧扣草案内容与具体条款表述。一般来说，立法座谈会的范围、频次与立法议题涉及的广泛性与重要性高度相关，"民主不能仅仅是立法机关在举行的立法活动中遵循民主集中制原则，同时遵照少数服从多数就能体现的，还必须使民众的意愿完整地表现出来；立法程序也不能是仅在立法机关内部存在的活动程序，还需要包括表达民意的机制和方式以及保证民意的机制和方式"①。参与民主虽然体现在很多方面，但参与立法决策过程则是参与民主范式的典型领域。因而在实践中，立法座谈会通常能够保持周期的稳定性、机制的完善性与程序的固定化，是人大履职体现全过程人民民主的一个重要的实践形式。与立法调研的广泛性相比，立法座谈会更具有专业性。立法座谈会的机制更便捷、专业和灵活，因而在立法决策中使用较为频繁，尤其是涉及民生领域的重大立法议题更是如此。立法座谈会已经成为人大履职体现全过程人民民主的一种典型实践形式。

第三，立法论证会优化草案内容。与立法座谈会相比，立法论证会更聚焦立法草案中的专业性与技术性较强的议题，是从科学性与合理性角度对人大立法草案内容进行充分的论证和完善。上海市人大常委会关于《进一步加强民主立法工作的规定》就对立法论证会作了专门规定。规定要求市人大有关委员会可以组织立法论证会，围绕法规草案中法律性、专业性、技术性较强的问题进行论证；立法论证会的出席对象，应当是法规草案涉及的有关专家、部门和市人大代表等；召开论证会的有关委员会可以在会前将法规草案及说明、会议议题、论证问题的背景情况等材料印发给出席对象；出席论证会的专家应当围绕论证议题，从科学性、合法性、可行性、合理性角度发表论证意见；在立法论证会结束后，举办论证会的相关委员会必须对论证会上专家提出的论证意见进行详细的收集和整理，并

---

① 宋小涛.论地方立法中公众参与制度的完善 [J]. 发展，2010（9）：94-96.

以报告的形式存档，为接下来法规草案的变动（如修改、审议、起草）提供参考。

由于立法论证会的目标是围绕法规草案中法律性、专业性、技术性较强的问题进行论证，从而形成完善立法草案的意见，因此，建设与这一目标相适应的专家团队就十分必要。党的十八届四中全会明确指出，必须依法在工作委员会和专门委员会中建立健全立法专家顾问委员会制度。立法专家顾问委员会制度，是立法专业化建设的内在要求。虽然专家顾问在立法过程各个环节均发挥作用，但他们仍然是立法论证会的专业基础。《全国人大组织法》第三十六条规定，各个专门立法的委员会可以按照立法工作的需求，将若干立法专家任命为顾问；此顾问可以参加专门委员会的立法会议，并阐述自己的意见。此顾问必须由全国人大常委会进行任命和免职。大部分地方人大在立法的人才专业化支持方面，也多采取跟进措施并制定相应的细则规范。

第四，立法听证会关注的焦点是平衡立法和重点立法的冲突。与其他有序参与形式相比，立法听证会是制度化程度较高的立法民主形式。它是指由法案的起草单位主持，由代表不同利益的双方或多方参加，对立法草案内容的必要性、合理性等进行辩论，起草单位根据辩论结果，确定草案内容。并不是所有的立法事项都需要立法听证，通常情况下，只有那些涉及重大事项的立法和重大争议的立法才适用听证，并且范围须有明确规定。如上海市关于《进一步加强民主立法工作的规定》第二十条明确的立法听证范围包括：涉及本市经济社会发展重大问题的；拟设定行政许可、行政处罚、行政强制措施等规定，对公民、法人或者其他组织的权益有较大影响的；涉及不同群体利益，且不同群体之间有明显利益冲突的；对法规草案的主要制度、关键条款有较大争议的；需要听证的其他情形。立法听证会因其公开性、专业性与程序化高等特点，既能够吸收民意，也能发挥专家意见，更提供了社会公众进行公开"辩论"的空间，随着地方人大立法听证会实践的充分展开与完善，这种立法参与形式已经成为十分重要的民主立法机制与程序。

第五，表现民主立法的其他实践形式。《中共中央关于全面推进依法治国若干重大问题的决定》(以下简称《决定》)明确指出：在立法过程中，不断完善社会公众和立法机关相互沟通的机制，使立法了解公众的意愿，对于立法内容，多多听取社会组织、人民团体、无党派人士、工商联、民主党派以及政协委员的意见，完美发挥各个组织在立法中的作用。《决定》中关于民主立法的战略要求大体上包括两层意思：一是立法协商也是社会公众和立法机关沟通机制的基本表现形式，从广义的角度分析，上述的立法听证会、立法论证会、立法座谈会等都是立法协商的具体表现形式；二是立法协商的核心就是完美发挥社会组织、人民团体、无党派人士、工商联、民主党派以及政协委员等在立法过程中的协商作用。从狭义的角度分析，立法协商专指人民政协在实际的立法过程中发挥的正规化、管理化的参与作用。立法协商是人民政协实行自己参政议政、政治协商职能的主要形式。而人民政协参与立法协商并不是从今天才开始的，也有悠久的历史。实际的情况中，各地人民政协参与立法协商具体的方法也是不完全相同的，大体上有以下两种：第一种是政府法制办或人大法制工作委员会与同级别的政协社会和法制委员会直接对接，委托他们对立法草案展开立法协商。这种方式出现时间相对早一点，当前地方政协应用最多，但还没有在全国范围内实行。这方面探索较早的城市是大连市和福州市。第二种是政府党组和人大通过同级党委将立法草案移交给同级的政协党组，再由政协党组召集政协委员对立法议案展开立法协商。在整个过程中，人大和政协没有直接联系，是通过同级党委相互联系。党的十八大以后，这种方式逐渐成为主流，并被各个层级的政协采用。而在全国政协的层级，也运用这种方式展开过数次立法协商。近几年，以上两种实践形式逐渐走向制度化。例如，福建省就制定了相关的制度，如人大常委会的年度立法计划项目需要征求政协的意见，重要的地方性法规也会邀请政协委员出席参与论证。除此之外，向社会各界征求书面意见也是人大民主立法的一种具体形式。实践中，这种形式在人大立法过程中使用比较频繁，既可以用于人大立法草案的咨询与酝酿阶段，也可以用于立法草案的讨论与协商阶段。主要是将立法草案有选择地送至有关部门、社会团体、企事业单位等，请不同主体就草案本身提出书面意见，是人大立法决策过程的常规化做法。上海市关于《进一步加强民主立法工作的规定》要求：市人大有关委员会可以将立法规（计）划、法规草案寄送市人大代表、工会、共青团、妇联以及有关社会组织征求书面意见；公民可以按照相关规定，旁听常委会会议审议法规。旁听公民可以在会议审议结束之后，向常委会办公厅书面提交对法规草案的意见。

（三）立法过程的公开性

人大立法决策的目的在于协调公共利益、凝练公共意志，充分发挥法律在调整社会关系、管理经济社会及分配价值与利益等方面的功能。立法过程的公开性是实现上述目的的必然要求。不仅立法的质量很大程度上取决于立法过程的公开性，而且，立法过程的公开性也成为立法程序合理性的一个必备环节。在立法草案形成和完善过程中，通过草案公开，让社会参与草案内容的讨论，广泛地征求公众的意见，是确保立法草案内容广泛性与包容性的重要保障。尤其是制定涉及公众切实利益的草案时，通过多元媒体进行公开发布就更为必要。《立法法》总则第五条规定指出：立法需要征求人民对于立法议案的意见，立法内容要体现民意，发挥社会主义民主的作用，同时要做到立法公开，确保人民能通过种种方式参与立法活动。因而，一些地方人大专门制定了立法公开的规范性文件。

人大立法的公开性是确保立法过程和法律内涵公正性的必要条件和前提。如果说上述人大立法过程的各种有组织参与形式，或多或少都具有一定程度的精英参与决策过程的特征，那么，立法草案公开征求意见则是大众参与决策的制度安排。立法过程公开的制度安排及实践有可能平衡精英决策所包含的特定立法意图或价值偏好，有可能平衡特定部门、领域、群体基于自身利益对立法的过度影响，从而使立法在实体内容的选择和立法程序上，更具合理性和社会适应性。

二、立法听证制度及实践

立法听证制度化的程度在人大立法的种种民主机制中是最高的。立法听证已经成为人大立法过程中重要的民主机制与法定程序。所谓立法听证主要是指：在立法决策过程中，制定涉及公民个人、企业法人或其他组织权益的法律法规时，通过制度化的形式与渠道，赋予利益相关人参与立法过程，并表达各自的利益并对草拟的法律法规发表意见，并将听证结果作为立法机构完善法律草案的重要参考依据。

（一）立法听证的制度化

立法听证制度源于西方发达国家。听证一词来自英国的司法程序，最初指司法听证。后来这一制度逐渐为其他西方国家所运用并扩大到立法和行政中。我国规定对于规章制定程序条例、行政法规、立法法制定程序条例都需要履行听证制度。听证制度对于立法民主科学化、民主化有增强作用，是关键的制度之一，也是我国人民群众参与国家管理以及民主立法的重要形式。作为立法民主的环节之一，立法听证制度旨在通过社会各方特别是利益相关方参与立法过程，体现程序正义，进而保障立法实体公正。立法听证所体现的程序正义，有助于人们从心理和行动层面解决实践中存在的争议，确立法律的权威。因为"法律程序的诸多内容无助于判决之准确但有助于解决争执"①，立法听证的过程为公众参与立法提供了亲历经验。它既有助于参与者实现立法意见的辩论、交换和立法知识的训练，也使参与者有机会针对立法草案提出意见和建议。听证过程经过当事者的现身说法，以及媒体的传播与扩散，则可形成社会对立法目的的广泛认同，使立法成为"大多数人的共同作品"。

党的十八大以来，国家治理体系和治理能力现代化战略目标对公众有序参与公共决策提出了新的更高要求。党的十八届三中全会指出：健全人

---

① 贝勒斯.法律的原则：一个规范的分析[M].张文显，等译.北京：中国大百科全书出版社，1996：34.

大的工作机制，通过对法律草案的公布、评估、听证、座谈等多个方式增加公民有序参加立法过程的行径，以及完善立法在起草、论证、协调、审议过程中的制度，提升立法的质量，避免地方保护主义和部门利益出现法制化的现象。立足于扩大公民参与的有序性和提升立法决策的科学性双重要求，党的十八届四中全会指出，扩展公民有序参加立法过程的方式，完善规章、法规、法律草案公开征集意见的制度以及对于采纳公众意见的情况反馈给公众知道的制度，能更广泛的聚集社会共识。十九大报告提出以良法促进发展、保障善治，推进科学立法、民主立法、依法立法。通过征求意见、立法听证等方式，扩大人民群众参与立法的范围，畅通人民群众表达诉求的渠道，使立法工作更契合人民群众的需要。以《民法典》为例，《民法典》要能够保障人民权益、增进民生福祉，必须充分倾听来自人民群众的声音。为顺应这一要求，《民法典〈草案〉》于 2019 年 12 月 28 日在中国人大网公布全文，公开征求意见。全国人大从 2018 年 8 月份各分编草案审议以来，每一次审议后还会到地方调研，尤其针对民法典和老百姓生活联系比较密切的特点，深入基层，小区、居委会、村委会，专门找物业代表举行座谈，倾听基层意见。这些都体现了问政于民、问需于民、问计于民，了解民情、集中民智，让民法典的文本更好地体现人民的要求、人民的利益、人民的意志。

（二）立法听证的实践价值

立法听证具有较强的公共政策性，它是以程序民主促进实质民主的机制与程序。以立法听证为代表的听证会机制具有典型的制度移植的特点，同时也兼具本土化的创新性。立法听证是在党的领导下实现科学立法与民主立法的重要机制之一，中国的立法听证既具有开门立法的公共属性，也具有有序立法的组织化特点。实践中，立法听证主要是围绕以下若干实践价值展开。

第一，听证主题的公共性。立法听证虽然十分重要，但是，实践中并非所有的人大立法草案都要求历经立法听证程序。地方人大举办的立法听证首先考虑的问题是选择什么类型的立法草案举行听证会。选择怎样的听证主题与听证取决于其能否帮助立法机构解决立法过程中的难点以及听证本身是否能吸引社会关注和公民积极参与有直接关系。实际情况中，最有可能进入立法听证程序的立法草案是那些"不同利益主体之间存在极为明显冲突的立法草案"以及"对法人、公民或其他组织的权益有重大影响的立法草案"。如上所述，上海市人大常委会所确定的适用于立法听证范围的五种情形，其共同属性之一即公共性。表现为实践中与人民群众关联最直接、最关心、最现实的利益问题往往进入立法听证程序。例如，在《上海市劳动合同条例》的听证报告中，每一关于立法草案的观点主张后都附有听证机构对听证结果的处理意见。不仅进入立法听证程序的法律草案主题体现着公共性。而且听证的结果也聚焦于保护社会公共利益和平衡不同主体的立法诉求。

第二，听证过程的包容性。一个成功的立法听证会除了议题的重要性之外，听证过程的包容性也是影响听证效果的关键因素之一。与立法调研会和座谈会相比，参与立法听证会的主体大多具有利益相关的特征。这是听证主题或问题能够得以深入的保障。较为广泛的利益相关者，甚至利益冲突者聚集在一起必然要求听证过程的包容性。首先，立法听证会的组织过程具有开放性，即立法听证的主题、内容和焦点问题事先向社会公布，凡是符合报名条件的公民都可以自愿报名作为陈述人或者旁听人；其次，听证参与主体具有广泛性与典型性。广泛性对应的是立法草案的公共性，典型性指的是参加听证的主体要具有一定的多元性与可辨识度，即听证会的组织者应在报名参加听证会的公民中选择持不同观点的代表作为听证陈述人。最后，听证程序具有包容性。程序的包容性是指听证程序的客观性，为保证听证陈述人都有平等的机会发表意见，提高听证会的效率，听证会都制定有严格的听证规则，对听证会的发言顺序、发言时间等作出规定。所有陈述人都可以面对立法机关直接陈述自己的意见，程序的无差别化原则能够确保各种不同意见得到充分表达。

第三，"换个角度看问题"的共识性。与其他立法草案优化的民主形式不同，立法听证的典型特征在于其独特的程序机制，即通过参与、陈述、辩论与形成结果等环节的一体化程序机制发挥作用。这四个环节共同塑造了立法听证的价值、功能、元素与要件。利益相关方或不同观点的交锋，无论如何各抒己见，客观上都会造成"换个角度看问题"对各方立场的对冲。这恰恰是形成立法共识的一个重要途径。因此，在听证过程中，影响立法听证最重要的元素就是陈述人的社会能力和专业能力，也是不同陈述人清晰表达利益诉求和达成共识的决定性条件。这就要求所有参与的听证陈述人既具备一定的专业知识储备，也要有丰富的生活经验。同时，所有的参与人都要熟悉听证流程，而且也要求所有参加辩论的理由都要以事实为依据。应该说，正是立法听证在辩论环节的充分展开与深入沟通，既澄清了立法意图、立法导向、展开了立法矛盾，同时也会在此基础上形成相应的立法共识。当然，这些共识并非会全部吸收到立法结果中，但是，这为立法机构提供了相对广泛、明确与集中的立法建议。立法机构可以更全面了解各方利益诉求和矛盾焦点所在，相对均衡地吸收不同立法诉求与立法建议，平衡不同地区、不同部门、不同方面群众的利益。通过立法听证制度，可以使立法机构在立法工作中做到兼听则明，形成能够全面表达社会利益，有效平衡社会利益，科学调整社会利益的法律草案。以提高立法质量，确保党的主张和人民意志的统一。

第四，听证结果的合理转化。应该说，上述三方面的实践价值最终都集中体现在听证结果的合理转化上。也就是说，立法听证的程序正义价值，绝不应独立于其实体价值之外，否则，它就成了纯粹的"形式主义"。通过立法听证建构公共空间，借助程序正义之力，促使多元主体充分表达观点与意见，追求形成一定程度的立法共识，从而使立法草案得到多数赞同，是立法听证实体意义之所在。听证会结束后，由听证机构主持撰写的听证报告，是听证制度的刚性要求。"听证报告是听证会结束之后听证机构对听证结果的整理，表现的是听证会的最后结果，换言之，对听证会结果的效果进行审核，其实就是对听证报告产生的最终效果进行的审核。"① 实践中，关于听证报告内容结构各地均有规范性的要求。如上海市《关于进一步加强民主立法工作的规定》第二十五条规定指出："听证机构在立法听证会结束后，必须仔细研究听证会上提出的听证意见，并得出书面的听证报告。听证报告应当包括以下主要内容：听证事项；听证会的时间、地点等基本情况；听证陈述人的构成情况；听证陈述人提出的相关事实、意见内容以及意见的依据；听证机构对提出的听证意见仔细的分析、处理并给予建议。听证报告是为接下来法规草案的变动（如起草、修改、审议）提供重要参考，并通过上海人大公众网向社会公布。"听证报告给立法机构提供了相对全面与集中的意见汇总和建议。听证会结束后，立法机关的工作机构要根据听证会记录，整理出全面反映听证会意见的听证报告，作为参阅材料，印发立法机关组成人员，形成立法听证过程的完整"闭环"。

第三节　人大重大事项决定权及其行使中的民主机制

一、决定权是人大的法定职权

我国人民代表大会及常委会的职权，主要为立法权、决定权、任免权和监督权，这"四权"之说目前已成为人大理论和实务界的共识。《宪法》第一百零四条明确指出：县级以上的地方各级人民代表大会常务委员会讨论、决定本行政区域内各方面工作的重大事项；监督本级人民政府、监察委员会、人民法院和人民检察院的工作；撤销本级人民政府的不适当的决定和命令；撤销下一级人民代表大会的不适当的决议；依照法律规定的权限决定国家机关工作人员的任免；在本级人民代表大会闭会期间，罢免和

---

① 王富贵.论社会主义民主与法制 [J].昌潍师专学报，2000（3）：65-67.

补选上一级人民代表大会的个别代表。《中华人民共和国地方各级人民代表大会和地方各级人民政府组织法》（以下简称《地方组织法》）第八条和第四十四条对县级以上地方各级人大与常委会的决定权作出明确的规定，即讨论和决定本行政区域内所有工作的重大事项，如政治、经济、教育、科学、文化、卫生、民族、民政、资源和环境保护等。重大事项决定权是宪法和法律赋予人大及其常委会的一项法定职权，是与人大及其常委会诸项职权并列的、相对独立的一项职权。

虽然重大事项决定权在理论与实践中被广泛接受和运用，但是法律并没有对该职权的内涵与外延进行明确界定。这种状况可能是重大决定职权在人大履职中表现较弱的一个基本因素。关于重大事项决定权的理论界定，比较权威的说法可追溯至 20 世纪 80 年代初彭真同志在《关于地方人大常委会的工作》的讲话。他指出人大常委会讨论决定重大事项应当是事关"全局性、长远性、根本性"的问题。他说："人大和人大常委会是国家权力机关，它的任务是审议、决定国家根本的、长远的、重大的问题。"这里提出的全局性、长远性、根本性，虽然从空间、时间、性质等不同层面提供了判断具体事项是否构成重大事项的充分条件，但仍然是比较抽象的，更多诉诸主观判断，对关于重大事项的立法和实务操作影响有限。

在法理界定不够明确情况下，关于人大重大事项决定权规范内涵的认识便存在多种方式。这些方式主要有："一种是照搬法律条文，一种是举例式的解读，一种是扩大化的解读，一种是限缩性的解读。"[①] 重要的是哪些事项可判定为重大事项，判定的标准是什么。就此学界有所谓的重大事项清单"三原则"一说：法定职权原则，即必须是宪法和法律规定属于本级人大及其常委会职权范围内的事务；大事原则，即必须是全国或本行政区域内的大事，而不能事无巨细地讨论那些小事；因事制宜原则，是指没有绝对标准，能否确定为重大事项会因不同时间、不同地点而不同。有观点认为："讨论决定重大事项是宪法和法律赋予人大的一项重要职权。全

---

① 孙莹.论人大重大事项决定权的双重属性[J].政治与法律，2019（2）：25-38.

国人大及其常委会想要行使决定权，最常见的表现方式就是作出决定和决议。依据宪法的规定，全国人大常委会对重大事项的决定权主要包含以下几点：在全国人大闭会期间，有权对社会发展计划、国民经济计划以及在执行国家预算过程中发现问题必须调整其中部分方案的内容进行检查和同意；有权决定与其他国家签署的重要协议和条约是否同意以及撤销；有权决定外交人员、军人以及其他专门的衔级制度；有权制定和决定给予国家荣誉称号和勋章；有权决定特赦……；甚至在人大闭会期间有权决定宣告战争状态；有权对全体公民进行局部动员或全国总动员；有权决定个别省、自治区、直辖市甚至全国进入紧急状态等。"[1] 这与地方组织法中规定"政治、经济、教育、科学、文化、卫生、环境和资源保护、民政、民族等工作的重大事项"一样，采取的是典型的列举法。

将清单原则与列举法结合起来，将实践探索中已经明确的、成熟的事项列入重大事项，应该是一种较为可行的做法。北京市人大常委会2017年12月1日制定的《北京市人民代表大会常务委员会讨论、决定重大事项的规定》第四条规定："下列重大事项，应当由市人大常委会讨论、决定：为保证宪法、法律、行政法规和全国人民代表大会及其常务委员会决议、决定在本市遵守和执行的重大措施；中共北京市委根据工作需要提出由市人大常委会讨论、决定的重大事项；本市国民经济和社会发展规划、计划的调整；市级预算的调整和市级决算；本市城市总体规划的制定、修改；授予市级荣誉称号；加强本市民主法治建设的重大措施；关系本市改革发展稳定大局和群众切身利益的重大改革举措；本市重大民生工程；本市重大建设项目；其他应当由市人大常委会讨论、决定的重大事项。"

人大及其常委会的法定职权具有系统构成的特点。就此而言，长期以来重大事项决定权的规范内涵缺乏统一、明确的规定，是由其在人大职权系统中的地位和性质决定的。与立法权、监督权、任免权内涵的宪法和法律较明确的规定相比，重大事项决定权具有明显的职权系统的"兜底"意

① 刘俊臣.全国人大常委会的组织制度和议事规则[J].中国人大，2023（9）：15-18.

义。这与人大国家权力机关的本质属性是相适应的。同时，人大及其常委会的职权又不可避免地具有历史变迁的特点。这也就是说，国家权力机关属性与职权历史变迁特征相叠加，必然要求人大及其常委会的职权在尽量予以宪法和法律明确规定的同时，还必须有一个"兜底"的职权与之相适应。这个职权就是重大事项决定权。

将重大事项决定权置于人大"四权"关系系统之中，就可以形成更清晰的相关认识。从与立法权的关系看，法律乃治国之重器，但凡是通过立法方式、以法律形式确定的事项，必定是一个国家或一个地方的重大事项。在这一意义上也可说立法权是重大事项决定权的一种表现形式，两者在"重大"本质上是一致的。然实践中，并非所有的重大事项都具有立法条件，都能以法律形式进行表达，故作为两种相对独立的职权又不能混淆。一般而言，需要通过人大以立法形式进行规制的是那些具有一定普遍性且重复发生的重大事项；而人大以决定形式规制的则往往是那些重复发生、制定法律条件又不成熟的重大事项。很明显，人大履行重大事项决定权具有相对灵活性，从而避免因立法条件不成熟而草率立法，有助于维护立法严肃性。

从与人事任免权的关系看，按照宪法和法律规定，人事任免权包括任命和罢免政府、监委、法院、检察院等国家机关工作人员这两种情形，通常以选举、决定、批准、罢免、免职、撤职、接受辞职等形式进行。在职权系统关系中，任免权保障重大事项决定权的实际履行，反过来，重大事项决定权也可能构成人事任免的依据。如果国家机关没有依法执行人大及其常委会作出的重大事项决定，人大及其常委会便可依法对相应机关责任人作出免职决定，或是任命新的责任人，目的是保证人大及其常委会的重大事项决定得到正确执行。

从重大事项决定权与监督权的关系看，两者虽然相对独立，但又相互联系。重大事项决定权是行使监督权的一种形式，人大履行监督权有时要通过决议、决定进行表达，构建起相应的权利与义务关系，要求其他国家机关执行，进而检查督导。监督权履行又构成重大事项决定权行使的保障，在很多情况下，当人大作出重大决定后，要对相关主体的执行决定情况进行监督，才能促使决定事项在现实中得以实现。正因此，人大的两种履职在实践中往往要结合起来，才能产生更好的法律效果。

综上，人大及其常委会的重大事项决定权是一项法定的独立职权。它虽然有实质内容，但要清晰确定其内涵与外延并非易事。这是因为，它是实践探索中逐步形成的，与其他职权相联系、有交叉，甚至是彼此融合的。同时，从现代公共生活的纷繁变动性看，一个国家或地区出现的重大事项也必然是复杂、动态的，行使该职权理应适应社会变迁、时代发展、环境变动，具有较大弹性空间与调试范围，这正反映了社会环境变化与政治体系回应性的基本原理。重大事项决定权，既有保障性、补充性、规制性等特性，也体现了变动性、灵活性等特质，对健全人大履职制度、完善和发展人民代表大会制度都是不可缺少的。

二、人大决定权的实践形式

无论是我国《宪法》，还是《地方组织法》，关于人大重大事项决定权规定的表述都是"讨论、决定"。在对决定权的法律表述中，还有另外一种"讨论决定"的表述，即《宪法》第九十条规定指出：国务院各部部长、各委员会主任负责本部门的工作；召集和主持部务会议或者委员会会议、委务会议，讨论决定本部门工作的重大问题。与行政决策的"讨论决定"相比，人大履职中的"讨论、决定"，显然是并列关系，而非后者的顺承关系，它们分属不同形式的职权。人大决定权又可分为讨论权、决定权两种。在实践中哪些事项是重大的，哪些由人大讨论、哪些又由人大决定，可分为"议而必决""议而可决"和"议而不决"三种形式。① 这些不同形式表明人大重大事项决定权履职实践的复杂性。

人大重大事项决定权履职实践的复杂性，与我国特定政治结构与权力关系密切相关。这主要有两方面：一是人大决定权与政府的行政管理决定

---

① 何兵，张晓楠. 地方人大讨论、决定重大事项制度概念阐释：以北京市地方立法实践为例 [J]. 齐鲁学刊，2019（6）：102-110.

权的关系。根据《宪法》和《地方组织法》的相关规定可知：县级以上地方各级人民政府有权按照法律规定的权限，对本行政区域内的相关工作进行管理并颁布政府的决议和指令，包括计划生育、司法行政、民族事务、公安、民政、财政等行政工作以及城乡建设事业、体育事业、卫生、文化、科学、教育、经济。这与人大及其常委会"讨论、决定本行政区域内的政治、经济、教育、科学、文化、卫生、环境和资源保护、民政、民族等工作的重大事项"职权，二者有交叉重叠之处。国家权力机关重大事项决定权与行政事项决定权，其权力边界如何界定，需依靠法理、特别是实践经验不断地积累逐渐形成。二是人大决定权与各级党委重大问题决定权的关系。《中国共产党章程》中有明文规定：凡属重大问题都要按照集体领导、民主集中、个别酝酿、会议决定的原则，由党的委员会集体讨论，作出决定；委员会成员要根据集体的决定和分工，切实履行自己的职责。新时代坚持党的全面领导，强调要加强党把方向、谋大局、定政策、促改革的能力和定力。2020 年中共中央印发的《中国共产党中央委员会工作条例》更加强调这一点。地方党委和党中央在重大问题上的决定权，与人大在重大事项的决定权也存在着极为显著的交叉和重叠之处。它们的关系、边界在实践中如何把握，也是由来已久的问题。人大是在党委领导下开展工作、履行职权的。这样一种现实的权力关系，一定程度上塑造着人大重大事项决定权的实践形态。

人大决定权在法理上是一项独立职权，这是与其他三项职权比较而言的；它在实际上又具有一定的附着性，与其他三种职权行使又常常结合在一起，并与政府管理决定权、党的领导决定权形成制度性的结构关系。从宪法学理论角度分析，西方国家的议会行使决定权主要包含动议权和议决权两个方面。其中，动议权简单讲就是议会对于某个事项自己提出动议决定的权利，而议决权通常是将政府的动议当成先决条件，即议会是对政府动议事项进行议决的权利。从这个意义角度分析，我国的人大及其常委会行使决定权的形式也可分为这两种类型：动议型决定是指由人大常委会、人大专门委员会或工作委员会提出的动议事项和决定草案，这表示决定权在行使过程中具有独立性；议决型决定指的是人大对其他国家机关提出的动议事项和决定草案进行审议和核准，即一种审议核准权，这表示决定权在行使过程中具有附着性。这两种属性、两种类型，正说明了宪法法律中关于人大决定权规定中"讨论、决定"的表述。

同时，人大决定权的附着性与独立性，还表现在与人大履行的其他三项职权有相互联系上。正如上文所言，决定权与任免权、监督权、立法权经常交织在一起，甚至在实践中很难区分开，是并存、交叉行使的。在立法职权方面，常见的"有关法律的决定"的类型，这种职权行使既属于立法权，也属于决定权。例如 2013 年 6 月 29 日，在十二届全国人大常委会第三次会议上通过了关于修改《中华人民共和国商标法》的决定，就是立法权与决定权的并存行使，属于附着性决定权，也是议决型的决定权。在监督职权方面，根据《中华人民共和国各级人民代表大会常务委员会监督法》（以下简称《监督法》）规定，大多监督权的行使是比较明确的，但是诸如"常务委员会每年审查和批准决算"的职权，也具有决定权的特征，属于议决型决定权。从任免权看，人大及其常委会对国家工作人员的任命、免职或接受辞职，也具有决定权的性质，"任免权在宽泛的意义上而言也是一种人事的决定权"。要说明的是，这几方面的职权本质上并不属于决定权，它是决定权与立法权、监督权、任免权的并合行使，是一种复合型决定权。在实践中体现为人大及其常委会同一职权行为的两种不同职权属性。

三、地方人大决定权的立法实践与履职基本情况

（一）地方人大决定权的立法实践

在实际情况中，各级人大及其常委会在行使重大事项的决定权的履职情况与任免权、监督权、立法权相比都是比较单薄的。这首先与执政党对人大这一职权的认识和重视程度相关。改革开放以来历次党代会报告关于人大职权的论述，对此有着清晰的体现。党的十三大之前，党代会报告更多侧重经济建设，有关人民代表大会和人民代表大会制度的专门论述较为

少见。从党的十三大一直到党的十五大，党代会报告中都提及坚持和完善人民代表大会制度相关陈述和要求，但主要强调的是人大及其常委会的立法、监督职能，少有涉及人大决定权的内容。自党的十六大开始，这种情况始有改变。党的十六大报告中重申："坚持和完善人民代表大会制度，能确保人民代表大会及其常委会依法行使相关职能，确保立法和决策能更完美地表现人民的意志。"在人大职权的论述中，首次出现了将决策权与立法权并列的表述。与此相适应，党的十六大前后是《地方组织法》关于重大事项决定权的修改，与地方人大就重大事项决定权进行立法探索较为集中的时期。

进入新时代，中国共产党对人大决定权的认识和重视程度发生了很大变化。党的十八大报告中明确指出：要善于将党的主张经过一系列的法定程序转变为国家意志，保证人大及其常委会能完美发挥国家权力机关的作用，依法行使相应职能，即任免权、决定权、监督权、立法权等。党的报告中表明了人大的"四职权"，并第一次提出了决定权，要求保证人大及其常委会能完美发挥国家权力机关的作用。全面深化改革是新时代的最强音。《中共中央关于党的百年奋斗重大成就和历史经验的决议》指出："党的十一届三中全会是划时代的，开启了改革开放以及社会主义现代化建设新时期。党的十八届三中全会也是划时代的，实现改革由局部探索、破冰突围到系统集成、全面深化的转变，开创了我国改革开放新局面。"十八届三中全会一共提出了300多项改革措施，其中有一项就是要完善人大讨论和决定重大事项的制度，各级政府在出台重大决策之前必须向同级人大汇报。党的十九大报告指出：要坚决支持和确保人民能通过人民代表大会行使国家权力。在立法工作中充分发挥人大及其常委会的主导作用，完善人大的工作制度和组织制度，支持和确保人大能够依法行使四大职权，即任免权、决定权、监督权和立法权，同时更好地发挥人大代表的作用，使各级人大及其常委会成为能全方位承担宪法法律给予的种种责任以及与人民群众有深切联系的有代表性的工作机关。这表明人大的决定权与其他职权一样，成为执政党治国理政思维视野与行动方略的一部分。在这一背景下，2017 年 1 月，中共中央办公厅印发了"十号文件"，即《关于健全人大讨论决定重大事项制度、各级政府重大决策出台前向本级人大报告的实施意见》（以下简称《实施意见》），对新时代的人大如何做好讨论、决定重大事项工作的重点内容、基本原则和程序机制确定了方向、提供了遵循。对人大决定权制度建设来说，该《实施意见》具有里程碑意义，构成了一个全新的起点。

实践中，人大决定权履职不能完全到位，其原因还在于缺乏相应的法律规范。比较而言，人大及其常委会在行使监督权、任免权、立法权时都有专门的法律予以规范和保障。比如，除《宪法》《地方组织法》之外，立法权的行使专门有《立法法》保障，任免权行使有专门的《选举法》保障，监督权的行使有专门的《监督法》保障，唯独重大事项决定权缺乏专门的法律。虽然从十二届全国人大五次会议起，全国和地方人大代表就不断呼吁就重大事项决定权问题进行立法规范，但至今还没有对其实现专门的立法。当然，具体立法并不代表工作实践就一定缺位。重大事项决定权一直是各级人大及其常委会履职实践的一个重要方面。

虽然在一定时期内，全国层面缺乏对决定权的完整立法，但是地方人大对于重大事项的决定权在地方层级的立法不断进行积极思考。最早进行地方立法探索的，是安徽省人大常委会。1988 年安徽省人大常委会通过《安徽省人大常委会关于讨论、决定重大事项的若干规定（试行）》。1996 年北京市人大常委会就重大事项监督权完成了地方立法，受此影响，全国省级人大及其常委会出现了重大事项决定权地方立法的高潮。目前为止，绝大多数省级人大及其常委会都已经制定并实施了相关地方性法规。这些地方性法规对重大事项内涵、外延进行规范化的界定，为地方各级人大及其常委会行使重大事项决定权提供了法制保障。

为适应社会变迁与人大履职需要，大多省份都经历了两次或两次以上关于重大事项的立法活动。2017 年中央"十号文件"出台后，在地方上掀起了一场立法修法的高潮，立法质量也有较大幅度提升。比如，2017年 11 月 30 日，广东省十二届人大常委会第三十七次会议修订通过的《广东省各级人民代表大会常务委员会讨论决定重大事项规定》，从 2017 年 12 月 1 日起开始实施。这是该项法规从 2000 年正式颁布后第一次修订，是广东省人大常委会为了符合讨论决定重大事项工作的新局势和新要求作出的响应。这次修订的总体要求是：完善人大讨论决定重大事项的制度，坚持在党的领导下依法行使对重大事项的讨论决定权，准确对待政府执行、人大决定、党委决策之间的关系，进一步增强和改进党对国家事务的领导作用，将人民的意志和党的主张更完美地结合在一起，把党的意志经过一系列的法定的程序转变成国家决策和人民意志，保证将党的领导、人民当家作主、依法治国三者实现有机整合的统一，并真实地贯彻和落实。完善人大讨论决定重大事项的制度，更进一步的增强民意反馈、评估论证、调查研究、协调沟通等环节的程序设计，对于提升人大讨论决定重大事项的法治化、民主化、科学化有帮助，增强决策的公信力，使决策能更完美地执行。①

重大事项决定权的地方立法，虽然取得了明显进步，但立法中所反映的一些共性问题仍需予以重视。这些问题主要包括：一是法律规定的行使决定权的主体并不完全统一。部分地区的地方立法尤其突出了人大及其常委会在决定权中的主体地位；有些地区仅确认各级人大常委会的主体地位。二是重大事项标准和范围界定不够清晰。由于缺乏上位法对重大事项决定权的明确界定，地方立法关于确认重大事项的原则通常是"省（市）人大常委会讨论、决定本行政区域内各方面工作的重大事项，如经济、政治、社会、文化、生态文明等"。显然，这一原则性、方向性的表述开放性足够，但确认标准的明晰性不够。哪些事项属于重大事项，在认识上往往难以清晰，在实践中也难免会出现误差，结果使所列举的重大事项往往要么失之于宽泛，要么过于狭窄从而影响法律的权威性。三是程序设置严谨性不够。例如，在提出重大事项的形式上，部分地区的地方立法即使制

---

① 晓张.激活人大及其常委会的法定职权：《广东省各级人民代表大会常务委员会讨论决定重大事项规定》修订通过 [J].人民之声，2017（12）：29.

定了可以用报告形式或议案形式提出的规程，但对相关议案或报告内涵的必备要素则缺乏明确要求，这往往使得重大事项决定权在实践操作时出现困难。①

（二）地方人大决定权履职基本情况

与重大事项决定权的地方立法实践相伴随，各级人大常委会积极履行重大事项决定权之职责。

从比较各省履职情况看，不同省份作出决定或决议的情况极不平衡，一些省5年间的履职数量偏少。从领域看，各省行使决定权触及的领域相对比较广泛，大体上是集中在经济民生、城乡规划、环境保护等方面，也少量涉及法治建设、社会管理等。当然，各地方重大事项的聚焦存在一定的偏好也属正常现象。比如重庆市人大常委会重大事项决定主要集中在城乡规划方面，而广东省则更多关注环境保护，这主要与当地党委和政府的中心工作紧密相关的。

总之，重大事项决定权是人大的一项法定职权，各级人大行使各类决定权为我国经济建设、政治建设、社会建设、文化建设、生态文明建设等提供了保障，地方人大相关的立法和实践探索也取得了较大成效。这是客观事实。同时，就人大"四职权"履职情况来看，社会上常常有所谓"三多三少"一说，即讲立法权、监督权多，谈决定权少；运用立法权、监督权多，行使决定权少；程序性的决议、决定多，实质性的决议、决定少。虽然这样的说法不见得准确，但也一定程度上体现了人大重大事项决定权相对于其他职权而言，具有使用频率低、范围窄、意愿弱等特点。如何推动重大事项决定权"脱虚向实"，改革势在必行。首先，要进一步完善相关立法。要在各地立法探索基础上，总结各级人大履职重大事项决定权的好经验、好做法，根据"十号文件"，结合中国特色社会主义新时代新环境新要求，更好运用清单原则，更清晰、更具体地界定重大事项，抓住

---

① 温泽彬，杨彬.地方人大重大事项决定权立法配置研究[J].江海学刊，2019（4）：247-253.

重点、明确范围，推进全国性的专项立法，为人大履行决定权提供法律依据和法治保障。其次，要处理好人大的重大事项决定权与党委的行政重大工作决定权、重大问题决定权的关系，清晰边界，有序协调，让人大行使决定权不失职，也不越权。既要强调党的全面领导，即总揽全局、协调各方，也不能由党的决策全面代替人大决策；既要强调政府行政管理权，也不能脱离人大，应当向人大及其常委会报告的重大事项必须报告，由人大及其常委会负责讨论决定。最后，健全人大常委会讨论决定重大事项的程序机制。建立健全人大常委会与党委、"一府两院"的沟通协调机制，建立常委会成员依法联名提出重大事项决定议案机制和重大事项听证机制，健全人大常委会审议专项工作报告的程序，完善人大重大事项责任追究制度等。

四、人大行使重大事项决定权的民主意义

（一）权力来源上彰显人民主权的广泛性

人大及其常委会的国家权力机关属性，从根源上看是因为它们的权力是由人民间接或直接赋予的。从法理上看，是人民代表大会统一行使国家权力的内容体现，当然包括作为职权体系"兜底"部分的重大事项决定权。人民代表大会制度是人民主权的中国实践形式，其理论渊源可追溯至马克思主义关于社会主义国家代议机关的论述。马克思在总结巴黎公社经验时曾说："所有与社会生活事务有关的创议权都应该由公社进行决定。"[1]恩格斯也曾指出："所有的政治权力必须集中在人民代议机关的手中，这一点是必须的，甚至需要写到纲领中去的。"[2]中国实行的是人民民主专政制度，即国家的所有权力都是属于人民的，全国人大和地方各级人大就是人民行使国家权力的机关。1952 年，彭真同志在阐述人民代表大会制度

---

[1] 中共中央马克思恩格斯列宁斯大林著作编译局．马克思恩格斯全集：第九卷 [M]．北京：人民出版社，1961：646.

[2] 中共中央马克思恩格斯列宁斯大林著作编译局．马克思恩格斯全集：第九卷 [M]．北京：人民出版社，1961：273.

时说，人民代表大会是国家的权力机关，它能决定国家的重大事务，主要体现在两方面，一是为国家出主意，二就是如何用人。这里的"出主意"也就是行使决策、决定权。

重大事项决定权是人大职权体系中不可或缺的一个有机部分。全面性是它的一个特性，即包括经济、政治、教育、科学、文化、卫生、环境和资源保护等领域的重大事项。随着中国社会现代化的不断进步，社会生活的各个领域变得越来越复杂开放多元，国家治理进程中所遇到的重大事项也越来越呈现出时代性特征。这从一个侧面反映了我国社会主义民主制度下人民主权的广泛性、多样性、开放性。

（二）权力关系上体现"议行合一"原则

在我国的国家权力体系中，"一府一委两院"都由人大产生，对人大负责，受人大监督。在权力关系上，这常常被称为代议制基础上的"议行合一"。"议行合一"是马克思主义代议制理论的一项原则。它体现为国家权力统一（集中）于人民选出的代议机构。毛泽东同志认为："只有这个制度，才既能表现广泛的民主，使各级人民代表大会有高度的权力；又能集中处理国事，使各级政府能集中地处理被各级人民代表大会所委托的一切事务，并保障人民的一切必要的民主活动"①。我国的人民代表大会制度与西方国家的三权分立制度相比，两者的架构是不一样的，我国的制度中各个国家机关之间的关系从本质上讲并不是分摊权力的关系，而是分工的关系。各级的人大掌握了本行政辖区内的所有国家权力的同时还行使"议"的权力，而人大产生的其他的国家机关行使的是"行"的权力，其他国家机关需要对人大负责，同时受人大的监督。在这种国家权力的体系中，人大行使重大事项的决定权对于其他的国家机关特别是行政机关必然会产生制度性影响：首先，人民政府需要执行人大作出的决定，同时人大也会监督政府是否对自己的决定贯彻执行以及实施落实；其次，人民政府需要自觉向人大汇报自己的决策意向，经人大审查和同意后再实施。从制

---

① 毛泽东.论联合政府[M].北京：人民出版社，1975：88.

度的逻辑上来说，这种"议行合一"的原则集中表达了人民当家作主的社会主义国家制度本质，也展现了代议民主在我国的实际运行过程。按照"议行合一"原则，人大依法行使重大事项决定权，但并非"独揽"这一权力，最常见的情况是人大与行政的决策权，与党的决定权和领导权是结合在一起，并且经常与人大本身拥有的任免权、监督权、立法权等联合在一起行使。

（三）实践形态上展现全过程人民民主特色

全过程人民民主是一个"立体"的民主概念。其根基是人民主权原则以及在此基础上由宪法、法律所规定的人民政治权利；中间结构是人民行使自己政治权利的体制机制；上层结构是人民围绕国家权力展开的广泛的政治参与行为，包括组织政权、决策、管理、监督等全流程参与。权利安排、体制机制、全流程参与行为共同构成一个民主的"立体"结构。从运行过程的基本环节来看，这个"立体"结构即党的十九大概括的选举民主、协商民主、决策民主、管理民主、监督民主。其中，由于决策构成国家治理的核心要素，这一领域的民主实践通常意义更大，现实表现也更为集中。人大重大事项决定权本质上属于我国决策民主的一种制度形式，是全过程人民民主实践的有机构成部分。

人大重大事项决定权的履职实践在以下几个方面体现出全过程人民民主的特色。一是人大职权的制度安排和属性上，体现我国代议民主的完整性和特色。就政策内涵而言，决策通常可分为规范性的和非规范性的。在我国人大及其常委会的履职活动中，前者即立法活动，后者即重大事项决定活动。二者构成人大及其常委会决策权的一个整体。在中国的政策过程中，人民代表大会之所以拥有最高决策权，是因为它是人民选出的代表机关。在代议制的意义上，人大决策性质上就是民主决策。人大及其常委会按照民主集中制和少数服从多数的原则，以多种会议的形式对公共政策进行选择，有利于将民主和集中、公平与效率有机统一起来，最大限度地平衡各种社会需求和价值。二是人大职权的过程上，提供给人们有序参与和反映公共利益的实践途径。从本质看，公共政策是政治体系的意志表达，制定和实施公共政策是政治体系发挥社会作用的基本方式。从而也是社会成员在"生活世界"体验民主政治最直接、最真切的具体形式。重大事项决定权作为人大及其常委会的决策职权，无论通过何种形式行使，都赋予决策过程以民主的意义。尤其是，就区（县）级人大及其常委会、乡镇人大来说，它们没有立法职权，行使好重大事项决定权，是其履职实践最重要和最基本的方面。实践中，一些基层人大通过居民参与"菜单式"重大事项的选择，将民众有序参与同人大决策权结合起来。对基层人大来说，履行好重大事项决定权，对于规范社会行为、协调社会矛盾、分配社会价值、平衡社会发展、构建社会秩序等，都具有十分显著的意义，是基层人大开展国家治理的有效抓手。随着市场经济体制的深度发展，社会自主性日益提高，人民群众的权利意识、参与意识、政策效能感也不断增强，作为民主渠道的基层人大是吸纳民众参与的制度通道，它的决定职权也是最好的民意整合机制。这可能是驱动地方、基层人大积极履行重大事项决定权的本原性力量。

（四）基本功能上实现公共政策合法化

现代国家治理通常以一系列公共政策过程展现出来，而政策的合法化通常都是在代议机构实现的。我国的各级人大也承担了这样的功能。党和政府就一些重大事项，通过整合公众意见、制定政策议程、形成政策方案，由人大审议通过，赋予公共政策以合法性。这一流程如果以法律形式出现，那就是立法过程；如果是人事任免，那就是官员录用过程；如果是公共政策，那就是重大事项决定过程。人大及其常委会之所以承担着政策合法化功能，是因为它们是在人民选举基础上形成的国家权力机关、人民代表机关、宪法和法律授权的工作机关。本质上，重要的正当性是建立在民主基础上的。从全国层面来看，全国人大及其常务委员会是目前中国最具权威性的、法定的、政策合法化的机构。人大的公共政策合法化体现在最高决定权、政策审批权与国家立法权。实际情况是，当前我国公共政策的合法化问题大多数都与人大的重大事项决定权有关。一方面，社会的行为规范即法律的合法性是约定俗成的，即可称为法律的行为规范本身意味着合法性；另一方面，国家治理中大量的非规范事项需要决策，这些决策如何才能实现合法化则，这一问题并不是像法律那样是约定俗成的。党委关于重大问题的决定和行政权，之所以必须转换为人大及其常委会重大事项的决定，本质上就是合法化的需要。形式上，人大及其常委会履行重大事项决定权通常体现为通过决议、决定，或是审查批准权，或是审议其他国家机关的报告。其中，大部分都存在着前置决策。最高级别的国家权力机关想要行使决定权之前，如全国政协、国务院或是中共中央委员会，其作出的与某一重大事项有关的决定必须经由人大作出，既是刚性的法定程序，也是合法化的需要，其根源在于人大的民主属性。比如，最常见的"五年"规划，就是由中共中央通过党内民主、社会民主的方式形成建议，由政府编制详细规划，再由人大审议通过，之后才能执行。

第四节　人大监督权履职过程的民主机制

从理论角度分析，宪法对人大职权的规定主要包括两个方面：第一，授权，即将人民赋予人大的抽象政治权力转变为能直接行使的具体政府权力，如军事权、司法权、行政权等；第二，监督，即人大在行使具体的司法权力和政府权力的同时，宪法监督人大行使权力的过程是否符合授权的目的。因此，就人大履职而言，全过程人民民主意味着，民主的价值不仅应在人大的授权或立法领域得到体现和发展，而且应在人大监督领域得到体现和发展。

一、人大监督及其重要地位

（一）监督是民主政治的题中应有之义

不受约束的权力必然会被滥用，这是被人类政治发展历史证明的事实。所以，国家权力、公共权力必须受到约束和监督，这被公认为政治学的一个基本公理。该公理的认识论基础有二：一是权力的工具性，二是人性的不确定性。现代政治学有一个关于政治的基本观点，即政治是对社会中有价值的事务所进行的权威性分配。政治权力包括建构公共秩序、管理公共事务、供给公共物品、保障公众权利、分配公共利益等。这是人类过上文明的有秩序生活的前提。但是，在政治生活中行使的抽象权力必然会由现实且具体的人掌控，但是人性本就有一定的不确定性，这导致权力从本质上看具有工具性，即它是一把双刃剑，既能够为善也可能为恶。因此，对权力要始终保持怀疑、警惕，进而对其进行控制、监督和规范。

从人性角度讨论对政治生活的认知，在一定程度上与现代人学的原理是不符的。但是有真实的历史事实证明，如果在人性不确定性的基础上进行假设作出的制度安排，对于权力的监督存在较为鲜明的优势。恩格斯和马克思都对脱离实际单纯的谈论人的本质持反对意见，他们认为人在社会关系中有各种各样的身份，人的本质其实就是所有社会关系中身份的总合，但是人依然存在区别于其他动物的自然属性，他们指出："人属于高级动物的一种，这是铁的事实，它决定了人必然会残留着动物的一部分自然属性。所谓判断人的问题，其实就是判断人脱离动物兽性的程度，是人性和兽性在人身上占据比例的差距。"[①] 马克思主义并没有否定政治权力存在的负面作用，甚至觉得国家的存在就是"祸害"，刚开始需要除掉国家最坏的部分，在一步步解放社会的过程中将所有的国家废物处理掉。所以，以人性的不确定性为基础诞生的权力工具性与真实的事实更为接近，

---

① 中共中央马克思恩格斯列宁斯大林著作编译局.马克思恩格斯全集：第九卷 [M].北京：人民出版社，1961：442.

所有与政治问题有关的探索，无论是何种派别，还是哪个国家，都无法忽视这个问题。事实上，规范权力一直是人类政治文明不断进步的重要主题。

建构民主是现代国家建设的内在要求和本质规定。民主的建构并不只是一个理论问题，更是一个实践操作与制度建设问题。受制于近代以来民族国家规模的刚性约束，古希腊雅典时期的直接民主退出了历史舞台，必须实行间接民主，也就是建立在委托—代理关系基础上的代议制民主。一定意义上说，代议制度进一步强化了权力工具性与人性不确定性所带来的问题。贡斯当对于权力的认知是极其精辟的："如果你保证人民的主权不会受到限制，这就相当于你随便创造出一个自身极为庞大的权力，你却把它扔进人类社会，无论是谁掌握这项权力，必然会导致一种罪恶。如果把它分给一个人，几个人或是所有人，你会发现它仍然是罪恶。"① 贡斯当直言不讳表明权力不管被一个人掌握，还是被一些甚至所有人掌握，都必须对它进行限制和约束。从制度经济学角度来分析："如果代理人按照委托人的要求行动，但是代理人掌握的运营情况比委托人多，出现信息不对称，此时会出现委托—代理问题。代理人极有可能选择对自己利益更大的方法执行，从而忽视了委托人的利益，即机会主义行为和偷懒行为。"达尔认为这是对"代理人主权"现象最好的范例，他说："一个懂得如何最大限度地利用其资源的领导者与其说是他人的代理人，不如说他人是他的代理人。"② 这也就是说，代议制条件下民主有沦落为"主民"的可能。而杜绝这一可能的基本条件即建立民主基础上的监督。因此，权力监督构成现代民主政治的题中应有之义。如果只有"授权"，即选举民主，而没有"督权"，即权力监督，或是没有围绕权力监督而建立起来的一套有效的制度体系、监督体系，那么这样的民主可能陷入困境，甚至走向反面，并

---

① 程竹汝.论权力的工具性问题[J].政治学研究，1996（3）：14-18.
② 格林斯坦，波尔斯比.政治学手册精选：上[M].竺乾威，等译.北京：商务印书馆，1996：407.

沦为"选举主义"的劣质民主、片面的民主，当然不是真实的、全过程的民主。没有监督，就没有民主，历史上各种形式的权力滥用、腐化、不作为等，以及"大民主""民粹主义""多数人暴政"等都展现出了"民主异化"的情形。

从这个意义看，衡量一个国家民主制度是否完善，很大程度上取决于监督体系是否健全、周密、有效。民主建构的历史，也就是不断解决权力工具性问题，并逐步探索形成权力监督体系的历史。这主要包括以法律规范权力、以权力制约权力、以权力控制权力、以社会限制权力这四种逻辑，它们以不同结构形式支撑了现代民主政治的发展。

（二）人大监督是我国监督体系的重要组成部分

习近平总书记明确指出：实现民主的形式是丰富多彩的，不能拘泥于刻板的模式，更不能说只有一种放之四海而皆准的评判标准。[1] 监督制度也不例外。对于国家政治制度的改进和发展，对于形式和内容、理论和实践、历史和现实必须提高重视程度，达成有机结合的统一。坚持从实际出发，从国情出发，同时要着重解决当前的现实问题，掌握现实的要求，不能对某段历史进行简单否定，更不能单靠想象就照搬一套政治制度应用于我国。中国特色社会主义监督制度建设，是基于我国历史传承、社会制度、国情、政治原则等展开的，不可能照抄照搬，不会搬来"飞来峰"。

改革开放以来，在总结经验教训的基础上，党领导人民推进民主制度建设中，不断深化对权力运行规律的认识，强化权力运行制约监督，不断完善权力配置和运行制约，探索创新对权力制约和监督的制度机制。中国的民主发展始终有遵循、有底线，即不搞三权分立、不搞竞争型政党政治。邓小平同志明确强调："我们必须进行政治体制改革，而这种改革又不能搬用西方那一套所谓的民主，不能搬用他们的三权鼎立，不能搬用他们的资本主义制度，而要搞社会主义民主"[2]。江泽民同志认为："我国

---

① 习近平总书记在庆祝中国人民政治协商会议成立六十五周年大会上的讲话。
② 邓小平.邓小平文选：第三卷[M].北京：人民出版社，2001：240-241.

有十二亿多人口，搞西方的那一套三权鼎立、多党竞选，肯定会天下大乱"①。胡锦涛同志指出："发展社会主义民主政治需要借鉴人类政治文明有益成果，但决不照搬西方政治制度模式"②。习近平总书记更是重申："照抄照搬他国的政治制度行不通，会水土不服，会画虎不成反类犬，甚至会把国家前途命运葬送掉"③。

党的领导是我国监督制度体系的本质特征。从历史上看，这是由近代以来所形成的政党建设现代国家模式所规定的。"我国权力制约和监督机制，是在党中央集中统一领导下的权力分工和协同，是党的领导和党的监督相统一基础上的制约监督。"我国建设监督体系的目的是建构一套党和国家监督体系。换言之就是，必须完善现有的党统一领导、权威高效、全面覆盖的监督体系，增强监督的有效性、协同性、严肃性，形成监督有力、执行坚决、决策科学的权力运行机制，保证党和人民授予的权力自始至终都是为人民谋幸福。具体来说，经过多年的探索，我国初步形成了一套监督体系。党的十八届六中全会通过的《中国共产党党内监督条例》要求各级党委应该支持和保证同级人大、政府、监察机关、司法机关等开展监督活动。党的十九届四中全会将我国监督体系概括为：党内监督体系和国家监督体系相互结合的监督体系，其中党内监督体系由派驻监督、巡视巡察监督、日常监督、纪检监督等组成，国家监督体系由民主党派监督、统计监督、审计监督、舆论监督、群众监督、司法监督、行政监督、人大监督等组成。这种两者结合的监督体系，需要以党内监督为主导，促进各项监督相互协调、有机贯通，最终各项监督制度相辅相成、相得益彰，进而把监督制度的优势转变为治理效用。这就是党和国家监督体系建设的基本遵循和要求。

在诸多监督制度中，人大监督地位重要、意义重大，是我国民主制

① 江泽民.江泽民论有中国特色社会主义（专题摘编）[M].北京：中央文献出版社，2002：302.

② 胡锦涛同志在庆祝中国人民政治协商会议成立60周年大会上的讲话。

③ 习近平总书记在庆祝全国人民代表大会成立60周年大会上的讲话。

度、监督体系的重要组成部分。有学者认为："人民代表大会的其他职权本质上是一项决定性权力，监督权则是一种保障性权力。两者相辅相成，使人民代表大会成为完整的国家权力机关。正是由于我国人民代表大会具有广泛的监督权，人民代表大会与其他国家机关构成监督与被监督的关系，是人民代表大会具有国家权力机关性质的重要标志。"① 在庆祝全国人民代表大会成立六十周年讲话中，习近平总书记指出：任何国家机关和机关工作人员的权力都要受到监督和制约，这是人民代表大会制度的重要原则和制度设计的基本要求。② 人大监督对建设社会主义民主政治、建构民主监督体系的重要性集中体现在人大"三个机关"的定位中。

第一，人大是国家权力机关。在当代中国，国家权力的建构与运行是以人民代表大会制度为基础的，人民代表大会通过选举产生其他的国家机关，如检察机关、监察机关、审判机关、各级国家行政机关等，他们对人大负责的同时也会受到人大监督。从这种监督和被监督的关系看，人大监督在我国权力体系的构成上具有根本性和基础性。

第二，人大是代表机关。人民代表大会制度集中体现了人民主权原则，是我国的根本政治制度。各级人民代表大会都由民主选举产生，对人民负责、受人民监督。人大制度是人民依据宪法和法律行使国家权力最重要的制度安排，是人民当家作主和人民管理国家事务的重要形式和集中体现。在人民与国家政权的关系的制度安排中，人大是代表人民的民意机关。人大监督是人民享有和行使监督权的实际运用，在政治上具有不可替代性和最高性。

第三，人大是工作机关。各级人大及其常委会是一个具有宪法和法律授权的专责部门。我国现行《宪法》第二条规定：全国人大和地方各级人大是人民行使国家权力的机关。《监督法》第二条规定：各级人大常委会依据宪法和有关法律的规定，行使监督职权。《监督法》第五条规定：各

---

① 蔡定剑.中国人民代表大会制度[M].北京：法律出版社，1998：364.
② 2021年10月13日，习近平总书记在中央人大工作会议上的讲话。

级人大常委会对本级人民政府、人民法院和人民检察院的工作实施监督，促进依法行政、公正司法。所以，各级人大及其常委会全方位地承担起宪法法律授予的种种法定职责，同时行使监督权，践行监督的责任。从法律层面看，人大的监督权拥有权威性。

人大监督的根本性、至上性、权威性表明，它在党和国家监督体系中至关重要。就代议机关职责而言："现代立法机关一个更重要的潜在角色是对行政机构保持一种严厉的批评。甚至即使它们不创制任何法律，立法机关也可以通过监督政府，审查其是否保护国家利益，是否廉洁，是否有效率等，对政府的工作产生强有力的影响……"[①] 人民代表大会制度是我国的根本政治制度，坚持和完善这一制度是坚持和完善人民当家作主制度体系，促进社会主义民主政治发展的基石；健全人大监督制度体系，同样是坚持和完善党和国家监督体系，加强对权力运行的监督和制约的先决条件，从组织结构、履职过程等不同层面增强人大监督权威性、有效性，让人大监督的制度优势真正转化为权力监督的治理效能。

二、地方人大监督权

（一）地方人大监督权的制度配置

人大监督权的制度配置包括两个维度：一是横向配置，也就是人大作为国家权力机关，与行政机关、司法机关、监察机关、检察机关等其他国家权力的关系。从这个维度看，人大作为国家权力机关，既是其他国家机关权力的来源，也是监督者。二是纵向配置，即全国人大与地方人大、地方不同层级人大之间的权力关系。按照我国政权层级结构，具有完整建制的地方人大主要包括省、市、县、乡镇四级。由上而下，各级人大及其常委会对下一级人大及其常委会履职情况具有监督权。在监督权的配置上，全国人大及其常委会与地方人大及其常委会具有相似性，最大不同在于乡镇人大不设常委会，行使监督权自然也会有所差别。

---

① 罗斯金.政治学 [M].6 版.林震，等译.北京：华夏出版社，2002：290.

从法律文本看，规范人大监督的主要依据包括《宪法》《地方组织法》《中华人民共和国预算法》（以下简称《预算法》）《立法法》《监督法》等。这些法律规定了人大监督的性质、方式、内容等。从性质与地位上看，在我国的监督体系中，人大监督具有根本性、至上性、权威性；在方式上，人大监督权的行使遵循民主集中制原则，由集体行使，它必须经过人民代表大会或常委会会议讨论决定，才能将监督意见转化为监督议案，就具体事项处理的决定也是由集体决定的。在监督内容上，人大监督主要包括法律监督、工作监督、人事监督三个方面。法律监督，主要是指对政府、监察委员会、法院、检察院以及下一级人大及其常委会执行法律的情况及违反宪法、法律、法规的行为进行监督。工作监督，是指对本级政府、法院、检察院或下一级人大及其常委会执行国家的方针、政策和上级或本级人大及其常委会决议、决定的情况进行监督。人事监督，指对人大及其常委会选举或者任免国家机关工作人员违宪、违法或者渎职行为予以纠正或处置。在监督手段上，《监督法》规定，地方人大及其常委会拥有的监督职权主要为：听取和审议人民政府、人民法院和人民检察院的专项工作报告；审查和批准决算，听取和审议国民经济和社会发展计划、预算的执行情况报告，听取和审议审计工作报告；法律法规实施情况的检查；规范性文件的备案审查；询问和质询；特定问题调查；撤职案的审议和决定。《监督法》还就这几方面职权行使的具体要求、程序、机制等做了明确规定。

在人大监督权制度配置基础上，地方人大常委会积极探索监督权的实现方式，除了开展一般常见监督形式，如听取和审议政府、法院、检察院的工作报告和专题汇报，审查国民经济和社会发展计划、财政预算的审查等，还依照宪法和法律规定，不断拓展监督渠道，改进监督方式，大胆探索创造了一系列行之有效的监督形式。这些创新性探索主要有：执法检查、代表评议、述职评议、个案监督、倡导并督促建立和落实执法责任制与错案责任追究制、提出质询案、组织特定问题调查、提出罢免案等。这些创新性的监督手段取得了明显的效果，其中不少监督形式受到全国人大常委会的充分肯定，有的已上升为法律制度，集中体现在《预算法》《立法法》和《监督法》中。

地方人大监督权的配置与行使，在相关法律规范发挥基础性作用的条件下，还受到诸如地方经济社会发展水平、地方政治生态等因素的影响，从而形成了人大监督实践中的某些偏好。有研究就此概括了一套衡量地方人大监督力度的指标体系。这样的指标包括3个一级指标，即工作监督、法律监督和财政监督和15个二级指标。由此反映地方人大及其常委会监督权的实践状况。

在政治制度的系统构成中，我国地方人大监督履职还存在两大政治规定性：一是政党建设现代国家的历史模式。这一模式决定了地方人大必须在同级党委的领导下开展监督工作。本质上，人大监督权的各种形式都是以法律实现为基础和目的。如果说我国法律的实质是党的意志与人民意志的统一，是党的政治意志的法律化，那么，人大监督就是党的意志实现的必然要求和途径。二是中央集权体制，这决定了地方人大监督关系和监督权核心内容即保证法律的实现。党和人民的意志通过人大上升为国家法律、法规和重大决策后，就转化为国家意志。地方人大要保证这些意志在所辖区域内的有效落实。国家最高立法和行政机关所制定的法律、法规越多，地方各级人大的职权范围也就越广，履职要求也就越高。就此而言，地方人大具有自身的独特属性：国家意志的执行保证机关、地方党委领导下的工作机关和地方民意的代表机关。这三重属性的具体组合，既构成了我国地方人大制度变迁的内在动力机制，也内在规定了地方人大制度变迁的基本路径和地方人大的行为模式。这三重属性的组合，也即中央与地方关系、人大与执政党关系、人大与民众关系的耦合，它们共同构成地方人大监督履职的现实情境，也是地方人大监督履职的制度坐标。

（二）地方人大监督履职实践的民主意义

在地方人大监督权配置的法定框架中，上海市各级人大在认真履职、行使监督权的同时，积极进行创新性探索。无论是日常的监督履职，还是在"微创新"指引下推进的各类改革，都蕴含着深刻的民主意义，集中体现着地方人大履职中的全过程人民民主实践。

1.性质上体现人民民主属性

人民代表大会是我国的民意机关、代表机关，它由人民选举的人大代表组成。无论是县级以下人大代表的直接选举，还是其他层面人大代表的间接选举，本质上都体现着人民的授权。各级人大及其常委会的国家权力机关属性，就是建立在人民通过选举授权基础上的。所谓"权为民所赋"。监督权是各级人大及其常委会作为国家权力机关的当然权力。议会享有监督权，是现代国家权力结构的普遍情形。威尔逊在《国会政体》中阐述代议机关的职责指出："一个有效率的，被赋予统治权力的代议机构，应该不只是像国会那样，仅限于表达全国民众的意志，还应该领导民众最终实现其目的，做民众意见的代言人，并且做民众的眼睛，对政府的所作所为进行监督。""严密监督政府的每项工作，并对所见到的一切进行议论，乃是代议机构的天职。"例如，上海市、区两级人大常委会，在人民代表大会闭会期间依法监督"一府一委两院"工作，在制度内民主机制充分发挥作用的条件下，形成年度监督工作计划，听取和审议专项工作报告、进行执法检查、开展专题调研、开展专题询问、加强规范性文件备案审查等。集中体现着地方国家权力机关履行民主监督职责的地方实践。

2.结构上展现中国特色的民主逻辑

2019年11月2日，习近平总书记来到上海市长宁区虹桥街道古北市民中心考察，同正在参加法律草案意见建议征询会的居民代表亲切交谈时，深有感触地说："我们走的是一条中国特色社会主义政治发展道路。人民民主是一种全过程民主。"其意在于强调全过程人民民主是中国特色社会主义政治发展道路的必然逻辑。坚持党的领导、人民当家作主、依法治国三方面的有机统一是中国特色社会主义政治发展道路的核心内容。这三方面达成有机统一的实践结果以及集中体现就是全过程人民民主。其中中国共产党在我国处于政治领导地位，党的领导是依法治国和人民当家作主最根本的保证，是中国特色社会主义最本质的特征；人民当家做主是中国特色社会主义的出发点和归宿，是社会主义民主政治最本质的属性；依法治国是党领导人民治理国家的基本方式，三者的有机统一体现在我国社会主义民主政治的伟大实践中。党的领导是中国特色社会主义的本质特征，就实践而言，就是强调党的领导与民主、法治在实践中形成的有机结合。其实，现代国家政治结构的基本特征就是政党政治、民主政治、法治政治的结合。只是不同国家、不同制度条件下结合的具体情形和结果、特别是结合的有机性有所不同。我国政治制度的特征和优点在于全过程人民民主集中体现着这一结合的实践结果及有机性的程度。

3. 过程上体现全过程人民民主特色

在比较意义上，全过程人民民主是对中国特色社会主义民主特征的总体性概括，一定意义上，它主要是针对选举民主或票决民主的局限性而言的。习近平总书记指出：人民是否享有民主权利，要看人民是否在选举时有投票的权利，也要看人民在日常政治生活中是否有参与的权利；要看人民有没有民主选举的权利，也看人民有没有民主决策、民主管理、民主监督的权利。[①] 他还着重强调：如果人民只有在投票时被唤醒、投票后就进入休眠期，只有竞选时聆听天花乱坠的口号、竞选后就毫无发言权，只有投票时受宠、选举后就被冷落，这样的民主不是真正的民主。[②] 根据这些论述包含的民主内涵来看，全过程人民民主是包含民主监督、民主管理、民主决策、民主协商、民主选举等在内的全流程、全环节的民主。它超越了简单选举民主，力图避免"选举主义"的劣质民主所带来的治理困境。

在我国的民主制度体系中，人民代表大会制度为载体的民主无疑是全过程人民民主最集中的体现。它包括人民直接选举县、乡两级人大代表、县以上代表选举上一级人大代表、人大代表选举"一府一委两院"官员

---

① 习近平总书记在 2021 年 10 月 13 日召开的中央人大工作会议上的讲话。
② 同上。

等。民主决策包括立法和重大事项决策等；民主协商包括立法议题征集、法案公开、立法听证等，也包括民主监督，就是宪法和法律赋予人大及人大常委会的监督职权，主要为法律监督、人事监督、工作监督、财政监督等。离开人大民主监督，我国民主政治就是不完整的，就不能够表现为全过程人民民主。人大履职中的全过程人民民主实践，既体现为宏观的民主制度诸环节，也常常体现在人大及其常委会的具体工作之中。

4. 功能上彰显治理民主特性

按照结构功能主义，结构优化与过程完善，其出发点和落脚点都是功能的改进。所谓民主制度模式的合理性，根本上还要看制度的效能或实践效果。何增科指出："治理和善治理论作为一种分析框架，对于研究、总结和展示我国改革开放以来政治发展的成就极为有用。"[①] 这也是治理理论引入中国后不久，就进入国家公共政策议程，并成功转化为国家治理的重要理论方略的原因。"比较近年来引入的其他政治学理论，治理理论的引入可以说是非常成功的。"这种判断是有道理的。

换言之，中国政治领域的变革在根本上是一种民主治理改革，集中表现为随处可见的治理改革与实践探索。如公共决策、公共服务、信息公开、行政效能、公共预算、权力监督、党的建设、协商民主、网络管理等方面，政府基本破除了传统的管控、统治思维，越来越重视政党、政府、市场、非权力组织、公民的协同参与，并就这样的民主参与、合作互动不断进行制度机制创新。在人民代表大会的民主监督改革创新上，也是如此，它是有政治性、结构性约束的，是以党的领导作为根本领导制度、人民代表大会制度作为根本政治制度的基础上展开的。

总体而言，人大系统各种形式的监督实践，都是以治理问题为导向的。针对性措施的基本方式是激活制度内各种资源、特别是诉诸民众广泛参与。如对政府各项工作的满意度测评；组织谋划多方参与的各项执法检

---

① 何增科.治理、善治与中国政治发展[J].中共福建省委党校学报，2002（3）：16-19.

查；创造条件和渠道让"众人"参与并听取他们关于财政预算的意见等。显然，这些探索创新体现的共同特征，即为了更好提升公共服务水平、用好公共预算，激活人大民主监督机制、增强监督效能；这些探索创新强调人大常委会、各专门委员会、人大代表、社会公众、专家之间的协商合作，强调人大组织与其他公共组织之间协同共治，强调自上而下与自下而上相结合的多元参与和监督，是一种典型的全过程人民民主治理方式。

第七章　全过程人民民主与协商民主

第一节　协商民主缘起

一、协商民主的基本理论

20 世纪 90 年代初，西方国家兴起了一种新型的民主理论，在随后的时间里逐渐变得至关重要，它就是协商民主理论。1996 年，圣路易大学的博曼发行了一本名为《公共协商：多元主义、复杂性与民主》的著作，书中详细阐述了协商式民主条件。1998 年哥伦比亚大学社会科学教授埃尔斯特在其主编的《协商民主》一书中提出，协商民主作为一种政治决策机制，是对投票的替代。这两本著作的发行是协商民主理论发展的关键标记。

协商民主的理论基础包含哈贝马斯的沟通理性和批判主义、吉登斯的结构二重性和话语意识、罗尔斯的重叠共识和公共理性。这些理论的共同点在于，都是将偏好聚合的民主观念（选举）转换为偏好转换的理论（协商）。至于协商民主和选举民主两者的关系，现今的研究中大多认为，协商民主只是对选举民主进行补充，并不能替代选举民主。经过多年的理论发展，协商民主已经具有三个层面的意义。① 第一，组织形式上的协商民主，即认为协商民主是一个团体或组织的形式，团体内的事务是由社团的

---

① 吴猛.社区协商民主：理论阐释与路径选择[J].社会主义研究，2011（2）：99-101.

成员一起协商解决。第二，决策模式上的协商民主，即在这种民主的体制中，所有决策都需要经历公开讨论，所有的参与者都有自由表达的权利，并且愿意听取和考虑与自己不同的观念和意见，最后得出有约束力的决策。第三，治理方式上的协商民主，即重申公共的责任和利益，展开平等对话，分辨各方面的政治意愿，对多方的利益诉求都重视，在这种情形的基础上颁布有约束力的政策。第三种形式的协商治理是协商民主与社会治理的融合，这是当前主流的协商民主理论。

当然，协商民主理论在很多学科领域还面临着一些理论争议，如协商民主的合法性问题、权威问题、协商民主与自由民主的对比等争论。这些理论争议还需要更多实践发展来检验。理论争议的存在并不能否认理论的进展，而恰恰说明了协商民主理论的整体发展。

与理论发展相伴的是协商治理实践的蓬勃发展。协商治理已经成为世界各国治理中的重要实践。有超国家层面的协商民主，如欧盟委员会；也有国家层面的协商民主，如上海合作组织；更有国家内部的协商实践，如中国共产党领导的多党合作和政治协商制度。协商民主的理论和实践都已经积累了大量的研究成果。在协商民主理论和实践发展的背景下，中国协商民主也有了相应的发展。

二、社会主义协商民主体系的建立

协商民主正在世界上蓬勃发展的时候，中国的协商民主，无论是理论还是实践，同样也获得了一定的发展。其中，社会主义协商民主体系的形成是发展取得的最大成就，这意味着协商民主同样是中国特色社会主义民主政治不可或缺的一部分。社会主义协商民主体系的形成并不是一蹴而就的，而是有一个平稳的发展过程，从最初的政治协商发展到如今多种形式的社会协商。

政治协商是我国社会主义协商民主的原始形态。1949年政治协商会议的召开标志着协商民主实践的诞生，这种协商民主的特点是以政党为主体的政治协商，创建了中国共产党领导的多党合作和政治协商制度，政治协商开始作为一种国家层面的制度化民主形式出现在历史舞台。但是，随着 1954 年全国人民代表大会第一次会议召开，作为代替全国人民代表大会行使权力的政治协商会议完成了它的使命，也不再具有国家政权机关的相应职权，但是这种协商民主的形式保留了下来，延续至今。

改革开放后随着经济飞速发展使得社会力量获得了更大的自主性，为协商民主的发展提供了广阔的空间。1987 年，在党的十三大上提出了创建社会协商对话制度的设想。2002 年，在党的十六大上提出建立专项制度，如社会公示制度、社会听证制度和专家咨询制度。这些制度设想都是把社会力量纳入政策制定和国家管理过程中来。但是，这个阶段的协商民主主要还是国家层面的政治协商，社会协商还没有形成。

基层群众自治制度的确定使得社会协商从理论可能性转化为具体实践形式。2007 年，在党的十七大上，我国的基本政治制度新增加了一项基层群众自治制度，基层群众自治自此有了法律依据和制度保障。不少地方在基层社会治理方式上进行大胆的创新，基层协商民主就是在此背景下应运而生。基层协商民主的实践有了快速的发展，各地涌现出形式各样的创新实践。这些基层协商民主的实践是对既有政治协商的补充，共同促成社会主义协商民主理论体系的形成。

2012 年，党的十八大召开，这是协商民主理论发展至关重要的转折点。党的十八大报告中第一次明确提出"社会主义协商民主制度"的概念，报告中对于社会主义协商民主的协商渠道和发展方向都提出了详细的要求："健全协商民主制度以及相应的工作机制，促进协商民主向制度化的、多层次的、广泛的方向发展。通过党派团体、政协组织、国家政权机关等渠道，对触及群众真实利益的实际问题以及经济社会发展过程中的重大问题进行广泛协商……"① 由此，协商民主制度化建设进入快速发展的阶段。

---

① 萨其如呼，张莉清，李晨.坚定不移沿着中国特色社会主义道路前进为全面建成小康社会而奋斗：评析"中国梦"论点[J].青春岁月，2013（15）：370.

2013 年党的十八届三中全会在十八大的基础上进一步明确了协商民主多层次、制度化的发展方向，并把协商渠道从"党派团体、政协组织、国家政权机关"拓宽到"社会组织、基层组织、党派团体、政协组织、国家政权机关"。至于协商的内容，十八届三中全会也给出明确的规定："深入开展社会协商、参政协商、民主协商、行政协商、立法协商。"[①] 由此可知，社会主义协商民主不管是内容还是协商渠道都有了十分显著的扩大。

2015 年 1 月，中共中央印发《关于加强社会主义协商民主建设的意见》（以下简称《意见》），意味着我国初步建立了社会主义协商民主体系。《意见》明确社会主义协商民主的本质属性，而且明确规定了增强社会主义协商民主建设的渠道程序、基本原则、指导思想和意义，是社会主义协商民主建设的纲领性文件。《意见》对于不同形式的协商民主都给出了不同的发展方向：对于政协协商、政府协商、政党协商需要继续加强，重点加强；对于基层协商、人民团体协商、人大协商要积极的、努力的开展，对于社会组织协商需要逐步探索。[②] 同年，全国政协、民政部、统战部相继颁布了《关于加强人民政协协商民主建设的实施意见》《关于加强城乡社区协商的意见》《关于加强政党协商的实施意见》，多个领域的协商民主同步推进。

2017 年，党的十九大召开，会议再次明确从协商民主的七大渠道构建健全的协商民主制度，提出要"把协商民主贯穿政治协商、民主监督、参政议政全过程，完善协商议政内容和形式"[③]。从此以后，社会主义协商民主的发展方向和协商渠道都有了明确的规定，社会主义协商民主体系基本形成。

党的二十大报告鲜明提出，协商民主是实践全过程人民民主的重要形

---

① 《中共中央关于全面深化改革若干重大问题的决定》解读 [J]. 四川档案，2013（6）：4-5.
② 中共中央 . 关于加强社会主义协商民主建设的意见 [M]. 北京：人民出版社，2015：5.
③ 中共十九大：决胜全面建成小康社会夺取新时代中国特色社会主义伟大胜利 [J]. 保密工作，2021（12）：2.

式。全过程人民民主是社会主义民主政治的本质属性，是最广泛、最真实、最管用的民主。全面推进协商民主，是贯彻发展全过程人民民主的必然选择。协商民主贯通了全过程人民民主的制度链条；协商民主彰显了全过程人民民主的价值旨归；协商民主拓展了全过程人民民主的领域边界；协商民主释放了全过程人民民主的机制效能。协商民主在我国具有深厚的社会基础和旺盛的生命力。

党的十八大以来，以习近平同志为核心的党中央从发展社会主义民主政治、建设社会主义现代化国家的战略高度，对发展社会主义协商民主作出一系列重要部署。经过多方面的共同努力，程序合理、环节完整的社会主义协商民主体系已经构建起来，协商民主在中国大地上呈现出蓬勃发展的势头。习近平总书记强调，协商就要真协商，真协商就要协商于决策之前和决策之中，根据各方面的意见和建议来决定和调整我们的决策和工作，从制度上保障协商成果落地，使我们的决策和工作更好顺乎民意、合乎实际。

第二节　全过程人民民主与协商民主的实践成就

经过 70 多年的发展，我国协商民主的理论和实践都取得一定的成就。协商民主充分体现了中国共产党领导人民治理国家，是贯彻党的领导的关键形式，是我国社会主义民主政治拥有的特殊形式和优势。从理论上看，我们党创建了社会主义协商民主理论体系。社会主义协商民主的发展方向是促进协商民主向制度化的、多层次的、更广泛的方向发展。协商渠道包括社会组织协商、基层协商、人民团体协商、政协协商、政府协商、人大协商以及政党协商。在实践上，从中华人民共和国成立初期的政治协商发展到现在的政治协商与社会协商同步发展的局面。协商民主取得的成绩是有目共睹的，有部分学者认为中国的民主政治包含两种形式，即协商民主和选举民主，其中协商民主是我国民主政治发展的重点和方向。① 总体而言，社会主义协商民主的实践成就主要集中在政治协商、人大协商和基层协商三个领域。

一、政治协商

政治协商是我国协商民主实践中发展最早的领域。早在 1945 年中共七大上，毛泽东同志就提出"建立民主的联合政府"的设想。1946 年 1 月，由中国共产党、国民党和各民主党派代表参与的政治协商会议召开。1949 年中华人民共和国成立之初，人民政治协商会议还临时发挥国家政权机构的职责，选举产生新的政府。此后的历史发展中，政治协商会议制度有两次重要的转向。第一次就是 1954 年全国人民代表大会胜利召开之后，政治协商会议不再具有国家政权机关的相应职权，转变成专门的协商平台，政治协商是人民协商的制度平台。第二次是党的十一届三中全会之后，此次会议标志着我国改革开放的开启。由于中国的社会阶级状况已经发生了根本的变化，最终人民政协被定性为最广泛的爱国统一战线组织。由此，人民政协从过去的包含各个阶级联盟性质的人民民主统一战线组织经过不断发展、变成了如今的最广泛的爱国统一战线组织。

党的十八大召开后，党中央多次强调，政治协商是促进社会主义协商民主发展的核心。党的十八大报告强调："充分发挥人民政协作为协商民主重要渠道作用。"党的十八届三中全会指出：健全人民政协制度体系，规范协商程序和协商内容。扩展协商民主的形式，更积极地、有序地开展提案办理协商、界别协商、对口协商、专题协商，添加协商密度，提升协商效果。在党的十九大报告中，又再次强调人民政协的作用。人民政协这一制度安排，具有鲜明的中国特色，是社会主义协商民主的专门的协商机构以及重要渠道。人民政协的工作就是要时刻关注国家和党的中心任务，围绕民主和团结两大主题，把协商民主贯穿参政议政、民主监督、政治协

---

① 李修科，燕继荣.中国协商民主的层次性：基于逻辑、场域和议题分析 [J].国家行政学院学报，2018（5）：23-29，187-188.

商全过程，完备协商议政的形式和内容，为增加共识、促进团结出力。增强人民政协的民主监督，尤其是监督党和国家重要决策部署和重大方针政策的贯彻落实。[①] 由此可知，政治协商一直是社会主义协商民主的专门协商机构和重要渠道。

2015 年《关于加强社会主义协商民主建设的意见》颁布之后，由全国政协起草的《关于加强人民政协协商民主建设的实施意见》也于同年颁布。这些文件是政治协商民主建设的指导性文件，它们明确规定了政治协商的内容、形式、制度建设等。

在《关于加强人民政协协商民主建设的实施意见》的指导下，全国政协进行了一些制度创新。其中，一个重要的制度设计就是双周协商座谈会。从 2013 年 10 月开始，双周协商座谈会正式运行。双周协商座谈会是一种定期举办的协商座谈会制度，它将多个协商制度融合为一体，如提案办理协商、界别协商、对口协商、专题协商，它在一个平台上集中体现了人民政协的四种重要的协商形式。[②]

除了全国层面的政治协商制度创新之外，地方政协协商也有一些重要的发展。一方面，一些地方政协效仿全国政协，举办类似的协商座谈会。不同地方协商座谈会的频率可能不尽相同，但是大多会有这种形式。另一方面，部分地方政协还在制度建设上有所创新。2009 年，《中共广州市委政治协商规程》出台，明确说明其制定的目的在于贯彻落实中共十七大关于"推进政治协商制度建设"和"把政治协商纳入决策程序"的精神。在此基础上，2013 年，《中共广东省委政治协商规程》出台，对于政治协商的内容和形式都提出具体的要求。其他各地的政协也有一些相应的制度建设。

---

① 王东明.以习近平新时代中国特色社会主义思想为指导 团结动员亿万职工为决胜全面建成小康社会 夺取新时代中国特色社会主义伟大胜利而奋斗：在中国工会第十七次全国代表大会上的报告 [J].中国工运，2018（11）：14-23.

② 巩文倩.人民政协双周协商座谈会制度研究 [D].济南：山东师范大学，2021.

二、人大协商

人大协商是协商民主和人民代表大会制度的融合，人大协商既包括立法活动中的协商，也包括人大人事任免、人大决策和监督、人大代表选举和汇集民意等活动过程中的协商。2015 年出台的《关于加强基层协商民主建设的实施意见》和党的十九大报告都把人大协商作为社会主义协商民主体系的渠道之一。但人大协商与基层协商、政党协商和政治协商不同，后三种协商是在相应领域颁布专门的协商民主的实施方案，人大协商则多表现为法律法规的制度创新。2015 年修订的《立法法》对于人大立法协商的形式作出具体规定。《中华人民共和国全国人民代表大会和地方各级人民代表大会选举法》对人大代表候选人确定过程中的协商问题进行了详细规定。

人大协商的成就主要表现在立法工作越来越公开透明，在实践中具体包括立法听证、立法协商和立法辩论三种协商形式。[①] 2000 年《立法法》颁布之后，立法听证引起关注。很多地方出台立法听证方面的具体规定。浙江省人大于 2000 年 4 月率先制定《浙江省地方立法听证会规则》，安徽、上海、河南、四川、江西等省市和深圳、广州、郑州等城市也相继出台相应的规则。全国人大首次立法听证实践是 2005 年举行的"个人所得税工薪所得减除费用标准听证会"。整体而言，立法听证实践主要是在地方立法层面得以推广。

立法协商是指在立法过程中，通过召开座谈会、协商会等形式，听取以政协委员为主的社会各界意见的民主活动。同立法听证一样，立法协商的实践也主要发生在地方层面。早在 20 世纪 90 年代，一些地方政协就已经参与立法协商。例如，大连市政协每年会就地方性法规进行协商。云南政协曾组织委员和专家学者对于地方案例进行协商，5 年间提出 2 000 多条修改意见。《北京市大气污染防治条例》和《上海市道路交通管理条例》

---

① 李蕊.人大协商的实践成就与挑战应对[J].学习论坛，2019（7）：50-57.

分别得到当地政协的多次立法协商。立法辩论是人大常委会委员和人大代表在审议案例时的辩论活动，是人大内部的协商民主形式。《立法法》规定"根据需要，可以召开联组会议或者全体会议，对法律草案中的主要问题进行讨论"，这成为立法辩论的法律依据。立法辩论的实践相对较少，但也有一些尝试。例如，2012 年广州市人大常委会在制定《广州市社会医疗保险条例（草案）》过程中首次尝试网络立法辩论。这些立法协商的实践极大地丰富了人大协商的内涵。

除了立法工作的协商民主之外，人大的其他工作领域也有协商民主的形式，只是整体的发展程度不如这三个领域显著。参与式预算就是一个很好的说明，参与式预算就是把协商民主引入人大决策和监督中来，在预算制定过程中发挥协商民主的作用。浙江温岭市、河南焦作市、江苏无锡市等地都有成熟的参与式预算，温岭的参与式预算已经成为协商民主实践的模板。

三、形式多样的基层协商民主

基层协商是社会主义协商民主实践中参与最活跃、形式最丰富的协商领域。虽然发展的历史不如政治协商长久，但是基层协商的制度创新和实践模式丝毫不逊色。自改革开放之初，有一些地方在社会治理过程中，特别是处理治理难题的过程中创新了一些新的治理手段。基层群众自治制度就是在这样的背景下发展起来的，而早期基层协商民主也有相似的背景。2007 年，中共十七大把基层群众自治制度纳入我国的基本政治制度，2015 年颁布的《关于加强基层协商民主建设的实施意见》为基层协商民主的发展提供了制度保障。经过多年的实践发展，基层协商民主实践发展出形态各异的模式。有不少学者从不同角度总结这些实践，归纳出不同的模式。

第一个视角侧重对协商民主的整体情况进行分类总结。张等文等学者按照功能，将城乡社区协商民主分为决策型协商民主、议事型协商民主、调解型协商民主等三种形态。①按照主体来看，基层协商有政府主导型和社区主导型两种模式。②按照起源来看，协商民主可以分为行政机构植入、社区组织互嵌和居民内生推动三种模式。③从政社关系的维度总结社区协商民主的四种类型，即党领群治联动型协商、政社协同共建型协商、政群平等对话型协商、社群精准议事型协商。另外，也有学者从多个维度对协商民主进行总结。韩福国和张开平认为，基层协商民主在行动主体上呈现从社会组织到党组织的多样性，在开展领域上呈现从乡村治理到城市治理的多域性，在实践议题上呈现从环境治理到政治文化的多元性，在参与形式和程序上呈现多层次性。

第二个视角突出基层协商中的协商平台。协商民主运行的关键在于平台的搭建，现实中会有各种不同类型的协商平台。张等文和杨才溢认为，发展较为成熟、应用较为广泛的基层协商民主平台有社区协商议事会、社区民主评议会和村务监督委员会。何包钢对于协商平台的分类则是民主商谈会、公民评议会、居民或村民代表会，并对比这些平台的协商办法、效果、控制范围等。①

第三个视角对个别经典案例进行经验总结。卢芳霞对浙江诸暨枫桥经验进行总结，提出以解决基层矛盾而著名的枫桥经验与现代协商民主的结合，打造乡镇、村社和企事业单位多个层面的协商实践。韩福国基于上海市闵行区古北社区提出，把群众路线和协商民主融合起来可以打造开放式党建，这是基层党建的一个创新点。曹海军和黄徐强对于深圳微协商运行的全过程分析，总结微协商运行所需的要素和技术。菲什金等人总结温岭泽国镇民意测验的成功。

这些不同角度的经验总结充分说明基层协商民主领域的活力和制度创新能力。2015 年之后很多地方也继续以基层协商民主为主体进行社会治理创新试验，着力提升社会治理能力。这些试验也极大地扩散了基层协商民主的领域。

---

① 何包钢，陈承新 . 中国协商民主制度 [J]. 浙江大学学报（人文社会科学版），2005（3）：13-21.

第三节　协商民主的全过程要素

从相关文件的多次论述中可以看出，制度化建设是协商民主建设的重要方向，党的十八大、十八届三中全会和党的十九大都强调了制度建设的重要性。实践中，社会主义协商民主的制度建设方面已经取得一些成就。不同协商领域制度创新的程度是不同的。人民政协和基层协商的制度创新最为显著，人大和政府次之，人民团体和社会组织在协商方面的制度创新相对较弱。① 社会主义协商民主的制度设计充分展示了全过程人民民主的基本精神。协商民主制度设计从三个方面落实全过程人民民主：协商民主与既有制度的嵌入、社会主义协商民主体系内部的制度融合、单一协商领域的制度建设。

一、协商民主与既有制度的嵌入

协商民主与既有制度的嵌入使得民主实践贯穿政治生活的全过程。从理论上看，社会主义人民民主包含两种重要形式，即选举民主和协商民主，其中协商民主是对于选举民主的补充，而不是替代。

在实践中，协商民主的实现要么依托现有制度框架，要么另起炉灶，创制一套新的制度结构。就我国政治实际情况来看，协商民主需要嵌入既有的制度框架，这样协商民主才能产生更好的治理效能。我国政治制度框架的核心包括一个根本政治制度和三个基本政治制度，其中我国的根本政治制度是人民代表大会制度，三个基本政治制度是基层群众自治制度、民族区域自治制度、中国共产党领导的多党合作与政治协商制度。协商民主实践的效果在一定程度上取决于协商民主与这些制度的融合程度。

① 谈火生、于晓虹.中国协商民主的制度化：议题与挑战[J].华中师范大学学报（人文社会科学版），2017（6）30-39.

既有的协商民主包括 7 个渠道，即社会组织协商、基层协商、人民团体协商、政协协商、政府协商、人大协商和政党协商。其中，政协协商和政党协商依托于中国共产党领导的多党合作和政治协商制度；人大协商、政府协商和人民团体协商借助于人民代表大会制度；基层协商的制度保障是基层群众自治制度。可见，有六个协商渠道是依托于现有的制度平台，只有社会组织协商尚没有现成的制度平台。现实中，社会组织协商相比其他领域发展相对滞后，这也验证了与既有制度的嵌入程度对于协商民主成效的影响。

协商民主与既有制度框架的融合为这些领域带来了民主的要素，使得政治生活的核心领域都能实现人民民主。例如，政党协商使得中国共产党在执政时充分考虑了民主党派的意见，使得政党执政过程中增加了民主党派的协商意见。人大协商的发展使得人大在立法、决策和监督的过程中纳入了协商民主的要素。协商民主制度对既有制度的嵌入使得政治生活的各个领域都有协商民主的要素，从而更好地实现全过程人民民主。

二、社会主义协商民主体系内部的制度融合

不同协商渠道之间的制度融合，相互配合，构成"程序合理，环节完整"的协商民主体系，这个体系是全过程人民民主的制度保障。在整个政治决策的所有环节都会发挥协商民主的作用，实现公共政策的全过程人民民主。从决策—咨询的维度来看，协商民主分为决策性协商和咨询性协商，其中，决策性协商包括基层协商、政府协商和人大协商，而咨询性协商包括社会组织协商、人民团体协商、政协协商和政党协商。[①] 咨询性协商可以为决策提供参考意见和建议，促进决策的科学化和民主化。例如，在立法过程中，立法听证通常会听取社会各界利益相关者的意见，而政协协商和人民团体协商正好是收集和传达相关意见的制度平台。政协协商、人民团体协商和人大协商的配合就使得立法工作从草案的起草到法律的通

[①]　谈火生，于晓虹．中国协商民主的制度化：议题与挑战 [J]．华中师范大学学报（人文社会科学版），2017，56（6）：30-39.

过实现了全过程人民民主。

参与式预算就是融合了多种协商要素的实践形态，其主要的做法通常是政府把年度预算中的特定额度拿出来由社会民众协商决定用途。这个过程中参与协商过程的主体往往是以下几种：政协委员、人大代表、政府官员、社会组织和人民团体的代表。参与式预算融合了政府协商、人大协商、人民团体协商、社会组织协商和基层协商等要素，是社会主义协商民主体系内部多种要素的综合制度。

浙江温岭的参与式预算就是很好的说明。温岭参与式预算起源于1999年，最初的形式为"农民讲台""民主对话"和"村民民主日"。

2005年新河镇和泽国镇将民主恳谈机制引入镇政府公共预算改革，建立我国首个"参与式预算"制度。新河镇和泽国镇参与式预算的共同特点就是将非民选代表引入政府预算的决策，使得协商过程中除人大代表和政协委员之外，普通民众也能够参与预算的协商。两个地方的不同是代表产生的方式不同。泽国镇主要通过随机抽样产生民意代表，而新河镇的民意代表主要通过自愿报名产生。[①] 温岭参与式预算取得了很大的成功，也引起很多地方的关注。2012年云南盐津也推行参与式预算，不过在具体操作流程上与浙江温岭有所差别。随后，海南海口美兰区、江西南昌西湖区、江苏苏州高新区等地方也开始试点参与式预算。参与式预算是多种协商要素在政府预算中的综合应用。

三、特定协商领域的"全过程"制度建设

就具体每个领域而言，合理的制度设计确保协商的全过程人民民主。《关于加强社会主义协商民主建设的意见》颁布之后，政治协商、政党协商和基层协商领域也制定了相应的实施意见，这些实施意见对于协商主体的确定，协商民主的内容、形式和结果的使用等环节都有具体的规定，成为实践中的指导原则。基层协商民主是协商民主制度设计中形式最多样的

---

① 苟燕楠，韩福国. 参与程序与预算认同：基于"盐津模式"与"温岭模式"的比较分析 [J]. 公共行政评论，2014（5）：35-46，189-190.

领域。

　　基层协商民主的全过程包括协商主体的确定、协商过程和协商结果的实施。协商主体的广泛性可以充分实现民主酝酿。协商民主的实践质量在一定程度上取决于参与主体的构成，现实中参与主体有多种确定方式，例如，政党或党组织邀请、民众自愿报名参加、随机抽取等。除了这些个体之外，还有很多组织也可以参与协商过程，如社会组织、利益相关的企事业单位或者居民自治组织等。基层协商实践中也存在采用复式协商设计，超越传统的指定代表和随机抽样。①

　　协商全过程的制度保障了协商的规范性。基层协商民主是一个操作性很强的社会治理形态。制度设计是协商民主的关键环节，制度设计涉及协商主体的确定，议题的提出，协商方式、决策方式和协商结果的使用等环节。基层协商民主成功的案例无不关系协商民主的制度设计，都有成熟的协商章程和流程图。这些协商制度确保了协商的全过程人民民主。

　　协商结果的运用体现了全过程的民主决策和民主监督。协商民主的关键在于民众的意见能够影响公共决策，协商的过程也是对民众进行赋权的过程。不同协商民主的赋权有所差异，有些民众只有议决权，有些民众同时具有议决权和行动权。赋权的差异会影响协商的绩效。② 不少地方的基层协商民主的结果能够直接转化为公共决议，这也充分地实现了民众自我管理的民主权利。

　　四川彭州的协商民主案例很好地说明了制度设计中的"全过程"要素。2013 年 4 月，《中共彭州市委关于构建社会协商对话机制的意见》出台。之后在三个乡镇和一个社区开展试点工作。当年下半年，"社会协商对话"在彭州市的其他乡镇全面推广，形成村、镇、市三级联动的社会协商平台。2014 年出台《彭州市委办公室关于深入开展社会协商对话工作

---

① 韩福国.超越"指定代表"和"随机抽样"：中国社会主义复式协商民主的程序设计 [J].探索，2018（5）：71-81.

② 袁方成，侯亚丽.赋权的协商民主：绩效及其差异性——来自社区的经验分析 [J].江汉论坛，2018（11）：41-46.

有关事项的通知》，制定镇社会协商对话工作综合评价方案。彭州市三级联动的社会协商对话对于协商对话的全过程都有明确的制度规定。协商主体在群众推荐、个人自荐和组织推荐三个方面相结合。协商除了三类固定的议题之外，民众还可以自主提出协商主题。协商的具体流程和协商结果的执行也都有详细而明确的制度规定。彭州的社会协商对话形成县市级、乡镇（街道）、村（社区）三级之间的联动，不同层级之间也有明晰的制度建设。[①] 这些制度设计确保民主协商全过程的顺利推行，使得民众的意见能够有效影响或者转化为公共政策。

第四节　协商民主中"全过程"的拓展与推广

经过多年的发展，社会主义协商民主体系已经形成，基层社会治理领域也涌现了大量的协商民主实践。当然，协商民主还有很大的发展空间，2015 年是社会主义协商民主发展的一个重要转折点。在这之前的协商民主主要是一些地方性试验，《关于加强社会主义协商民主建设的意见》的出台标志着协商民主进入快速发展的阶段。党的十九大报告指出，社会主义协商民主的发展方向在于"健全民主制度，丰富民主形式，拓宽民主渠道，保证人民当家作主落实到国家政治生活和社会生活之中"[②]。依照全过程人民民主的要求，结合协商民主的实践来看，协商民主的发展方向包括：疏通社会组织协商渠道、培育公共领域协商渠道和扩大协商民主的范围。

协商领域的拓展可以从更大空间上实现全过程人民民主。全过程人民

---

① 朱凤霞，陈昌文．中层设计：基层协商民主的制度化探索：对成都彭州市社会协商对话的考察 [J]．行政论坛，2018，25（5）：37-44．

② 中共十九大：决胜全面建成小康社会夺取新时代中国特色社会主义伟大胜利 [J]．保密工作，2021（12）：2．

民主的全过程不仅仅是一个流程上的时间序列概念，也是一个空间上的广度概念。小范围的民主实践不足以验证全过程人民民主的制度优势，全过程人民民主应该具有空间上的广度。现有研究已经从理论和实践方面验证了协商民主在大范围领域使用的可行性。协商民主的实践领域现在主要是政治协商、人大协商和基层社会协商，其他领域的协商形式还是相对较少。党的十九大报告提出了7个协商民主渠道，其中部分还没有充分实现，还有进一步发展的空间。

培育公共领域的民主可以扩大民主参与的需求。很多现有基层协商民主的成功在于通过协商民主解决了社会治理难题，满足了民众参与民主的需求。在推进社会主义协商民主过程中，民众的参与需求是协商民主实践发展效果的最终决定因素。很多协商民主试验主要是基层政府出于政绩的目的而启动的，部分试验最终未能取得预期的效果，根源就在于民众没有参与协商的动力。培育公共领域是确保社会主义协商民主长久发展的根本。

社会组织的协商可以提高全过程人民民主的质量。民主质量的高低与社会组织化程度有着密切的联系。协商民主的发展也需要民众有组织的参与，这样既可以提高协商的效率，也能提升协商民主的社会代表性，避免政府或者精英垄断协商平台。社会主义协商民主的7个渠道中除社会组织协商之外，其他协商形式都可以依托现有的制度形式。但是，社会组织往往可以融入其他各种形式的协商中，例如，基层协商中各类社会组织的参与已经是一种常态。在很多其他协商领域，社会组织的参与还面临制度性的阻力，社会组织与其他协商领域的融合还缺少相应的制度保障，这成为协商民主发展的一大瓶颈。

第八章　全过程人民民主与依法治国

第一节　民主与法治概述

民主与法治是现代社会治理的两种形式，也是现代政治文明的两大重要目标。民主关乎的是权力的产生形式，法治是权力运行的规范。在现代政治文明体系中，民主与法治是国家治理的基本要素。民主与法治之间存在着复杂的关系，从内在逻辑和实践发展等不同的角度来分析，可以发现其二者之间的关系处于不同的模式。民主和法治的关系是各国政治发展中都会面临的问题，不同国家在民主与法治的发展道路上有不同的选择，中国的道路选择有其自身特色。民主与法治关系的不同模型会产生治理效果上的差异。

民主与法治的关系问题既是人类政治发展中的关键问题，也是学术研究中的重要议题。这二者呈现出复杂的关系模式，但有一个基本共识是，民主与法治既有共存的基础，也有矛盾之处。从不同的角度来分析这对关系，会得到不同的结论。现有的研究主要从逻辑和实践两个方面讨论民主与法治的关系。

从逻辑上来看，民主与法治共融的基础是卢梭所言的公意。民主关心谁来统治，法治关注如何统治。民主强调的是多数人的统治，而法治也要维护多数人的利益。民主与法治的共通之处还表现在公民权利和多数权力两个角度。一方面，现代民主已经从古希腊的积极自由转变为消极自由，民主参与是公民的个体权利。法治的直接目的也是保障公民权利不受侵犯。另一方面，民主强调的是多数人的统治，主张的是多数人的权力。而法治体现的是多数人的权力。因而，民主和法治是共通的。从逻辑顺序上来说，应该是先有了"谁统治"之后才有"如何统治"，也就是民主先于法治。所以，有不少学者指出，民主是法治的基础，法治是民主的保障。另外，有学者把民主看作一套国家政治制度，而法治是其中的一个要素。① 民主和法治互为条件、相互促进的观点是国内学术研究的主流观点。也有学者指出，法治与民主属于不同序列、不同角度的两个概念，这两者不能互为充分条件与必要条件。② 这个观点的主要证据就是现实中民主和法治都可以在缺少彼此的情况下独立发展。

民主与法治在逻辑上的矛盾就表现为宪法从何而来和多数人的暴政。一方面，法治要求宪法作为政治权力合法性的来源。而民主则是把多数人的同意（以投票表达）作为政治权力的来源。这二者在逻辑上的矛盾就是，宪法从何而来？如果是特定机构制定的，那么这个机构就是先于宪法而存在，其权力来源肯定不是宪法。③ 另一方面，民主主张多数的参与，会导致权力的无限扩张，进而侵犯个人权利。没有法治的民主会导致多数人的暴政或多人的专制主义。

民主与法治在实践中的矛盾表现在程序正义与实质正义之间的冲突。民主体现的是程序正义，而法治还要求实质正义。实践中可能会出现民主产生的程序正义并不符合实质正义的现象。④ 很多发展中国家在西方国家的助力之下建立起了民主的政治结构，但是治理水平较低，根源在于没有法治作为民主的保障。民主导致权力的无限扩张，进而侵犯个人权利，这

---

① 卢荣高.依法治国的政治学意蕴[J].法制与社会，2018（9）：113-114.

② 刘广莉.逻辑、历史与实践：法治与民主的三层关系[J].江汉论坛，2017（7）：44-49.

③ 张贤明，张喜红.试论法治与民主的基本关系[J].吉林大学社会科学学报，2002（5）：98-104.

④ 同上。

也是民主失败的原因，解决办法就是用法治来限制权力，^① 确保民主与法治的均衡发展。

对于民主和法治的关系，中国的发展道路提供了独特的方案，具体而言，就是坚持党的领导、依法治国与人民当家作主的有机统一。该方案的特别之处在于通过党的领导把民主与法治关系融合在一起，避免了民主与法治之间失衡而引发的多数人的暴政或者低效治理。这种融合需要一定的条件。一方面是党的领导与人民当家作主的统一。争取民主一直是党领导人民奋斗的目标，革命时期，"争取民主"是最低的政治纲领。中华人民共和国成立后实现人民当家作主是政治发展的基本任务。另一方面是党的领导与依法治国的一致性。党的十八届四中全会报告提到，社会主义法治与党的领导有着统一的方向，党的领导必须依托于社会主义法治，同样，社会主义法治必须跟随党的正确引导。唯有以党的领导为基础的依法治国与严格执法，才能真正实现人民当家作主，促进国家、社会生活的法治化。三者实现有机统一是党用来解决法治、民主之间的关系问题的方法。

在具体发展路径方面，有学者指出，法治建设应该优先于民主建设，因为民主需要法治来规范。而对中国的发展道路总结可以发现，中国就是通过法治走向民主。而在法治建设过程中，党的领导发挥了重要的作用。法治建设当中也包含了民主这一要素，尤其是全过程人民民主直接体现于法治建设的领域中。

第二节　依法治国的历史发展

依法治国是我国的基本治国方略，依法治国的观念形成和制度发展有一个漫长的历史过程。1997 年党的十五大将"依法治国"确立为治理国

---

① 佟德志.民主失败与法治规制：西方宪政民主理论的逻辑结构简析 [J].江汉论坛，2005（10）：65-69.

家的基本方略。2014 年党的十八届四中全会形成依法治国方略。不同阶段法治建设的重点有所不同，党的十一届三中全会后至党的十五大，法治建设的重点是法制，也就是建立起社会主义法律体系，社会生活各个领域的立法成为重点工作。党的十五大至党的十八届四中全会，法治建设的重点是在社会主义法律体系的基础上，探索依法治国方略的实施路径。党的十八届四中全会至今，根据法治国家建设的整体战略布局建设社会主义法治国家以及具有中国特色的社会主义法治体系始终是法治建设的关键。

一、改革开放后的法治建设（1978 年—1996 年）

中华人民共和国成立之初，我国已经有了基本的法治建设实践。作为临时代替人大发挥职能的中国人民政治协商会议在 1949 年发布了《中国人民政治协商会议共同纲领》（以下简称《共同纲领》）、《中央人民政府组织法》《中国人民政治协商会议组织法》，其中《共同纲领》发挥了临时宪法的功能。1954 年《宪法》的颁布和人民代表大会制度的确立使得我国的法治建设走上正轨。据统计，1954 年至 1957 年间，制定的重要法律和法规文件共 731 件，一些重要的基本法，如刑法、民法、民事诉讼法也都在起草中。[①]

虽然中华人民共和国成立初期的法治实践为后续的法治国家奠定了基础，但是依法治国的全面形成和快速发展还是在改革开放之后。邓小平同志在《党和国家领导制度的改革》这一文件中指明了这方面的制度的作用，即：好的制度能够规范人们那些不好的行为，而坏的制度会限制或误导人的正确行为。制度好坏的一个重要标志就是法治建设情况。他还在 1978 年的中央工作会议中提出过相关看法，即为了使人民民主得到进一步的保障，就一定要强化法治建设。让民主实现法律化与制度化，并不会被任何领导人左右。

邓小平同志基于当时的法制现状提出加快法律体系建设的号召。他指

---

① 李林，高汉成.中国共产党为人民民主与法治奋斗的 90 年[J].政治学研究,2011(4): 3-17.

出了当时法律存在的主要问题，即：法律不健全、不完备。对此，他认为我国需要整合力量对多种基础性的法律进行制定并完善。在法治与民主的关系、执法、普法等方面，邓小平同志也有相关的论述。这些思想成为改革开放时期我国法治建设的指导思想。

这些法治思想集中体现于 1978 年召开的党的十一届三中全会，这次会议标志着我国法治建设的开端。这次的会议明确了法律的方向，即将推进社会主义民主的发展以及完善社会主义法治作为纲领，坚持"有法可依、有法必依、执法必严、违法必究"的这一基本方针。可以将这一举措看作是依法治国战略迈出的关键一步。此纲领的核心是建立健全社会主义法制体系，而不是法治体系。法制和法治是两个不同的概念体系，二者之间一个重要的区别就是，法制可能缺少对于执政者的限制，而这个要素是法治的重要条件。[1] 同理，在法理学中，法制、法治两大体系属于不同的概念。法制体系属于国家正在实施的所有法律规范依照不同的法律部门分类进行组合而产生的一个具备体系化、统一化的有机联系的整体，以及法律的规范体系。而法治体系则属于法律的运行体系，它不但包含了守法、司法、执法、立法等法律实行环节，还包含了使法律体系运行得到保障的监督机制以及保障机制。[2]

此后立法工作进入了快速发展的阶段，立法工作的重点主要集中在经济发展领域。1984 年召开的党的十二届三中全会提出法律要为经济体制改革服务；次年召开的党的十二届四中全会要求加强经济立法和经济司法；1993 年党的十四届三中全会通过的《中共中央关于建立社会主义市场经济体制若干问题的决定》，强调在 20 世纪末初步建立适应社会主义市场经济的法律体系。

---

① 李蕾. 法治的量化分析——法治指数衡量体系全球经验与中国应用 [J]. 时代法学，2012，10（2）：25-30.

② 张文显. 全面推进依法治国的伟大纲领：对十八届四中全会精神的认知与解读 [J]. 法制与社会发展，2015，21（1）：5-19.

二、从法治建设到依法治国方略（1997年—2013年）

"依法治国"这一理念在1997年被党的十五大确定为管理国家的基本方针。党的十五大提出，依法治国、建设社会主义法治国家，到2010年形成中国特色社会主义法律体系。法律体系的形成对过去法治建设工作的总结成果，而依法治国方略的提出则是一种更高的要求，从法制体系建设提升为法治体系建设。法律体系方面已经有了一些积累，而如何具体推行依法治国方略则需要更多的实践探索。

依法治国方略实施过程中面临最根本的问题就是如何处理党的领导与法治关系。尽管之前也有文件强调党员要带头遵守法律，但是党的十六大是首次对这个问题作出系统回答。全会审议通过的《全面建设小康社会，开创中国特色社会主义事业新局面》指出，发展社会主义民主政治过程中最关键的就是将坚持党的领导、人民当家作主以及依法治国进行有机结合。这个理论的阐述与提出，使得法治在政治文明与社会主义民主政治里的影响与地位变得更加显著。因此，"三统一"也变成了推动依法治国方针的基本指导思想。在之后的时间里，这三者的统一成为一个基本的要求。

为了贯彻落实依法治国基本方略，党领导人民从多个方面进行了探索和实践。首先，突出强调依法治国在国家治理各个方面的重要性。在21世纪初，党的十六届六中全会明确提出了关于构建社会主义和谐社会的重大要求，指出法治社会建设的根本性的同时，明确了该要求作为新世纪社会主义发展的基本原则，即《中共中央关于构建社会主义和谐社会若干重大问题的决定》。党的十七届三中全会更是将构建社会主义和谐社会提升到了新高度，强调农村依法治理的重要性，即《中共中央关于推进农村改革发展若干重大问题的决定》。随着时间的推移，党的十八大更是将法治作为党在新时期治国理政的根本方式，明确法治在社会治理中的决定性作用。

其次，从政党执政的角度提出依法执政，并且强调依法治国和以德治国的结合。为了使党的领导、执政能力与执政水平得到提升，党在2004年十六届四中全会中的《中共中央关于加强党的执政能力建设的决定》中提出，要坚持依法治国和以德治国的结合。2009年党的十七届四中全会再次强调，要改革和完善党的领导方式和执政方式，坚持科学执政、民主执政、依法执政。2011年党的十七届六中全会审议通过的《中共中央关于深化文化体制改革、推动社会主义文化大发展大繁荣若干重大问题的决定》再次强调依法治国和以德治国的结合。

再次，从社会治理的角度提出依法行政。依法行政是依法治国在社会治理领域的具体实践形式。2005年党的十六届五中全会要求全面推行依法行政。2008年党的十七届二中全会审议通过的《关于深化行政管理体制改革的意见》提出加强依法行政和制度建设。

最后，从观念培养的角度提出"树立社会主义法治理念"。树立正确的理念是改革的重要前提，为了营造出一个良好的法治社会氛围，中国共产党于2006年发布了《中共中央关于构建社会主义和谐社会若干重大问题的决定》，这为在整个社会建立起法治理念的目标打下了坚实基础。法治理念的养成离不开普法教育。2008年召开的党的十七届三中全会审议通过的《中共中央关于推进农村改革发展若干重大问题的决定》提出，加强农村法治宣传教育，提高农民法律意识。2010年召开的党的十七届五中全会提出，加强普法教育，形成人人学法守法的良好社会氛围。

2012年党的十八大对于这些实践探索进行总结和提升。全会对于推进依法治国做出全面的战略部署，会议中为新时代下的法治工作制定了基本方针，即"科学立法、严格执法、公正司法、全民守法"。2013年党的十八届三中全会发布了《全面深化改革若干重大问题的决定》，该文件主要是围绕推进法治中国建设，强调要让依法治国、依法执政以及依法行政达到更高水平，推进法治社会、法治政府、法治国家一体化建设，并宏观部署司法、执法、立法等体制的改革。

三、依法治国的全面实施（2014 年至今）

2014 年召开的党的十八届四中全会是依法治国方略全面实施的重要标志，也是首次以依法治国为主题的全会。有学者把这次会议的精髓总结为"新起点""总目标"和"总路线"。① 新起点在于此次会议标志着法治建设进入了新的历史阶段。为了使依法治国得到全面推进，就必须坚持建设社会主义法治国家、社会主义法治体系这一总目标。总路线就是坚定不移地走中国特色社会主义法治道路。

党的十八届四中全会是党的十八届三中全会的延续，党的十八届三中全会对于法治建设提出了很多具体的指导，如依法治国、依法执政和依法行政的同步推进，而这些内容在党的十八届四中全会没有重复提出。新起点的"新"在于提出了很多新命题和新论断，如法治实施体系、法治监督体系、法治保障体系等。新起点还在于重新规划新时期下处于新阶段的中国法治建设，以及对推进法治建设的重要改革措施、重大任务进行确定。

建设社会主义法治国家以及中国特色社会主义法治体系是依法治国的总目标。其中，中国特色社会主义法治体系是党的十八届四中全会首次提出的，这是对于过去法治体系建设的一次飞跃。法治体系包含"五个体系"，也就是形成完善的党内法规体系、有力的法治保障体系、严密的法治监督体系、完备的法律规范体系、高效的法治实施体系。

总路线为坚持中国特色社会主义法治道路。法治建设离不开中国特色社会主义政治这一基本原则，如党的领导和中国特色社会主义制度等。

---

① 张文显.全面推进依法治国的伟大纲领：对党的十八届四中全会精神的认知与解读
[J].法制与社会发展，2015，21（1）：5-19.

第三节　基于全过程人民民主的法治进步

法治建设的发展与改革开放同步，为我国经济发展提供了制度保障。从经验上总结法治建设的成就对于未来的发展提供借鉴。有些学者借鉴国际法治评估经验，采用"法治指数"来衡量法治建设的水平，而且成功应用到浙江杭州、云南昆明、江苏南京和无锡、四川成都等地，数据显示地方法治指数整体上有小幅上升。中国法治建设中最重要的成果就是中国特色社会主义法律体系的形成，使得国家经济、政治、文化、社会和生态文明建设都有法可依。

法治建设过程充分体现了依法治国和全过程人民民主的融合。首先，立法过程就是全过程人民民主的充分展现。从法案的提出到最后的审议通过都有民众的参与和决策。探索社会参与立法是我国加强法治建设的重要举措。2004 年的政府工作报告指出："研究拟定涉及人民群众切身利益的重要法律草案和制定行政法规，要广泛征求社会各方面意见。"2006 年的政府工作报告提出要"完善公众参与立法的机制、程序和方法"的建议。2008 年的政府工作报告指出"制定与群众利益密切相关的行政法规、规章，原则上都要公布草案，向社会公开征求意见"，当年有 15 部法律草案和行政法规草案向社会公开征求意见。社会参与立法由个别的政治行为发展到常态化、正规化、程序化的制度建设。

法案的审议体现了科学的决策。法案的草拟、修改和审定都有明确的流程规范。2000 年《立法法》的通过是立法行为走向规范的一个重要标志。《立法法》对于立法权力和立法程序及法律解释都有明确的规定，确保了法案审议程序的科学性。

法案的通过充分体现了民主决策。重要法案的最终通过需要经过人民代表大会或者人大常委会审议通过。人大代表团有权对法案提出修改意见。人民代表大会是我国最高权力机关，是人民行使民主权利、实现当家作主的制度保障。人民代表大会拥有对于法律的最终审定权说明了立法活动是人民意志表达的结果。总体来看，法案的提出需要民众的参与，法案的通过最终由人民代表大会或常委会审定，立法活动是全过程人民民主的直观体现。

其次，法治宣传教育方面为法治建设的全过程人民民主奠定了基础。法治宣传教育的直接目的在于提高民众的法律意识，使社会形成人人守法的氛围。从1986年开展"一五"全民普法以来，一直到现在的"七五"普法，民众的法律意识和法治思维有明显的增强，这不仅仅有益于懂法守法，更在于民众能够更好地参与法治建设的全过程，能更好地理解和应用法律，更好地监督政府的依法行为和司法行为。近年来，民众对于网络热点公共事务的持续关注和网络反腐的快速发展都体现了民众对于法治建设的直接参与。法治宣传教育促进了法治建设和全过程人民民主的融合。

最后，法治建设的全过程人民民主还表现为完备的法律体系为社会生活的全过程人民民主提供了制度保障。完备的法律体系使社会生活的各个方面都有法可依，民众在各社会领域的民主生活更有制度保障。改革开放之前，党带领人民在很多领域建立起民众积极参与的民主形式，但是由于法治建设的相对滞后，很多民主生活并没有规范化和制度化，甚至一些领域的民主生活对国家发展和社会主义事业建设造成负面的影响。完备的法治体系可以使得人民参与全过程人民民主更加有序和有效。

在依法治国方略的发展历史和具体实践中，法治建设取得了一定的成绩，特别是在社会主义法律体系的形成和公民普法教育方面。这些法治建设也体现了全过程人民民主所要求的程序规范、民主酝酿、科学决策和民主决策精神。

全过程人民民主对于依法治国方略的实施提出了新的要求，这也是法治建设的发展方向。按照全过程人民民主的要求来看，法治建设的发展方向在于从"立法的全过程民主"转向"立法—执法—司法的全过程民主"，特别是强化执法和司法领域的全过程人民民主。

立法领域进一步完善扩大民主参与。尽管立法过程是法治建设中最能体现全过程人民民主的领域，但是法律与民众意愿的偏离以及立法过程中的推诿都说明立法过程中民主参与还不够，民众意愿在法案形成中的话语权还不够。法案形成过程中的征求民意、人大代表团审定过程中对于民意的全面了解和准确表达、扩大民主参与的制度化路径等方式都可以进一步完善立法领域的民主参与。

上海市人大在此方面做出了一些有益的推进，设置了人大代表之家、人大代表联络站、人大代表联系点。人大代表之家侧重人大代表的履职功能，通常设置在街道层面。人大代表联络站和人大代表联系点侧重代表联系群众的功能。上海市各区和乡镇共计 1.3 万多名人大代表全部编入各地的"家、站、点"。各个"家、站、点"的详细地址、开放时间和联系方式都公开在上海市人大网站上。民众可以很容易地联系到相应的人大代表。上海市人大的这种举措能够有效地增强立法中的民众参与。

执法领域需加强民主监督。有法不依、执法不严、违法不究现象的存在说明依法执政和依法行政还有很大的发展空间。民主监督是依法行政建设中的重要因素，特别是信息技术的发展为民众监督提供了极大的便利。网络问政和网络监督已经成为民众依法监督的重要手段。依法行政的发展还需要进一步为网络监督提供制度化的渠道和便捷的机制。

司法过程需强化社会公正，社会公正是全过程人民民主的基本目标之一。拓展渠道，保障人民群众参与司法，确保依法独立公正行使审判权和检察权等举措可以让司法更具公正性，落实人民司法为人民，依托人民来推动司法公正，并以此来保障人民的合法权益。

第九章 全过程人民民主与监督体系建设

第一节 全过程人民民主与监督体系建设的关系内涵

一、监督体系建设是现代民主政治的重要内容

现代民主政治建设中代议政治是重要的制度支撑。洛克在论述代议政治时就提出代议制议会的主要作用并非管理，而是掌控、监督政府，即公示政府行为，让人们能够充分了解政府的行为，并对那些不合理的行为进行谴责，倘若政府公职人员出现滥用职权或违背公众意愿的行为时，便会被撤职，并选择合适的人取而代之。这的确是广泛的权力，是对国民自由的足够保证。

我国人民代表大会制度是现代代议政治的重要制度创新形式和实践探索成果。习近平在庆祝全国人民代表大会成立 60 周年时，将人民代表大会制度的地位与作用进行了明确，即它不但是构成中国特色社会主义制度的主要内容，而且还对国家治理能力的提升起到了关键的支撑作用。此制度也同样是我国在新时期必须坚持并不断进行健全、充实的制度。① 其中

---

① 习近平.在庆祝全国人民代表大会成立六十周年大会上的讲话[J].当代党员，2019（21）：1-5.

就明确要求加强和改进监督工作。对全部国家公职人员进行检查与约束是人民代表大会制度的主要原则以及制度设计的基础标准。作为对其工作职责进行落实的权力机关，各级人大及其常委会需要积极履行自身职责，即积极贯彻法律法规，使国家法制的统一、尊严、权威得到保障，检查"一府两院"执法、司法工作，让检察权、审判权、行政权等权利能够得到正确行使。依法维护行政法规、宪法法律以及上级人大及其常委会决议能够在自己的行政区域内得到遵守与践行是地方人大及其常委会的主要职能。要使司法监督、审计监督、行政监察、党纪监督以及国家机关内部多种形式的纪律监督得到强化。应该对人民行使监督权力的途径进行拓展，公民拥有对国家机关及其工作人员提出意见和批评的权利，即当国家机关人员出现失职、违法的行为时，人民有权对其进行检举、申诉与控告。要不断完善检举申诉控告机制，强化检察监督，将违法必追究、侵权要赔偿、用权受监督以及有权必有责落实到位。

二、对权力的有效制约与监督是全过程人民民主政治建设成熟的重要指标

国家决策能否实现科学化、民主化，全体人民能否依法管理文化事务、经济事务、社会事务、国家事务，权力运用能否得到有效制约和监督，各方面人才能否通过公平竞争进入国家领导和管理体系，执政党能否依照宪法法律规定实现对国家事务的领导，国家领导层能否依法进行有序更替，社会各方面能否有效参与国家政治生活，人民群众能否畅通表达利益要求，是评价一个国家政治制度是否民主、有效的主要方面。[①] 这"八个能否"基本上就涵盖了现代民主的核心内容与民主实践的基本过程，其中强调了对权力运用的有效制约与监督是现代民主政治的重要组成部分，也是判断现代民主制度是否有效的重要指标。

现代政治发展证明，民主政体是最能有效地驾驭和防范不轨分子的制

---

① 习近平.在庆祝全国人民代表大会成立六十周年大会上的讲话[J].当代党员，2019（21）：1-5.

度设计。因为民主政体在运行中，人民是全过程的监督者，"只有让人民来监督政府，政府才不会松懈；只有人人起来负责，才不会人亡政息"①。让人民监督权力，让权力在阳光下运行，把权力关进制度的笼子里，让掌权者本人和权力本身都受到有效的制约和监督，这是一个现代国家民主政治制度建设与机制运行成熟的体现。

三、全过程监督是全过程人民民主健康运行的内生机制

民主监督是民主政治的主要构成部分。全过程人民民主强调民主政治有效运转的程序性和公开性。程序性要求民主政治行动和民主决策流程都要有明确、公开的过程规范。正是这种过程的规范才能保证民主政治不会偏离人民主权的价值追求，人民意志不会被少数人暗中操控。全过程人民民主的过程规范必须是向人民公开的，让人民随时都可以监督，才能真正保证民主政治的健康运行。这种全过程人民民主在各个环节都需要监督机制的保障与督促，才能使人民的意志依法定程序转化为重要的民主决策，才能保证掌权者的行为符合人民的意志和要求。

四、监督体系发挥作用有赖于全过程人民民主的实现

全过程人民民主建设内含有民主监督，而民主监督要发挥作用需要实现全过程人民民主。监督体系需要制度建构，畅通人民监督的渠道，更需要充分发动人民的力量。人民的眼睛是雪亮的，人民是无所不在的监督力量。在全过程人民民主建设过程中，只有唤起人民的民主意识，发动人民积极参与民主实践，充分了解民主实际运行机制，才能真正发挥监督体系的制约与督促作用。民主意识的培养、民主实践的训练与民主机制运行有效，能进一步增强人民的民主自觉与民主实践能力，从而更加激发人民捍卫民主机制的决心，监督与督促民主机制运行效果得到提高。

---

① 黄炎培.八十年来[M].北京：文史资料出版社，1982：149.

第二节　基于全过程人民民主的监督体系的建设探索

党的十八大以来，我国全过程人民民主建设包括不同层次推进民主监督体系的建立与完善。我国监督体系的健全与完善主要体现在以下方面。

一、健全党和国家监督制度，完善监督体系的顶层设计

为了让党在执政期间能够与时俱进、不断健全以及保持廉洁，就必须成立完备的党和国家监督体系。首先，要做的就是完善监督系统，即让权威高效、全方位覆盖以及党的统一领导的监督体系得到完善，让监督过程更加高效、严格，权力运行机制能够得到严格监督、落实到位、科学决策，使各种权力都紧紧围绕为人民谋幸福这一核心。其次，使党内监督体系得到进一步完备，可以将监督的义务进行具体落实，让党员的监督权利得到保障。在对各级领导进行重点监督的基础上，攻克同级监督以及对高层领导监督方面的难关。对党的方针政策、理论以及重大决策落实的实际情况等政治方面的内容进行强化监督，其中包括：完善督察落实情况报告制度、巡视巡察改进。在深入改革纪律监察机制时，各级的纪委监委要充分发挥作用，保证工作符合法律与规范。而监察委员会的成立使监督效率得到进一步提升，督察体系得到进一步健全。最后，通过各监督部门之间协同合作，各监督系统、监督制度不断完善，使得监督的作用得到充分发挥。

二、推进监督法治建设，增强监督体系的权威效力

宪法不但能够彰显党和人民的意志，而且还能借助科学民主的程序产生具备根本意义的法。宪法监督是最高国家权力机关层次的监督，在监督体系的法治建设中处于重中之重的地位。监督法治建设，需要做到以下几

点。首先，使宪法监督制度得到不断完善。积极贯彻宪法并强化其执行力度，贯彻宪法解释程序机制，维护法律的权威性，强化备案审查制度并提升相关能力，依法对规范性文件进行检查。以依法治国为基本原则，维护法律的权威性以及法律的公平性，不允许出现任何法律允许之外的行为。为了进一步践行该原则，需要对监察体系进行不断充实和完善，全面检查规范性文件，对那些偏离宪法的文件进行依法撤销或进一步纠正。其次，对法律的贯彻情况进行强化监督。通过有效监督使检察权、审判权、监察权、行政权等各项权利得以充分发挥，维护法人、公民及其他组织的各项合法权益，杜绝扰乱执法司法工作的行为，使公益诉讼案的范围得到进一步拓展。对违法行为进行严厉惩处甚至依法追究刑事责任的同时，全面提升公民的法律意识与法律常识，为依法治国营造出良好的社会氛围，并使其获得群众的认可与支持。各级党、国家机关的领导要以身作则，发挥榜样的作用，使各级党政机关能够做到尊法、知法、守法、用法，在具备法治思维的基础上，学会利用法治方式来提升解决问题、促进发展、维护稳定、应对风险、深化改革等各方面的能力。再次，需要对司法工作实施监督。使相关的法律制度更加健全，让检察机关能够有法可依，在行政诉讼、民事诉讼以及刑事诉讼方面进行全方位的监督。最后，依法规范司法人员和律师、当事人以及特殊关系人、中介组织的交往、接触行为。严禁为律师介绍代理与辩护业务、接受宴请或财物、泄露或打探与案件相关的内容以及司法人员在私下与律师、当事人进行接触等行为，并对其进行严格惩处，尽最大可能杜绝利益输送的情况。倘若司法人员出现任何违法行为，将会面临开除、吊销相关证书、终身不能参加法律工作，甚至追究法律责任。对各类形式违法违纪行为保持"零容忍"，打击金钱案、人情案与关系案。从思想上，抵制特权思想；从行为上，打击腐败并反对暴力执法。

三、完善权力运行监督，推进监督体系的公开透明

首先，表现为对权力的全过程监督。依法对各类权利与责任进行明

确，其中包括：定期轮岗、分级授权、分岗设权以分事行权，让各级领导、执法人员更加清楚自己身上所肩负的权利、义务，增强权力之间的制衡，使工作流程更加规范。以权责统一的基础，不断健全从实施权力的环节中找到问题、纠正错误并实施精准问责的机制。在监督工作方面要不断加大实施力度，具体表现在党内、行政、司法、审计、社会舆论等多方面，进而形成一套完整而系统的权力运行机制和监督体系，最终达到监督工作形成多方合力和全面提高监督实效性的目的。其次，想要对行政权力进行强化制约，就必须从制约政府内部权力入手。制约政府权力可以围绕其财政、投资、工程建设、公共资源、采购、资产等多个方面，并对这些部门及其岗位采取定期轮岗、分级授权、分岗设权，分事行权等一系列措施，让其内部流程控制得到进一步加强，避免出现滥用职权的情况。完善公共财政预算的全流程在线监督，增强预算监督的刚性。健全各个方面的监督制度，如层级监督与专项监督，建立定期监督制度。使纠错问责制度以及引咎辞职、责令辞职与罢免、停职检查、公开道歉等问责程序、方式得到进一步健全。健全审计制度，使审计监督权得到保障。对各方面的资金问题，进行全面监控，其中包含：国有资源、国有资产、公共资金以及领导的经济责任情况。充分发挥上级审计机关对下一级的领导作用。对省级以下地方审计机关的人、财、物统一管理情况进行探索。努力提升审计职业化的建设。最后，全方位推动政务公开。具体措施为：将具体的权责划分、用权情况进行对外公开，不断对司法、政务、党务以及各领域办事公开制度进行完善，使权力运行反馈机制实现可追溯、可查询。在决策的各个环节始终坚持公开原则，包括管理、服务、结果、执行、决策。各级政府与其工作部门需要结合自身权力，将监督形式、管理环节、实施主体、相关法律、职权划分、政府职责等各个事项对社会进行公示。其中最重要的就是社会公益事业的建设、重大建设项目的实施与批准、公共资源配置、财政预算等方面的信息。对于那些与法人、公民以及其他组织的权利与义务相关的规范性文件，需要结合相关规定与流程进行公示，以此来落实行政执法公示制度、进一步实现政务公开信息化，努力建设便民服务平台与互联网政务信息数据服务平台。

第三节　基于全过程人民民主的监督体系的优化路径

为在全过程人民民主建设中更好地发挥监督体系的民主"啄木鸟"作用，需要拿出勇气和智慧，敢碰我国监督系统面临的"硬骨头"，解放思想，实事求是地健全我国监督体系。

一、以权力制衡破除"一把手"监督难题与"霸道监督"的乱象

权力制衡是破解个人专制和专制制度的良方。权力制约只能达到对部分权力的监控，无法化解对整个权力本身的监管，更无法解决"监督监督者"的困境。我国不能也无法照搬西方的"三权制衡"之术，但完全可以通过完善党组织的集体领导制度，实现权力在平面上的相互制衡，从而跳脱"金字塔"结构的纵向制约。简而言之，就是要真正以民主集中制实现集体领导，而不是一个人说了算。坚持民主集中制的集体领导是我们党长期执政和国家民族复兴的根本大计。现代权力都是组织化、结构化的产物，不是世袭性的、天授的。因此，权力也要通过组织来集体行使，并通过集体行使实现相互制衡。破解"霸王监督"，需要对监督系统进行强力制衡，一方面要加强上级权力的纵向监督效能，避免监督权的无序扩张；另一方面，进一步健全司法权威，使监督的权威性来源于司法权威的公正性，使监督权时刻处在司法监督与司法权威中。

二、以监督权集中统一、监督系统精兵简政消解监督难点

现代民主政治过程中，监督是防止政治过程中产生腐败的重要机制，也是促进民主化进程的保障力量。当前，完善我国监督系统，要健全党统

一领导、全面覆盖、权威高效的监督体系，就要特别注意遵循"监督权宜统不宜分，监督层次宜少不宜多，监督程序宜简不宜繁"的原则。在我国现实社会政治环境下，坚持党统领监督系统是符合客观实际的，同时也必须坚持监督法治建设。这样，我国的监督体系形成以党的政治领导和监督为主轴，以全国人大及其常委会的宪法监督和"两院"的司法监督为两轮的监督架构。在监督层次上，务必破除科层化的结构安排，不必以行政层级为基础设立，而是要以多中心的网络化扁平结构来减少监督层级。在监督人员队伍上，要尽最大限度利用现代高科技手段，打造"智慧监督"体系，大量精简纪检监察人员队伍，提高监督的精准性、客观性。

三、以坚持党的领导、人民当家作主和依法治国的有机统一确保人民行使监督权

对权力的监督效果最好、威力最大的是人民的监督；在反腐败斗争中，也只有有效发挥人民监督的作用才是制胜法宝。在全过程人民民主中发挥人民的监督作用，必须始终坚持党的领导。离开党的领导的人民监督不仅不能监督好政府、消除官僚主义的弊端，反而使人民失去保护。人民当家作主是激发人民监督权力、监督政府的核心价值观念。尊重人民当家作主的意识，才能形成服务人民、自觉接受人民监督的觉悟。也只有焕发人民当家作主的意识，才能促使人民自觉监督权力，时刻警惕权力对人民利益的觊觎。依法依规维护人民监督权，需要建立若干保护公民行使检举、揭发等监督权的基本法律，保护好公民监督的隐私权。同时，要依法严惩对公民监督的打击报复行为。

第十章 全过程人民民主的其他探索

第一节 基于全过程人民民主的公民权利保障

一、公民权利及其相关概念的简单梳理

公民权利的概念在宪法学、政治学、社会学甚至哲学等领域均有所讨论和运用，比较明显之处在于其在宪法学领域被持续地、激烈地讨论。[①] 不过，当代中国政治学讨论的议题比较集中于现代国家（建构）和权力问题，[②] 这二者又是传统政治学的核心构成内容，而当代中国政治研究领域将诸多政治问题融于治理问题，从而消减了诸多不必要的政治论证。不过，在宪法学领域，由于中西方对"权利"概念的争议颇大，所以在公民权利研究领域争议也颇多，加之公民权利的概念可以广泛运用到社会政治生活的诸多领域和方面，所以"对公民权的要求不能仅仅理解为只是对一种法律地位的要求，而是对政治和社会承认、对经济再分配的要求"[③]。所以，无论是从实践关注还是从理论跟进角度，都应该加大对公民权利问题的研究。

不过，由于学科界限和翻译等方面的因素干扰，难以形成对公民权利的统一认知甚至还面临着诸多相关概念之间的混乱。例如，在宪法学领

---

① 周永坤.公民权利[M].北京：人民出版社，2010：36.
② 李景鹏.权力政治学[M].哈尔滨：黑龙江教育出版社，1995：21.
③ 伊辛，特纳.公民权研究手册[M].王小章，译.杭州：浙江人民出版社，2007：49.

域，研究者普遍将公民权利概括为公民个体这一新的宪法和法律主体所享有的诸多宪法权利；而在社会学研究领域，人们将公民权利概括为由于其特定的成员身份而获得的保护或者获得相应权利的一种资格，所以多以"公民资格"一词来对应公民权利；当代中国政治学研究领域，人们纷纷以公民身份这样一个比较偏重政治社会学的概念来指称公民权利。

不过，这些多学科参与的研究当然会在诸多方面融通，例如公民资格和公民身份所指称的内容，实际上是不可能脱离权利的。这也就是说公民身份的实质内涵依然是权利。例如公民身份研究的开拓者和集大成者英国社会学家马歇尔，其主要的学术贡献就是采用三分法将公民身份分解为基本公民权利、政治权利、社会权利三者，并以英国为模板而认为三者将"循序渐进"地实现。社会权利为公民身份的最终、最高的表现形式，"当代的情境中，公民身份的社会权利发挥着主导作用。"[①] 当仔细分析已经一分为三的公民身份的内容时，会发现基本公民权利主要是指公民所享有的人身自由、言论出版、集会游行示威等司法权力，其他二者的内容也都是公民所享有的自由或者权利，尽管宪法学学者对自由与权利还作了进一步的区分。

此外，如果我们从公民权利与国家之间的相互关系来看马歇尔提出的经典公民身份理论，就会发现宪法学和政治社会学对公民身份研究的共同之处。例如英国社会学家鲍曼在马歇尔界分的公民身份三要素的基础上，将其与国家的关系概括为：免予国家干预的自由、在国家中的自由和通过国家获得的自由。日本宪法学家芦部信喜将宪法学上所研究的公民权利与国家的关系概括为：免予国家干预的自由、参与国家事务的自由、依赖国家保障的自由。二者之间高度相似，应该都是受到马歇尔经典理论概括的影响，并且在其基础上非常注重公民身份各要素的实现。

---

① 马歇尔，吉登斯. 公民身份与社会阶级 [M]. 郭忠华，刘训练，译. 南京：江苏人民出版社，2008：67.

二、公民权利保障与违宪审查制度

不过，在不同学科中提出并反复讨论甚至争论公民权利这一概念的意义何在？其实，公民权利概念的政治指向是非常清楚的，即要实现"法律面前人人平等"、政治平等以及相当程度的经济社会平等。例如马歇尔经典研究的主要目的就是讨论公民权利的实现及其消减阶级不平等甚至阶级冲突的功能。尽管马歇尔对此表达了非常乐观的态度，即马歇尔认为只要不断消减阶级不平等的社会影响，或者通过范围更为广阔、更为有利的政治经济领域的改革，完全可以有效控制阶级不平等问题。"在一个大致平等的社会中，不平等是可以容忍的；只要这些不平等不属于对抗性的，也就是说，它们不至于造成不满的诱因……"①。马歇尔对此如此乐观，可能主要是因为当时其所在的英国的福利国家建设事业正如火如荼地展开。不过，社会学家巴巴利特将其内在机理归为：马歇尔认为公民权利得以有效保障，尤其是伴随着福利国家而实施的诸多社会政策，可能难以消除阶级与社会不平等，但是可以有效地消减由于原先破坏性的阶级不平等而导致的社会怨恨。"公民身份通过统治阶级对于安全的寻求和工人阶级对于尊严的争取而得到了扩展，从社会情绪的角度加以论述，这完全经得起检验。不幸的是，马歇尔及其大多数赞同者很少在这个意义上谈及公民身份的积极构建。"②

不过，公民权利保障的难点不仅体现在该问题研究的学科分割、概念混乱、内容繁杂、分类和标准不一等方面，其根本的难处还在于对其的测量和评估上。因为公民权利在很大程度上是一个主观性的概念，特别是在巴巴利特引入"社会怨恨"这一辅助性社会学概念之后，公民权利涉及广泛的主观评价即为比较公认之事。不过，笔者对公民权利的客观性也是有

---

① 马歇尔，吉登斯.公民身份与社会阶级[M].郭忠华，刘训练，译.南京：江苏人民出版社，2008：34.

② 特纳.公民身份与社会理论[M].郭忠华，蒋红军，译.长春：吉林出版集团有限责任公司，2007：61.

所认知的，只是对究竟哪些指标和因素可以作为客观的指数被测量和评估，目前学界难有定论。

在法学界，普遍将公民权利保障作为近现代宪法的主要功能看待。所以，比较普遍地将公民权利保障和实现与宪法实施，特别是公民权利侵害救济的渠道是否多元、畅通、有效等问题联系在一起，而公民权利保护或者保障的最重要制度设置被归为"违宪审查制度"。如果没有违宪审查制度，那么公民权利保护与保障最起码是不力的。根据宪法学的基本理论和原则，人们纷纷将立法侵害公民权利视为公民权利的最大威胁，因为公权力特别是立法权具有高度权威性、系统性、规模性，甚至难以纠正等特点。近年来，由于多方面的努力，类似问题获得普遍关注以及不同程度的解决。不过，这可能难以改变不少人对此问题的思维方式以及评判。美国在 19 世纪初期逐步建立健全了违宪审查制度，并以此实现对立法侵权的最大限度的防范和纠正，与此同时也体现了"三权分立"基础上司法权对立法权的制约。不过，此类政治建构都服务于公民自由这一古老的政治愿望。而欧洲大陆法系的难处在于其在原先的人民主权原则基础上难以建立起违宪审查制度，因为如果在作为最高权力机关的立法机关之上建立起违宪审查的机构并由其来审查最高立法机构的立法活动，这显然是对原先人民主权或者议会主权原则的挑战。不过，经过美国法学家凯尔森为代表的宪法和法理学家的努力，终于在奥地利建立起宪法法院这一全新的宪法审查模式，最终成为大陆法系实施违宪审查的"凯尔森模式"，进而在这一点上实现了与美国的违宪审查制度的"殊途同归"，同属于对公民权利的实质性有力保障。

不过，当西方以自身的宪法制度来审视非西方国家的宪法实施状况时，局限性地以是否建立健全违宪审查制度作为公民权利的重要甚至唯一标准，甚至由此认定中国改革开放以来在公民权利方面的进步是有限的，这种看法当然是片面的。这给有关的理论工作带来了巨大的挑战，笔者此前也在理论研究甚至司法实践中，试图讨论如何在当代中国的司法体制中建立违宪审查制度。不过，目前的棘手之处在于，是否唯有建立起违宪审查制度，公民权利保障的工作方有可能进行下去？该问题有待进一步讨论。

三、破解当代中国公民权利保障成效难题的思路

对于当代中国社会政治中公民权利保护成效的质疑可能来自多方面。首先这一质疑是由于大众认知偏差造成的，即主流意识形态主要是从纵向历史对比的角度来宣传公民权利保障问题及其成效，但是作为普通人，特别是能够接触全球信息甚至能够直观对比世界各国情况的年轻人，会更多地从横向对比的角度对我国公民权利保障实效进行评估。也就是说，这将抹去近代中国贫困落后的历史困境和整体状况，甚至忽视跨文化的差异和阻隔等，直接对比不同国家的公民权利实现状况，因此经常处于不太有利的地位。如果对此能够了然于心甚至有更为充分的理解和把握，对这一问题的大众认知将会更加理性和合宜。

在理论层面，需要整体审视公民权利保障问题。例如，我们并未在理论和实践上完全排斥对各类型法律规范的审查甚至修订，只是未采取美国等为代表的最高法院审查的模式，当然也未建立起法德模式的宪法委员会或者独立的宪法法院体制。但我国确实在逐步探索符合中国国情的宪法审查模式，并且已经在实践中迈出重要一步。例如，党的十九大报告提出："加强宪法实施和监督，推进合宪性审查工作，维护宪法权威。"而这是"推进合宪性审查工作"第一次出现在党的政治报告中。2018 年 3 月，十三届全国人大一次会议通过最新的宪法修正案，将全国人大"法律委员会"修改为"宪法和法律委员会"。更具实施性变革意义的改革举措是，同年 10 月，全国人大常委会法工委正式成立"宪法室"。而宪法室的主要职责就是推动宪法实施、开展宪法解释、推进合宪性审查等方面的具体工作。尽管我国的合宪性审查制度依然处于探索之中，甚至被有些法学专家认定为还未实施实质性的审查工作，不过由此确实可以将我们列入具有宪法审查制度的国家之列，从而消减公民权利保障与违宪审查制度有无之间的张力。

　　不过，从逻辑和理论角度来看，是否建立健全违宪审查制度难以成为评判公民权利保障成效的主要标准。而由于西方的强势政治与法治话语，我们在这方面的研究暂时处于不利地位。因此引入马歇尔等人所开创的公民身份理论就成为必要。因为只有深入公民权利各维度、各要素、各方面之后，方可以对公民权利本身实现的情况做一个更为客观、准确和整体的批判，而非将其基于相应的保障制度上。马歇尔最主要的学术贡献就是区分了公民权利的三个不同的构成维度，从而将凌乱的公民权利概念更为清晰而准确地展示在世人面前。而马歇尔在自由主义盛行的英国，竟然在基本公民权利和政治公民权利基础上引入了社会公民权利的概念，并将其视为公民身份的最终、最高的表现形式。尽管将其对照马克思主义的政治经济分析而言，其依然带有形式权利的色彩，不过也有其进步之处，"政治解放当然是一大进步；尽管它不是普遍的人的解放的最好形式，但在迄今为止的世界制度内，它是人的解放的最后形式。不言而喻，我们这里指的是现实的、实际的解放"。而相对古典自由主义者而言，其确实在现代公民权利观念上迈出了坚定的一步。

　　虽然，学界普遍将1918年的《苏俄宪法》和1919年的《魏玛宪法》视为区别于近代宪法的现代宪法诞生的标志，因为其以宪法条款的形式规定了公民的社会经济权利。不过，西方主流的自由资本主义势力一直抵制着这一宪法权利实现。英国早在20世纪初期通过养老保险、医疗保险、失业保险等社会保险制度的建立逐步走向自由主义福利国家的道路，而在第二次世界大战期间更是大张旗鼓地建设现代福利国家。所以，马歇尔的公民身份理论被视为帮助福利国家实践作理论辩护。"在20世纪，公民身份制度和福利国家是对自由放任资本主义和自由民主危机的相对成功的政治回应。"不过，马歇尔在社会权利的相关论述确实冲破了古典自由主义的藩篱，进而成为1970年以来罗尔斯的"作为公平的正义"这一席卷自由主义世界的政治哲学建构的"先声"。^① 如此一来，马歇尔实际上大幅度地消减了自由市场经济国家与社会民主主义、社会主义甚至权威主义国家在公民权利保障问题上的张力甚至引发冲突。因为公民权利不再局限于原先所普遍认定的基本公民权利以及政治上的选举权和被选举权。

正如传统的外交和宣传所作的宣示那样，对于发展中国家的人民而言，生存权和发展权比西方所认定的狭义的"人权"的意义更为重要。我国经过改革开放以来40多年的经济社会的全面建设与发展，为多维度的建设更为切实和富有成效的公民权利奠定了坚实的物质基础。如果依据公民权利综合构成论，我国在公民权利保障领域的成就显然是有目共睹的，当然也是无可争辩的，如我国全面建成小康社会的成就是举世公认的，其理应成为我国保障公民权利的重要成就之一。虽然数十年来，我们的公民权利保障的成效很大，但是其难度也变得越来越大，挑战也是空前的，因为中国社会与政治发展面临着社会多方面的诉求与公民监督。这使我们在公民权利保障事业上引入全过程人民民主的理念和实践变得更加必要。

四、公民权利保障

（一）公民权利保障中的虚幻性及其表现

上文中提及马歇尔当年在提出并论证其公民身份理论时的乐观主义态度，在他看来，以英国为典型代表的西方资本主义世界，基本公民权利和政治公民权利的问题已经解决了，当时的主要难题是社会公民权利的问题。不过，在经历了战后20年左右的资本主义经济发展的"黄金时代"之后，西方国家在石油危机的冲击下纷纷陷入滞胀，以美国里根总统和英国撒切尔夫人为代表的新自由主义改革势力试图一举摧毁西方世界的福利国家体系，这些挑战对于公民权利保障来说是全方位、全方面的。这里还是以马歇尔的公民身份三维度进行简单的阐释。

---

① 罗尔斯. 作为公平的正义：正义新论 [M]. 姚大志，译. 上海：上海三联书店，2002：17.

第一，马歇尔认为由于英国的司法体制的健全，公民基本权利的保障已经不是重要问题，但是西方世界在 20 世纪 60 年代后期纷纷进入"革命时代"，美国非裔群体的公民权利运动带动了西方世界新一轮的"权利革命"，例如女权革命、反战运动、环境权利的诉求等新的少数群体权利诉求等。虽然很多学者将这些新的权利诉求归为新的公民权利类型，不过其中许多诉求也可以被视为基本权利的延伸甚至基本公民权利的广延形式。

第二，马歇尔认为通过全面赋予公民以选举权和被选举权就一举解决了政治参与的所有问题，因为英国历史上，特别是 19 世纪英国出现的政治改革运动的主要内容就是扩大公民选举权，而到 1929 年英国全面赋予男女同等选举权之后，英国公民的政治权利仿佛已经得到彻底解决。不过，公民的政治参与权利实现的难度在于西方并未有效解决公民政治参与不足等问题，权利感甚至参与感不足的问题依然严重。西方国家的政治批判理论主要指向的就是代议制民主制下公民投票率的不断走低和官僚政治、金元政治、利益集团主导政治等对民主制度运行所造成的侵害。西方世界的公民政治权利的实践"长路漫漫"。

第三，马歇尔在原有的比较稳固的古典自由主义体系中引入社会公民权，其实是对其所作的重大的理论调整，虽然在实践层面，西方国家已经作出非常可观的让步。不过，尽管马歇尔等人努力地消减社会的阶级界线，但是引入其理论的福利国家并没有完成这一艰巨的任务，而更为讽刺的是，社会政策和福利政策甚至成为划分新的社会阶层的"推手"和"标准"，这一情况，在美国表现得最为严重。而伴随着削减福利国家的政治行动，更是激起了广泛而深刻的政治争论，严重撕裂着脆弱的西方社会。

（二）新的理论批判：对公民身份实现现实的挑战及其理论批判

上一部分的内容主要还是依照马歇尔的理论框架和思维，结合马歇尔观点之后，尤其是 20 世纪 70 年代以来的西方世界的政治经济问题而作的简单梳理和分析。不过西方世界的诸多理论家对马歇尔等人所阐释的公民身份理论可能就没有这么"客气"了。不仅有学者对马歇尔的思路和论证进行挑战甚至批判，更有学者严厉抨击公民身份理论本身的虚幻性甚至虚假性。

德国哲学家哈贝马斯批判道，马歇尔等人所谓公民权利的实现，完全可以在各种政体中得以实现。"一种家长式的权威也能授予消极自由权利或积极的社会权利。那么，法的统治与福利国家在原则上可以在没有民主伴随的情况下也能存在。"这一批判对于公民权利理论和实践而言具有釜底抽薪的挑战性。我们比较普遍地认为，在历史上，德国首启福利国家建构与社会公民身份实现这一事实，实际上将公民权利保障问题复杂化，即社会权利本身的性质是不同于传统的公民权利的，虽然其可以为基本公民权利和政治公民权利奠定物质条件和基础。不过，哈贝马斯的批判对象不仅包括福利国家建设本身的"误区"，而且同时也涉及了"法的统治"的问题。实际上，如果我们对德国"二战"前长时间的法治国家建设缺乏了解和认知，我们可能在此误入歧途。哈贝马斯在此主要是从"法的统治"或者"法治"本身的民主性进行批判的，不过在缺乏有效民主保障基础上的"自由和社会权利在西方国家仍然是模棱两可的，已经把所有这三种范畴的权力都制度化了"①。由此推导得出，其实，不同政体的国家均可以在公民自由、公民政治参与、社会公民权利等方面有不同程度的实现，德意志帝国时期的基本公民权利保障与资本主义大发展是紧密关联的。

对马歇尔公民身份理论的最大挑战或许来自英国社会学家迈克尔·曼，尽管其在开场白中对马歇尔的理论创新也是由衷的赞许。不过，其对马歇尔局限于英国一国的情况以及进化论思维进行了激烈的批判，同时结合欧美国家公民身份实现的情况，对其进行了历史社会学的类型学分析。迈克尔·曼坦言，所谓公民身份实质上只是统治阶级的策略之一而已。在此之外，他还归纳了改革主义、权威王权主义、权威社会主义等总计6种"统治策略"。迈克尔·曼的理论主要贡献在于深入剖析了德意志

---

① 哈贝马斯.在事实与规范之间——关于法律和民主法治国的商谈理论[M].童世骏，译.北京：生活·读书·新知三联书店，2011：33.

帝国的公民身份"实现"状况。如前所述，在19世纪后期和20世纪早期的德国，其公民权利实现的状况有别于英国的情况，因为其统治阶级联盟联合支配公民权利进程的色彩非常明显。其总体策略就是"分而治之"，即对伴随着工业化社会而兴起的新兴政治力量进行逐一的打压和收买，如对新兴资产阶级实现了成功怀柔和收买，然后将政治重点放在打压工人阶级及其政党身上。通过对资产阶级的收买，实现了基本公民权利保障和资本主义市场经济发展的结合，不过这些都必须服务于德国当时的富国强兵国家战略。其社会公民权利的先行"供给"上文已经有所介绍。不过，德意志帝国对政治权利的"赋予"更具政治技艺性，统治阶级实际上也逐步甚至大幅度地赋予工人阶级政治选举权，但是这一选举权的实质意义与影响非常有限，一方面统治者通过严密而精巧的"制度设计"，通过"三级会议"的机构设置"稀释"了底层工人阶级的政治力量，"富人的选权可数百，数千，甚数万倍于穷人的选权"。根据有关规定，当时第一等级选民约占选民人数的6%，第二等级约占17%，剩下的75%～80%的选民为第三等级。与此同时，当时的国民代表机构即德意志帝国国会，在整个政治权力架构中的作用非常有限，统治阶级拥有的政治把控权主要操控在以皇帝为代表的封建王权、首相行政权力所代表的容克贵族、贵族精英与军官、大资产阶级手上。不过，从表面上来看，当时的德国公民的确比较早地了解了公民选举权，符合马歇尔等人对政治公民权利的形式要件，而德国在社会政策和福利政策方面的建设更是"一骑绝尘"，遥遥领先于当时欧洲的其他国家。更具挑战性的议题是，迈克尔·曼认为德国的这种统治者策略并非"一无是处"，其在一定程度上是非常成功的，德国并非失败于不力的统治策略，[①] 而是失败于地缘政治、军事战略错误等。如果大胆地进行事实假设的话，德国为代表的权威主义公民权利模式可能会具备更为广泛的世界性影响，因为其是代表着传统政治势力应对工业化社会挑战的成功案例。

---

① 郭少棠.权力与自由：德国现代化新论[M].上海：华东师范大学出版社，2001：25.

（三）以全过程人民民主消减公民权利保障中的虚幻性

就此，是否可以成功地在理论上应对诸多学者对公民权利理论的批判？需要首先明晰英国模式和德国模式的区别在哪里。是否可以归纳出二者的关键性区别？这二者的区别到底仅仅是程度的区别，还是性质的区别？如果是性质的区别，我们是否可以通过长期的努力得以克服、转变甚至变革？由此，引入全过程人民民主理论与实践就变得极为关键，因为不同国家不同政体对公民权利的态度，或者公民权利保障的程度、力度、范围、性质，或者关键性的区别依然在于国家政体类型与性质的区别。即民主与非民主的区别，在深层次还是具有根本的重要性。

首先来看哈贝马斯对这一问题的解答或者对其出路的指引。西方协商民主论者纷纷引入哈贝马斯和罗尔斯等人的民主思想，试图通过协商民主、过程民主，强调公民的主体性，强调公民通过充分的参与、辩论、对话、协商，从而达成暂时性的共识，并赋予相关的政治系统、行政法律法规等以合法性，因此提升公共政策和法律的质量。理性的程序主义审议民主模式将审议民主视为一种产生合法的公共政策的方法，更准确地说，在理想条件下，各种政策都是由全体公民自己制定的。与此同时，协商民主实践也强化公民的各种权利，尤其是政治参与权利与责任，政府和官员不得随意拒绝公民对法律和政策的协商讨论的参与。在民主体制中，拒绝的方式表明他们缺乏对其作为公民之公共立场的尊重，也缺乏对与此立场相伴的道德与政治力量的敬畏。因此，拒绝审议比拖延决策或某个决策失误严重得多。"[①] 可以说，哈贝马斯对个体公民充分参与政治过程是十分倚重的，因为哈贝马斯对现代法治国家和福利国家民主性不足的主要破解方案即在于协商民主方案的引入。而唯有让公民更为广泛地参与其中，相互间更为深刻的讨论，方能使得这些庞大数量的、由福利政策和诸多行政法规构成并广泛渗透到人们生活之中的规范，获得合法性和民主性。实际上只

---

① 哈贝马斯.在事实与规范之间——关于法律和民主法治国的商谈理论[M].童世骏，译.北京：生活·读书·新知三联书店，2011：86.

有政治参与的权利才能赋予公民这种自我参照的竞争。

简单概括而言，西方世界的政治法律问题，即公民权利更为实质化或者政治生活更为民主化的根本依然在于，我们是否可以使得更多的公民更为广泛地参与整个政治活动过程，因为西方世界的政府已经变得如此庞大，政治活动已经变得如此专业化和复杂化，普通公民大多时候对此只能望洋兴叹。不过，这些都不应该成为阻挡公民参与其中的理据。对迈克尔·曼的理论挑战的回应其实也并不复杂，因为特纳的研究已经指出迈克尔·曼的分析视角是自上而下的统治阶级的视角，而他忽视了自下而上的社会运动对公民权利实现的推动作用，所谓社会运动可能是传统的底层革命或者起义，也可能是诸多形式的新社会运动。如果将此运用到当年德国的政治状况中去就会发现，德国无产阶级（政党）为了争得权利而实施的斗争是无处不在的，在德意志帝国封闭、严密、精致的政治统治架构中依然如此。俾斯麦的福利收买策略并没有一劳永逸地解决德国的工人运动问题，这也是福利收买策略的限度之所在……只要存在着社会保险立法不尽如人意的地方，就会有社会民主党为代表的工人阶级组织的反抗。①

总而言之，无论是专制政体中连绵不断、风起云涌的社会抗争，还是在和平时代不断引入和深化协商民主等诸多民主形式，实际上都是对"统治阶级策略"、虚假公民权利"赋予"、形式主义公民权利等负面政治现象的挑战。而在"全过程人民民主"的理论范畴中，我们党始终强调协商民主与选举民主的融合与推进，实际上不仅容纳了西方政治理论家的理论关照，同时也十分注重契合中国的政治现实与国情。全过程人民民主是实现公民身份不同维度、不同领域权利诉求的重要途径和保障，更是提升公民身份境界，强化其自由、民主与平等政治价值与性质的根本途径。通过全过程人民民主强化对公民权利，尤其是公民政治参与权利的实现，一方面可以提升公共政策和法律法规的合法性和质量；另一方面也可以不断强

---

① 陈兆旺.民主与福利——社会结构与公民身份制度变迁的路径[M].上海：上海人民出版社，2017：179.

化公民的权利意识和公共理性精神。不过，不少研究者将理论研究和实践的中心过多地放在了协商民主为公共政策合法性服务的功能上，使得协商民主为代表的优质民主实践形式沦落到"为他人作嫁衣"的尴尬境地。不过，如果再仔细审视这一问题时，可能并不止于如此简单地理解问题。"我们可以因为其对参与者所具有的教育效果而赞同这种观点，但政治的作用并不限于这种教育效果。"① 由此可见，公共政策的质量和民主性亦为非常重要的政治问题，因为一方面，民主化程度有所保障的公共政策的执行效率将会更高，而这些合法性和执行效率更高的法律政策必然有利于公民权益的保障；另一方面，通过协商民主等优质民主实践形式，可以不断地提升公民的自主性、积极性，以及更为关键的公民意识的培养和公民政治效能感的提升，由此既可以从更为深远意义上审视包括协商民主在内的全过程人民民主实践的重大意义。也可以更为深切地理解全过程人民民主对更具实质意义的公民权利的有效和充分实践所具有的深远作用。

（四）全过程人民民主实践的过程性：回应形式主义公民权的质疑

不过，仔细审视全过程人民民主问题可以看到，一些传统难题依然难以消减，例如全过程人民民主的实践显然是全过程、全领域、全方位、全口径的，不过，这里势必涉及形式主义政治过程的问题，甚至动员式参与的问题。如果将公民权利归结为政治参与，公民权利的实现在很大程度上是公民政治的参与。如上所述，虚假公民权利实现的核心直指其公民性或者民主性不足，或者在很大程度上就是形式主义政治的操控。那么，形式主义操控是否如迈克尔·曼所研究的那样，具有持久的稳固性而难以被深刻触动？迈克尔·曼的难题其实只有放在第二次世界大战之前的社会境遇下方才有实质性意义。而现代的主要难题是：形式甚至动员式参与是否会有实效？是否可以推动一系列工作，进而在公民政治参与中实现实质性公民权利的真实性？

---

① 谈火生.审议民主[M].南京：江苏人民出版社，2007：84.

对此或许会有很大启发的理论探索是美国学者阿恩斯坦提出的"公民参与阶梯理论",其从政治体制演进与公民参与自主性程度之间关系的角度,将公民参与形式分为由低到高渐进发展的三个阶段:即政府主导参与、象征性参与、完全性参与三种,对应公民参与从被动到形式、从形式到实质的两次飞跃的过程。虽然阿恩斯坦从"公民获权"角度实质性诉求公民的积极的、主动的、有力的政治参与,但他的这项研究工作为提升公民权利实现的路径开阔了视野。即阿恩斯坦的研究主要是从理论上克服了公民参与的"有无"之间的绝对分割,从而为我们的理论和实践工作的按部就班的持续推进的可能性提供了理论论证。实际上也是平时"老生常谈"的"干中学",即以动员式参与、形式主义参与为起点,在政治参与过程中不断扩展政治参与本身的功能和广泛效应,进而不断推进实质性政治参与等公民权利的实现。

那么从形式甚至动员式参与到实质性参与或者自主性参与实现飞跃的机理到底是什么?如果说是公民参与行为的自然习得,那么通常所说的公民教育的作用机制到底是什么样的?很多学者从参与者本身的收获角度予以论证。不过,也有更为巧妙的论证,即这一过程在更大程度上应该是一个心理作用的复杂综合过程:主要是为了减轻参与者的心口不一所带来的心理负担,人们倾向于将其所想和所说统一起来,进而由此从个体、群体乃至更大集体将形式主义工作逐步地"做实",从而减少社会心理在长期的知行不一、言行不一中运行。而更广域的互动、更具实质性意义的参与行为使得"人们将不得不求助于理性的力量以破除偏见和私欲。以理性的声音发言时,人们自己也受到理性的影响"①。一旦通过全过程人民民主的方式,实现了现代理性公民的成长和成熟,那么自上而下所赋予的公民权利将越来越具有实质性意义,同时也能够使得公民权利得到更为切实的保障。与此同时,民族和国家宏观层面的政治经济变革与社会变迁过程也可能会在客观上有助于不同群体的公民权利诉求的实现,如《在中国城市中

---

① 谈火生.审议民主[M].南京:江苏人民出版社,2007:74.

争取公民权》一书就通过细致的研究发现改革开放后的市场经济发展进程不断推动农民工群体实现了诸多此前难以想象的生存、发展、就业与社会保障等多种权利。由此也同时佐证上文的主要观点，公民权利的保护不能停留在过往的、显性的制度安排等方面。而如今，伴随着中国人力资源的局部性稀缺化，此前困扰我们多年的劳动者权益和融入城市的问题已经得到很大缓解。

第二节　基于全过程人民民主的政策过程优化实践

政策过程是一个动态复杂的循环机制，其通常不是沿着一条简单且清晰的线性路径展开，而是形成一个不断调试、不断优化的政策演化闭环。

公共政策过程涌现出不同的经典模式，包括国家中心主义主导下的科层制模式，社会中心主义主导下的多元主义模式，以及平行结构下的政策网络模式。第一，国家和政府作为公共政策的制定者，在制定政策过程中扮演着压倒性的角色。政策议程的设置、政策方案的制定以及政策的执行和评估都是在相对封闭的科层制官僚系统中完成的。尤其是在技术行政体系发达的"发展型国家"，高度的国家自主性使得政策过程成为政府主导的政策供给。第二，随着社会力量的崛起和利益冲突的复杂化，多元利益主体开始通过正式和非正式的渠道参与政策制定过程，形成政府内部参与者和政府外部参与者构成的"多元流"。学者专家、咨询机构、社会运动人士、意见领袖、媒体和公共舆论等政府外力量开始进入政策议程的发起、政策方案的游说、政策执行的干预和政策结果的监督等阶段，社会作为政策需求方开始影响政策过程，公共政策的民主化程度得以提升。第三，国家中心主义和社会中心主义的两种模式其实都忽略了政府与社会力量之间的相互依赖性，现实中不同层级和功能领域的政策行动者通过频繁互动形成复杂的资源依赖关系和联盟结构，从而构成"政策网络"。

政策制定过程需要的信息、知识、资金、组织力量等在政策网络的不同节点汇集，形成国家与社会互动的特有关系模式。需要指出的是，上述三种政策过程模式都是欧美学界根据西方政治体制和政府架构提出的，虽然其对于理解中国政策过程有一定的参考价值，但无法解释中国政策过程中的一些特有现象及其运行逻辑，也很难为中国公共政策的发展和优化指明方向。由于体制环境、价值信仰和社会结构的差异，中国的政策过程与民主要素的融合模式必然不同于西方。

中国公共政策过程的历史演化是理解中国政府运行机制和观察中国政治发展的重要切入点。改革开放以来海外学界十分关注中国制定政策的变化过程，提出了一些著名的概念和分析框架。例如，李侃如等人通过对20世纪90年代的中国政策过程研究归纳出"碎片化威权"的理论，该模式不同于传统的"派系斗争"和西方的"理性选择"。他认为中国政府内部存在条块分割的权威碎片化现象，竞争性部门之间通过不断讨价还价以谋求政策共识。这些学者侧重分析国家"核心机器"内部的政策运作，却忽略了外部行动者。另一些学者提出了"咨询型威权"和"协商型威权"等概念，试图阐释政府如何通过咨询和协商等机制扩大内部和外部的多元参与，相关举措包括听证会、恳谈会、议事会、网络论坛等，政府不断开发新的政策工具回应社会诉求，试图提升公众的政策满意度。该视角不再过度强调冲突和博弈，而是聚焦政府的治理技巧和政策效能。上述海外研究虽然摆脱了纯粹西方化的政策过程分析框架，为我们理解中国政策过程提供了有用的概念工具，但是其威权主义视角很难参透中国政策制定过程的制度逻辑，更无法提取和解释其中的民主要素。

基于此，近年来中国政策过程研究出现了本土化的趋势。中国政策过程走向开放化、科学化和民主化，社会力量和公民群体可以越来越多地通过正式和非正式的方式参与议程设置、政策协商、政策执行和政策评估的各个环节当中，体现了全过程人民民主的基本内涵。一方面，全过程参与提升了中国政策过程的民主水平；另一方面，全过程人民民主也为中国政策过程提出了更高的要求。全过程人民民主下的中国公共政策过程不同于西方竞争型选举体制下的政策过程，更加充分地体现了全过程性、广泛性、代表性和稳定性。

经典的政治学理论认为选举是实现政策代表的根本路径。然而，近年来西方选举民主体制下的公共政策越来越成为当选后掌控政治权力的统治精英所主导的过程。执政党、职业化的政客、利益集团等在政策过程中扮演了核心角色。当然，该体制也为媒体、游说团体、专家团队、非政府组织等社会力量开放了参与渠道，但是普通民众作为公共政策的目标群体多数时候是缺位的，这引起诸多学者的反思和批评。第一，在西方选举民主下，选民与政党和政治精英形成的是"委托—代理关系"，即选民通过选举投票的形式将决策权威在一定期限内授权给某个政党或候选人。授权完成之后，当选的政党和领导人理应回应支持者的诉求，但经常改变之前的政策承诺，甚至摆脱委托人的束缚自主决断，导致"政策黑箱"。这相当于选民通过选票购买了政治市场上的某种"政策期权"，其能不能通过公共政策予以兑现存在诸多不确定性，从而出现政治代表制的危机。第二，西方选举竞争通常是沿着社会割裂线展开的，其策略是获取和巩固特定政策取得选民的支持（例如在医保政策、环境政策领域），无论是哪个政党或候选人当选，其都只能代表某些特定群体的政策偏好和根本利益，不同政党在国会、政府、司法系统等领域展开较量，形成党派政治主导的政策过程，其博弈结果通常是让一部分人的利益得到维护而另一部分人的利益受损，该现象在政治两极化日趋严重的今天尤为明显。第三，政党和候选人的策略在于最大化地利用选举制度赢得选举，在现有支持结构和选票数量可以确保胜选的情况下，政党或候选人没有动力去关注和争取更广泛的选民。例如，在美国大选中的非摇摆州、英国选举中的偏远农村选区、法国大选中的移民选区等，这些地区的选民要么没有投票的习惯，要么其参与与否无关乎选举大局，因此在选举版图中显得并不重要，候选人也很少光顾，这里的选民成为所谓"被遗忘的大众"，这些人的政策利益和诉求很难有效地传导到政策过程中。

与此不同，全过程人民民主将民主机制嵌入政策过程的各个阶段，不以选举为唯一目的的民主形式，开发民主的丰富含义、拓宽民主的多元渠道、实践民主的多种形式。第一，虽然通过人民代表大会的直接和间接选举，人民将决策权交给了政府，但中国的群众路线传统要求党员干部在治国理政的各个领域保持与人民群众的血肉联系，在政策过程中始终问政于民、问需于民、问计于民，"相信群众，依靠群众，尊重群众的首创精神"，从群众中汲取智慧和力量。① 党和政府通过不断改进和创新群众工作的体制机制和方式方法，将群众融入政策决策的全过程，并接受群众监督，坚守执政承诺。第二，全过程人民民主下的政策过程追求的是政策"共识"，通过考察调研、咨询协商、民主集中、公众反馈等机制不断酝酿磨合，坚持"从群众中来，到群众中去"，从而消减分歧、降低冲突，弥合可能出现的社会割裂线，寻求最大公约数，画出政策同心圆，以求公共政策满足最广大人民群众的根本利益，并通过政策优化实现政策效果的提高。第三，中国不同地域、不同民族、不同阶层的人民在政策过程中同等重要。中国政策过程一方面坚持"请进来"，最广泛地邀请群众和社会力量的参与，关注不同群体在政策过程中的代表性，保证工人、农民、少数民族以及基层代表的参与比例和发声渠道；另一方面践行"走出去"，通过考察调研、群众走访、挂职锻炼等深入基层、深入群众、深入政策参与能力弱的群体，"让干部沉下去，让问题浮上来"，从而提升政策回应性和代表性，实现政策优化。

比较中国与西方不同的政策过程及其背后的体制逻辑，不难发现，全过程人民民主下的政策过程相较于选举民主下的政策僵局具有一定的优势。只要全过程人民民主实践到位，充分发挥民主要素和民主规则在政策过程不同阶段的实际影响力，并将全过程人民民主的制度优势转化为公共政策的运转效能，那么中国基于协商的共识型政策模式将大放光彩。

---

① 景跃进."群众路线"与当代中国政治发展：内涵、结构与实践 [J].湖南科技大学学报（社会科学版），2004（6）：5-14.

全过程人民民主是推进政策过程优化的重要着力点和突破口。民主的体制机制是否完善、民主的方式方法是否科学，民主的程序和操作是否规范，民主的精神和实质是否实现，都关乎政策过程的效能和质量。"没有民主就没有社会主义，就没有社会主义的现代化，就没有中华民族伟大复兴。"① 新时期，国家治理体系和治理能力现代化对公共政策过程的科学化、民主化提出了新的要求，在坚持和完善社会主义民主（党的领导、人民当家作主、依法治国）"三结合"的同时，强调将"人民当家作主"落实到国家政治生活和社会生活之中，"要扩大人民民主，健全民主制度，丰富民主形式，拓宽民主渠道，从各层次各领域扩大公民有序政治参与，发展更加广泛、更加充分、更加健全的人民民主"② 。保证人民"通过各种途径和形式管理国家和社会事务、管理经济和文化事业，共同建设，共同享有，共同发展，成为国家、社会和自己命运的主人"③ 。

中国的公共政策过程正在按照全过程人民民主的基本要求，在政策规划和顶层设计的过程中、政策执行和政策评估的过程中和政策循环和政策优化的过程中，践行民主集中制和群众路线，扩大公民的有序参与，推进不同群体的有效协商，吸纳社会各界的建议反馈，由此推动政策过程的不断优化。"治不必同，期于利民"，通过对民主制度、机制、规则、程序的建设和完善，把人民群众请进来，让领导干部走出去，做到"倾听人民呼声，回应人民期待，不断解决好人民最关心最直接最现实的利益问题，凝聚起最广大人民智慧和力量"；将群众路线理念转化为政策过程中的民主机制，依托人民民主的制度优势，提升科学决策的效能。

① 习近平.在庆祝全国人民代表大会成立六十周年大会上的讲话[J].当代党员，2019（21）：1-5.

② 习近平.在庆祝全国人民代表大会成立六十周年大会上的讲话[J].当代党员，2019（21）：1-5.

③ 中共中央文献研究室.十八大以来重要文献选编：上[M].北京：中央文献出版社，2014：89.

一、顶层设计

当前我国正处在经济社会压缩式发展的关键时期，国际国内形势复杂，矛盾风险积聚，发展中不平衡、不协调、不可持续问题突出，大量亟待解决的政策议题争相涌现，需要从全局层面做好政策规划和顶层设计，从而提升国家治理水平和治理绩效。政策的顶层设计依托于高层级的领导、决策、组织、协调和推进。同时，所谓"顶层"，还必须具备大局观、聚焦真问题，这就需要从"影响科学发展、社会和谐的人民群众反映最强烈的重大问题出发，抓住现象背后的体制机制原因，不回避、敢碰硬、求突破"。为了提升政策规划和顶层设计的科学性，国家通过民主机制问需于民、问计于民，将顶层设计与基层探索和群众路线相结合。

例如，在编制《国民经济和社会发展第十四个五年规划》的过程中，将"加强顶层设计"与"坚持问计于民"统一起来，开门问策、集思广益。各级政府鼓励广大人民群众和社会各界以各种方式为"十四五"规划建言献策，把社会期盼、群众智慧、专家意见、基层经验吸收到顶层设计中。2020 年 9 月 17 日，习近平总书记在长沙主持召开基层代表座谈会，听取基层干部群众代表对"十四五"规划编制的意见和建议。参与座谈会的基层代表包括小学老师、合作社负责人、民营企业家、货运司机、快递小哥、村委书记、扶贫干部、餐馆老板、网店店主等。这些代表长期奋斗在基层一线，对各个领域的发展问题体会深切，分别围绕办好乡村教育事业、加大产业扶贫力度、支持小微企业发展、实施乡村振兴战略等提出了诸多意见和建议。此外，中央还通过互联网开展"十四五"规划的意见征求活动，发挥网络在倾听人民呼声、汇聚人民智慧方面的作用，于 2020 年 8 月 16 日至 29 日，分别在《人民日报》、新华社、中央广播电视总台所属官网、新闻客户端以及"学习强国"平台开设"十四五"规划建言专栏，听取全社会意见建议，为"十四五"规划的顶层设计提供了有益参考。

再以全国人大的立法过程为例，国家自 2015 年逐步建立起"基层立法联系点制度"，首批确定上海虹桥街道等 4 家联系点单位，2020 年又新增江苏昆山市等 6 家第二批联系点单位。作为社会主义民主政治的生动实践，这些联系点在国家重大立法决策过程中发挥着重要作用。以上海市虹桥街道为例，为促进"群众性"与"专业性"在立法咨询中的有机结合，该立法联系点探索出"一体两翼"的工作框架。"一体"即以义务信息员为主体，把街道所辖的居民区全部纳入信息采集点，另外在社区内选择多家成员单位，各确立联络员及信息员，负责立法意见的采集。"两翼"，即包括区人大、法院、检察院、高校等顾问单位组成的"一翼"，以及律师事务所、法学会等专家人才库单位组成的"一翼"。在具体立法意见征询过程中，根据每部法律草案的不同内容和特征，联系点会按照程序邀请合适的信息员代表和专家顾问参与，尽量覆盖不同群体、不同行业，力求采集意见样本的典型性和广泛性。借鉴全国立法联系点的成功经验，上海市、江苏省，浙江省杭州市、广东省佛山市等相继建立起省、市级的基层立法联系点。这些"立法直通车"让法律法规从基层来、再回到基层去，在立法决策和顶层设计之前，嵌入民主程序，经过意见征询、民主酝酿，让民意得到汇集、民智得以集中。

由此可见，我国政策过程的顶层设计环节并不是保守封闭的"黑箱"，而是正在扩建中的"开放式的政策厨房"。虽然不同领域和层级的政策主体在资源禀赋和参与能力上存在较大差异，但是国家正努力创制社会各界和基层群众的政策参与渠道，推动让政策制定者"走出去"，把人民群众"请进来"，并力求参与的广泛性和代表性。通过探索"顶层设计"与"问计于民"相结合，民主的要素和机制前置性地嵌入政策过程前期阶段，让老百姓对美好生活的向往在政策方案的顶层设计中得到充分体现，有利于推动政策过程优化，提升政策精准性。

二、政策执行

顶层设计的公共政策在落地执行和效用评估过程中也离不开不同政策主体的多元参与和民主协商。中国国土幅员辽阔、行政层级较多，政策落地是否到位、政策执行是否精准、政策结果是否有效，不仅需要上级部门的高位推动、系统监督和科学评估，而且需要广开门路，吸纳社会力量，特别是人民群众的民主参与、民主管理和民主监督。史天健研究发现，中国公民的政治参与集中体现在政策执行阶段。国家为人民群众和社会各界有序参与政策执行和政策监督提供了多种渠道，2015 年 2 月，中共中央《关于加强社会主义协商民主建设的意见》强调"坚持协商于决策之前和决策实施之中，增强决策的科学性和实效性。坚持广泛参与、多元多层，更好保障人民群众的知情权、参与权、表达权、监督权"。近年来各级政府积极探索将协商民主机制落到政策过程的实处，按照"协商于民、协商为民"的原则，促进政策执行过程中的民主实践，力求政策执行顺乎民意、合乎实际。

三、政策反馈

政策的生命周期是一个完整的链条，政策执行的结果反馈将为下一阶段政策的优化和循环提供方向。为了更好地评估政策实施的效果、推进政策效能的提升，近年来各级党委和政府创制了多种渠道、平台和机制来收集社会和民众的政策反馈，这些反馈生成新的"问题流"和"信息流"，推动着政策不断调试和循环。传统上，政策反馈系统主要依赖官僚体系内部的上下级沟通和政策汇报，以及相关政策试点的效果呈现。新时期国家加大第三方评估机制和互联网反馈平台的建设，更加系统直接地汇集人民群众对政策实施效果的评价和意见，将全过程人民民主嵌入政策评估和政策优化阶段。

例如，为全面评估中央"稳增长促改革调结构惠民生"一系列重大政策措施的贯彻情况、实施效果和社会影响，国务院于 2015 年 7 月启动对简政放权、公共服务供给等政策措施开展"第三方评估"，探索民主开放的政策反馈渠道。时任总理李克强同志强调，评价政府工作不能"自拉自唱"，要让第三方独立公正评估，让社会和群众来评判，更好地推动国务院各项政策的落实。参与第三方评估的机构包括咨询研究单位、高等院校、专业智库和社会组织等，分别采取访谈部门、走访企业、入户调查、网络调查、大数据分析、察访核验、舆情跟踪、专家评估等多种方式访实情、听民意。通过独立、客观、公正的评估和研究推动决策部门决定终止、调整、优化政策措施，以人民群众的政策满意度和获得感来"校正航向"。除了国务院层面组织的第三方评估，相关部委和各个省市也纷纷建立起本领域或本区域的第三方评估机制，例如，民政部颁布《关于探索建立社会组织第三方评估机制的指导意见》后，全国人大常委会也通过了《关于争议较大的重要立法事项引入第三方评估的工作规范》，推动第三方评估在优化立法过程中的运用。

此外，随着互联网和移动客户端的普及，中国政府的政策反馈系统开始试水"互联网＋"模式。2019 年 4 月 22 日国务院办公厅开通"互联网＋督查"平台，通过在线系统向全社会直接征集四个方面问题线索或意见建议：①党中央、国务院有关重大决策部署和政策措施不落实或落实不到位的问题线索。②政府及其有关部门、单位不作为慢作为乱作为的问题线索。③因政策措施不协调不配套不完善给市场主体和人民群众带来困扰的问题线索。④改进政府工作的意见建议。在此之前，公众的政策反馈和意见建议必须从地方一层层传递到中央，需要经历繁琐的手续和漫长的等待，影响了政策反馈过程的效率和效果，不利于政策的及时调整和改进。"互联网＋督查"平台的运行进一步拓宽人民群众的政策反馈渠道，让公众的呼声和诉求第一时间直达国务院相关部门，减少中间环节，确保"原汁原味"。例如，2020 年 6 月 1 日，国务院开始借助"互联网＋督查"这一平台面向社会征集与落实"六保""六稳"政策相关的建议看法与线索问题。征集的内容主要包含了以下几个方面：①市场主体特别是中小微企业和个体工商户在复工复产、复市复业和享受落实支持企业纾困发展政策措施等方面遇到的困难和问题。②人民群众在就业创业和享受落实基本民生保障政策措施等方面遇到的困难和问题。③根据形势变化，需要国务院及其有关部门及时调整完善政策措施、加强和改进工作的意见建议。④有关地方和部门在工作落实中不担当、不作为、不会为、任意决策、任性执法、推诿扯皮、敷衍塞责以及存在形式主义、官僚主义等问题线索。期间所征集的大量反馈意见，为改革和优化相关政策举措提供了重要依据。

　　收集和听取人民群众对公共政策落实情况和实施效果的反馈意见是推进政策优化、构建政策闭环的重要手段。新时期，我国政府注重通过官僚体系之外的渠道和更加畅通直接的互联网平台来广泛系统地汇集民众的政策反馈，并通过评估和督察等机制增强政府的回应性，提升政策改进和优化的效能，有助于政策过程进入"设计—执行—评估—改进—再评估—再改进"的良性循环。

第三节　基于全过程人民民主的公众参与创新探索

一、民主与公众参与

　　1960 年，考夫曼首次提出"参与民主"这一概念，这个概念早期被运用到为了争取公民权的美国学生运动中。麦克弗森和巴伯也都为参与式民主贡献过思想资源。而"参与民主"理论的正式形成一般认为是 1970 年佩特曼发表的《参与和民主理论》。佩特曼的参与民主理论从对以熊彼特为代表的当代民主理论的批评开始。她认为，建立在经验和实证主义基础之上的当代民主理论的一个显著特征是强调大众广泛参与的政治具有不稳定的危险。"二战"时期德国高度的大众参与最终演变成法西斯主义以及"二战"后建立在公众参与基础上的集权政体使得当代民主理论家，包括熊彼特、达尔、萨托利，担心政治过程中民众的积极参与将直接导致集权主义的倾向。因此，公众的参与方式应该被限制在投票选举领导者，而民主只是一种政治方法，是为作出政治决策而实行的一种制度安排，通过竞争方式获得领导职位是民主的突出特征。为了维持当代民主政治体系的稳定运行，当代民主理论指导下的政治生活是以少数精英的积极投入和多数民众的政治冷漠与不参与为主要特征展开的，广为流行的参与思想在普遍接受的当代民主理论中仅"占有最为低微的地位"。

　　然而，在佩特曼看来，这种以精英主义思想为核心的代议制政府理论不是民主理论的全部。古典的民主理论，以卢梭和密尔为代表，他们认为"参与有着更广泛的功能，对于建立和维持民主政体是关键的，民主不仅被看作一套全国性的代议制，也是一种参与性的社会"①。卢梭所指的"参与"是指参与决策过程，它不仅仅是保护私人利益和确保政府制定好的决策的方式，也对"参与者产生一种心理效应，能够确保在政治制度运行和在这种制度下互动的个人的心理品质和态度之间具有持续的关联性"②。具体来说，佩特曼梳理了卢梭理论中参与的三大功能。首先，参与具有教育的功能，参与决策活动能够让个人学会如何成为一个公民，也学会如何成为公众人物，并且通过这一教育过程，个人将最终发现公共领域的要求和私人领域的要求之间很少或不存在冲突。其次，通过决策过程中的参与，个人实际上的自由以及对自由的感受，都会得到提高，因而参与决策过程赋予了个人对自己生活的方向和周围的环境结构一定程度上的控制。参与决策过程使得个人成为自己的主人，集体决策更容易地为个人所接受，大众更容易服从精英。最后，参与具有整合性的功能，它提升了单个公民的属于他们自己的社会的归属感，参与经历使个人与他所在的社会连接起来，使得社会成为一个真正的共同体。

　　参与的主要功能在于教育这一观点在密尔与科尔的理论中得到延续和进一步的扩展。他们认为地方政府、地方社团以及工业领域也是实现参与在心理、民主技能、程序等方面教育功能的场所。民主的社会化和训练必须在除了国家以外的领域进行，个人只有通过小范围地实践与参与决策过程，才能在更大规模上学会如何运作与参与大众政府。总的来说，参与民

---

① 佩特曼.参与和民主理论 [M].陈尧，译.上海：上海人民出版社，2018：18.
② 佩特曼.参与和民主理论 [M].陈尧，译.上海：上海人民出版社，2018：22.

主的理论基础是"参与的教育功能和工业的关键性地位"。

参与式民主并非否定代议制民主，而且参与民主理论家也特别强调参与不等于直接民主，它的出现主要在于弥补和修正代议民主的不足，推动公共空间向一些在政治领域缺乏代表的群体（比如外来移民、年轻人等）开放，进而从整体上完善代议制民主。然而，有学者指出参与式民主理论在概念、价值与应用方面都存在明显的弊端，比如"参与式民主理论对个人参与的期望太高，对当代政治活动的复杂性判断不足"[1]；也有学者"质疑参与民主的可行性、参与民主在当代复杂社会中的效率，批评参与民主对一些根本问题的回避"[2]。针对这些质疑，协商民主理论在继承参与式民主扩大公众参与反对精英主义志向的同时，突出强调民主决策中公民自由平等地对话、讨论及审议协商，是对参与式民主理论的修正与发展。同时，参与式民主理论也进行了一些自我调适与修正，比如突出参与除教育功能之外的政治功能。参与式民主的目的不仅是教育，而是推进民主化及政府的回应性。参与机会的均等尤为重要，参与本质上是一个权力分配的过程，并最终通过提升政府的回应性来构建真实的民主。

二、参与式民主

与当代主流以精英主义为核心的代议制民主理论相吻合，很长一段时间，对公众参与的研究主要集中在政治参与，尤其是以选举为核心的政治参与领域。政治参与和公众参与之间也没有进行专门的区分。政治参与被认为是公民试图影响政府决策的活动。20 世纪 60 年代以来，伴随着公众参与实践的发展，公众参与在概念本身、类型，以及范围上与政治参与的区别逐渐凸显。总的来说，公众参与包括政治参与，并且还涉及社会参与等多种类型的活动，比如参与社团、志愿服务、共同解决社区问题等。公众参与可以被定义为"公民试图影响公共政策和公共生活的一切活动"。

① 陈尧.从参与到协商：协商民主对参与式民主的批判与深化[J].社会科学，2013（12）：25-36.
② 佩特曼.参与和民主理论[M].陈尧，译.上海：上海人民出版社，2018：序言.

有学者认为，公众也并不完全等同于公民，也包括企业和其他社会组织。比如"立法所涉及的公众包括公民、个人、专家、法人、社会组织、社会团体、单位、行业协会等"。

对公众参与的重视及其兴起来自理论与实践层面多个因素的共同作用，包括代议制民主的危机、对代议制民主理论的反思、社会资本理论的兴起、全球公共治理变革、新公共行政运动和新公共管理运动，以及城市规划公众参与理论和实践的发展。代议制民主之下，公众在选后对民选政治家的制约能力较弱，政府越来越脱离民众，导致公众信任日益衰落，选举中弃权的人越来越多，民粹主义和极右翼政党抬头。公众参与是增加政治家统治和公共政策决策的合法性以及提升治理质量的重要手段。

根据参与的程度，公众参与可分为八种类型，操纵、训导、告知、咨询、展示、合作、授权、公众控制。在国外实践比较多的公众参与的方法包括市民陪审团、市民意见征集组、共识性会议、街区议事会、公共讨论会、公民议事会等。

共识性会议是由随机挑选的 10 位到 15 位普通公民组成的公民小组，向特定政策领域的专家进行提问和求教，提问结束后，他们对问题进行讨论并最后提交讨论形成共识性结论。丹麦和挪威等国运用共识性会议来制定转基因食品等新技术方面的政策；市民陪审团与共识性会议类似，区别在于提问是在法庭里进行，并对所有公众开放，陪审员挑选的程序由政府事先确定，而且也不必要达成共识，如法国主要运用公民陪审团进行卫生系统的评估。市民陪审团的特点是提供人们深入思考和广泛研究问题的时间，以及评审团成员是由能为所讨论的课题带来日常生活体验和生活经验的普通人组成；街区议事会的主要活动形式由街区居民参加的居民大会，比如根据法国《近距离民主法》的规定，人口超过 8 万的市镇必须建立街区议事会，但仅讨论与街区日常生活密切相关的社会事务。按照法国城市政策，在 1 300 个重点帮扶街区中都必须设立公民议事会，城市政策的制定必须有公民参与；作为权力上层赋予下层的参与制度，公民议事会与街区议事会的区别包括：市镇议员不能理所当然地成为公民议事会成员，也不能制定议事日程；出席公民议事会的居民由抽签决定，以便使参与居民的身份多样化等。在全国层面促进公众参与的机制和实践比较值得关注的是法国的国家公共讨论委员会。

欧美等资本主义国家在拓展公众参与机制方面积累了丰富的经验，也向外输出了很多成功经验，比如巴黎的参与式预算等，但学者和政府也都意识到参与式民主在实际操作中存在的问题，包括参与式动员的公众从社会学角度来看不够具有代表性，参与这些协商机制中的人因为融入社会的程度更高和学历更高而区别于普通大众；公民不能对作出最重要决定的场所施加影响，参与仅限于次要的整治问题；一些地方公众参与的实践遭到议员和市政部门的抗拒和阻挠。

在回顾了参与式民主理论以及西方国家参与式民主实践的基础上，接下来将聚焦我国近些年来地方政府在推进和扩大公众参与方面的实践与探索。

三、公众参与的创新及探索

公众参与强调干部与群众发生直接联系的"群众路线"及当中蕴含的"回应性"。执政合法性基础是中国共产党的核心工作机制和高支持率的关键制度因素，也是决策科学化的重要制度保障。中国共产党向来重视群众路线，在不同历史时期都注重密切联系群众，发动群众参与到革命和生产建设中。在群众路线的传统之下，扩大公众参与也是题中应有之义。过去几十年，我国地方各级政府在政府决策（包括立法、政策以及预算制定）、政策执行以及监督等环节都进行了扩大公众参与的有益探索，比如杭州市从 2007 年开始到现在一直运转的"四问四权"协商民主机制等，为进一步扩大有序公众参与提供了宝贵的经验。

（一）公众参与决策的探索实践

根据 1996 年《中华人民共和国行政处罚法》对听证制度的规定，听证这一制度最早是行政机关在作出影响行政相对人合法权益的决定前，行政相对人有权表达意见、进行申辩和质证的一套程序和相关规定。在行政听证实践发展的基础上，尤其是 2000 年《立法法》的颁布，立法听证会被正式纳入我国立法活动范围，各地通过开展立法听证，让公众通过立法听证这一渠道表达自己的利益诉求，参与立法决策。立法听证报告是立法的重要依据甚至是立法参考。根据学者的统计，从广东 1999 年举行全国第一次地方立法听证以来，虽然各地立法听证开展的先后时间不一致，但呈现出逐年增多的趋势。当然，各地立法听证的发展并不均衡，比如上海市人大自 2001 年至 2015 年，共举行了 13 次立法听证会，并于 2014 年在全国首次进行电视直播立法听证会；而北京市自 2004 年至 2018 年，在北京市人大网站上公布的立法听证会仅有 3 次。从地方立法听证程序的正式规定上来看，从立法听证的决定、准备到选择听证陈述人等环节都在地方人大及其机构的主导下展开。为了扩大公众的参与，近些年一些地方人大进行了各种有益的探索，比如 2013 年广州市人大探索全国首次网上立法听证，2016 年深圳市举行全国首例微信立法听证会，鼓励网民有序参与立法听证。

党的十八届四中全会提出"建立基层立法联系点制度，推进立法精细化"。各地开始尝试建立基层立法联系点。上海市长宁区虹桥街道基层立法联系点作为全国人大常委会法工委 2015 年设立的 4 个基层立法联系点之一，坚持走群众路线，形成以普通群众信息员为主体，顾问单位和专业人才库为"两翼"的基本模式，将基层民意向上传递给法律制定机构，让老百姓直接参与立法过程，推进科学立法、民主立法。虹桥街道基层立法联系点在实践中逐渐形成了一系列常规工作流程：坚持提前一周给信息员递送法律草案和情况说明，召开居民群众和与法律草案直接相关人员两种类型座谈会，以书面、走访调研及座谈会三种形式征集意见，每部法律草案至少召开四场座谈会听取意见。

除了在立法领域，在推进重大行政决策公众参与方面也在不断制度化。2004 年国务院印发《全面推进依法行政实施纲要》，提出"建立健全公众参与、专家论证和政府决定相结合的行政决策机制"，并要求广泛听取公民的意见。在 2010 年国务院《关于加强法治政府建设的意见》中提出把公众参与作为重大决策的必经程序，并要求听证意见作为决策的重要参考。自此，一些地方政府，如云南省昆明市、浙江省湖州市等开始探索公民参与重大事项决策的制度化渠道。江苏省淮安市、浙江省平阳县尝试将完善行政决策风险评估机制与扩大公众参与相结合。2019 年颁布的《重大行政决策程序暂行条例》规定决策承办单位应当采取便于社会公众参与的方式充分听取意见，听取意见可以采取座谈会、听证会、实地走访、书面征求意见、问卷调查、民意调查等多种方式。决策事项向社会公开征求意见的，决策承办单位应当通过政府网站、政务新媒体以及报刊、广播、电视等便于社会公众知晓的途径，公布决策草案及其说明等材料，明确提出意见的方式和期限。公开征求意见的期限一般不少于 30 日。

在决策环节扩大公众参与还反映在参与式预算的探索与实践上。比如，浙江省温岭市、江苏省无锡市、黑龙江省哈尔滨市、云南省盐津县、上海市惠南镇和闵行区等地，积极开展预算协商民主，从预算项目立项到审议预算草案再到预算监督环节，逐步扩大公众的参与以及实质影响。

近些年来，伴随着网络平台的发展，政策议程设置正在经历从权威动员式向网民触发式转变。网民触发式模式一般包括以下几个阶段：第一，网络话题的形成和凝聚，普通民众通过网络媒体的平台，对某一事件进行深入广泛的讨论，让更广范围的大众针对此话题产生共同体验和情感共鸣；第二，经过大范围的议题的争辩达到意见趋同的情况下，伴随着利益诉求的提出，形成强大的社会舆论，向政府部门施加压力。这种压力既包括网络民意集聚形成的压力，也包括网络媒体突破地方和部门管制引起上一级政府关注和干预而形成的压力。具体来说，网络民意通过线上与线下参与互动模式、抵制与不合作模式及多主体隐形联盟这三种策略来形成压力并推动政策议程的建构。

（二）公众参与政策执行的探索实践

近些年公众参与政策执行的探索实践主要反映在公众参与环境治理的过程中。在环境治理方面，伴随着中国公众参与环境保护的热情不断高涨，生态环境部在推动公众参与方面做了很多探索和尝试，先后出台《环境影响评价公众参与暂行办法》《关于推进环境保护公众参与的指导意见》《关于培育引导环保社会组织有序发展的指导意见》等，2015年出台的《环境保护公众参与办法》，对公众参与作出了明确具体的规定。党的十九大报告也明确提出要"构建政府为主导、企业为主体、社会组织和公众共同参与的环境治理体系"。在《环境保护公众参与办法》出台之前，一些地方已经开展一系列公众参与环境保护，包括环境影响评估等方面的有益探索。比如，2007年以来，浙江省嘉兴市环保局通过成立环保志愿者服务总队、市民环保检查团，推出市民环保实践岗，探索公众参与环保部门执法活动，逐渐形成公众参与环境保护的嘉兴模式。在环境规划和论证阶段、项目执行过程以及项目监督的环节上，引入公众和社会力量，通过一系列制度创新来保证环境治理过程中的公平与正义。具体来说，嘉兴模式建立在"以市环保联合会为龙头，向社会公开招聘形成的市民环保检查团、环保专家服务团、生态文明宣讲团和环境权益维护中心为支撑的'一会三团一中心'的组织框架"之上，通过"圆桌会"制度邀请百姓代表、政府、媒体、企业等对环境项目的规划方案进行民主协商；通过公众与环保非政府组织以及网上网下信息双向互动，联合协作配合监督项目的执行，形成"大环保、圆桌会、陪审员、点单式、道歉书、联动化"的公众参与形式。

（三）监督环节中的公众参与

在监督方面，除了上文提到公众参与环境或城市建设项目执行的监督之外，地方政府将公众评价引入政府绩效评价也体现了在政府监督方面公众参与的扩大。青岛、南京、杭州等城市较早通过开展民意调查，将公众评价结果纳入政府目标责任考核体系。

第四节 基于全过程人民民主的基层民主建设新模式

由于基层民主在现实生活中具有化解矛盾、激发活力、维护和谐的作用，因而成为全党和全社会的共识，成为执政党主动自觉的政治行为。在长期的制度积累和广泛实践中，我党对于基层民主政治建设的认识不断深化并逐步形成了一套完善的运行体系，主要包括"农村村民自治、城市社区自治、县（区）乡人大选举、企事业单位民主管理、城乡基层公共管理中的公共参与"五大内容，为推进基层民主政治建设制度化、规范化和程序化准备了制度框架，从而推动了基层民主政治建设实践不断向前发展。主要表现在基层民主政治建设的内容不断丰富、形式不断创新、制度不断健全，基层民主政治建设的框架体系不断完善，成为我国民主的基础性制度，并成为中国当代最直接、最广泛的民主实践。

一、基层民主环节的全方位探索

人民是否享有民主权利，要看人民是否在选举时有投票的权利，也要看人民在日常政治生活中是否有持续参与的权利；要看人民有没有进行民主选举的权利，也要看人民有没有进行民主决策、民主管理、民主监督的权利。全过程的民主包括民主选举、民主决策、民主管理、民主协商、民主监督等过程性环节。在我国基层民主实践中，各地围绕这些环节推出了诸多创新举措。如在民主选举环节，随着城市居民委员会组织法与村民委员会组织法的颁布实施，村（居）委会选举成为中国基层政治参与的重要形式。不少地方在村（居）换届选举中，基于当地实际探索推出了"公推直选""两推一选""竞选承诺""负面清单"等做法，成为基层民主政治建设的重要创新；在民主决策环节，一些地方推出的"村级重大事项决策制度"，规定重大事项必须执行村级"两会制"，确保了决策事项、决策过程和决策结果的全面公开；在民主管理方面，有些地方推出了"民情恳谈会""网格议事委员会""乡贤治理委员会"等多种民主管理形式，真正做到了问情于民、问需于民、问计于民、问绩于民；在民主协商方面，根据中央下发的《关于加强城乡社区协商的意见》，近年来许多地方通过创新基层协商载体、细化城乡社区协商程序规则，探索推进了"众人的事情由众人商量着办"的基层民主协商实践；在民主监督方面，通过进一步健全村（居）务公开制度、拓展村（居）民代表会议制度的监督功能、强化村（居）务监督委员会的专门监督功能，将群众的监督权落到实处，不断净化与重塑城乡基层政治生态。可以说，这些不同环节的基层民主探索，将我国的基层民主政治锻造成了一个全过程的整体。

二、基层民主过程的实践性延展

我国各地基层人民民主探索的经验还表明，全过程人民民主的建立本身并不是一蹴而就凭空设计，而是在实践中面对不断出现的新形势、新问题，逐步延展探索得来的。从这个意义而言，全过程人民民主还是一种延展性的民主，具有不断成长、充满活力的一面。早在2000年以前，随着《中华人民共和国城市居民委员会组织法》与《中华人民共和国村民委员会组织法》的颁布实施，我国城乡基层就开展了多种民主形式的探索。而从随后纵向的历史演进来看，早期的基层民主探索主要侧重于民主选举与民主决策这两大环节，其中，民主选举被视作基层民主的基础，而民主决策则是基层民主的核心。围绕这两个环节，一些地方在村（居）换届选举中探索了"公推直选""竞选承诺""两推一选"等制度，同时细化了村（居）民代表会议制度，确保基层民主决策公开、透明。此后，基层民主监督也逐步上升为制度规范，成为基层民主探索的一项重要内容，各地围绕村（居）"小微权力如何监管"推出了一系列改革创新。党的十八大以来，"共建共治共享社会治理格局"成为基层治理改革的重要方向。这一背景下中央推出了《关于加强城乡社区协商的意见》《关于加强和完善城乡社区治理的意见》等意见和规定，不断扩大基层民主参与的主体，最大限度激发群众参与基层民主管理的热情。而在大力促进基层民主管理的过程中，着力搭建多元民主协商平台、规范基层民主协商程序，成为当前基层民主改革的一项关键内容。因此，从纵向发展的角度来看，全过程人民民主，还是一种动态的、不断创新完善的民主，正是这种改革创新赋予了基层民主应有的活力。

三、基层民主程序的闭环化管理

全过程人民民主不仅体现为不同民主环节上的点状创新，而且还需要实现不同民主环节之间的有机衔接，最终形成全过程的闭环管理。具体到基层民主和基层治理中的重要事项不仅需要经历征询、商讨、决策、协商、监督等环节过程，而且这些环节过程之间还要实现有序的衔接与闭环，从而避免"重谋划轻落实""重决策轻协商""重执行轻监督"等问题。在这个过程中，北京、上海、浙江等基层数字化治理改革先行地区，充分运用了自身的数字技术优势，通过搭建各种数字化治理平台，为基层全过程人民民主的闭环化管理提供了技术支撑。杭州市有的街道依托"社区智治在线"平台，定期向居民征集意见，对意见集中的议题自动筛选，居民反映集中的议题或建议再由社区讨论商议，对于不可行的议题或建议直接通过平台予以回复；对于可行的议题或建议则通过平台再次向居民征求完善性建议；意见征集完成后及时发布统计结果，同时让持不同意见者在平台上进行协商；待社区居民代表会议做出决议后，又通过平台及时向居民发布决策结果；决策结果也自动在平台上转为民主公开事项。事项在执行过程中的项目进度、资金使用及时在网上发布，同时开辟居民意见模块，让居民对决策的执行进行全过程监督。可以说，数字技术的广泛运用，为全过程人民民主实现闭环管理提供了重要支撑，也成为我国基层民主实践的一个重要特色。

四、基层民主文化的系统培育

民主不仅是一种制度，而且是一种文化。民主文化是民主政治的精神产品，是精神世界中的民主政治模样，是构成政治文化的核心要素。民主制度和民主文化构成了民主政治的两个层面，缺一不可。制度是有形的文化，文化是无形的制度。基层民主实践中对于民主制度建设的重视远胜于对于民主文化的培育。基层民主政治建设有序发展需要健康文化的支撑，在基层文化生活中培育民主精神和民主文化成为基层民主实践成效的关键。"文化上的每一个进步，都是迈向自由的一步。"① 实现在健康文化生活中推进基层民主的良性发展，是降低传统政治文化影响、减少宗法家族习俗干扰、提升居民民主观念和民主主体意识、培育与民主政治进程相适应的素养和政治心理的基础工程。

五、数字技术赋能全过程人民民主的新探索

党的十九届四中全会深刻阐明了实现"国家治理体系和治理能力现代化"对于建设中国特色社会主义现代化国家具有重大战略意义和时代价值。习近平总书记指出："要运用大数据提升国家治理现代化水平。要建立健全大数据辅助科学决策和社会治理的机制，推进政府管理和社会治理模式创新，实现政府决策科学化、社会治理精准化、公共服务高效化。"国务院 2015 年 9 月印发了《促进大数据发展行动纲要》，从顶层设计层面全面部署了大数据未来发展规划，明确提出未来要大力推进大数据建设的目标。进入数字时代，深入探索全过程人民民主的实现机制和技术支撑，依托技术创新为民主政治发展注入新活力和新动力，对于不断推进全过程人民民主的实现机制具有重要现实意义。数字技术赋能全过程人民民主建设是发挥数字技术优势的重要体现，也是探索未来民主实践模式和实现路径的有益尝试。在实践探索中，既需要考察相关的流程设计、操作性机制等制度层面创新，又要关注这种新技术实践模式可能带来的问题和

---

① 马克思，恩格斯 . 马克思恩格斯选集：第 3 卷 [M]. 北京：人民出版社，1987：492.

挑战。数字技术的不断进步为全过程人民民主的高质量发展提供了技术支撑，将实现人民的直接民主权利变得更加便捷、真实、管用。因而，要不断挖掘、分析、总结、创新中国式民主的思想理论与实践经验，在实现中华民族伟大复兴的历史进程中进一步彰显民主理论的科学性、时代性和真理性，使科学社会主义在 21 世纪的中国不断焕发出新的生机和活力。中国的民主实践中，省域治理是国家治理中由中央到地方下移的重要层级，也是地方治理的高端层面。浙江省在发挥数字技术赋能全过程人民民主建设方面走在了全国前列，为其他省份全面推进全过程人民民主提供了省域样板。浙江率先提出打造全过程人民民主省域实践高地，探索中国式现代化省域先行路径，可以为国家宏观治理提供先行先试的经验借鉴和先进个案，推进理论体系与执行层面的互动，丰富新时期推进全过程人民民主省域实践的实现机制和行动路径。

参考文献

[1] 林尚立.论人民民主 [M].上海：上海人民出版社，2016.

[2] 田改伟.党内民主与人民民主 [M].天津：天津人民出版社，2015.

[3] 张启华，江焕湖.毛泽东的创举——人民民主专政 [M].杭州：浙江人民出版社，1993.

[4] 郑建邦，叶卫平，王丰保.毛泽东人民民主专政思想研究 [M].西安：陕西人民出版社，1993.

[5] 公安部《论人民民主专政思想》编委会.论邓小平人民民主专政思想 [M].北京：群众出版社，2004.

[6] 任仲文.何为全过程人民民主 [M].北京：人民日报出版社，2021.

[7] 中共中央组织部.贯彻落实习近平新时代中国特色社会主义思想在改革发展稳定中攻坚克难案例：政治建设 [M].北京：党建读物出版社，2019.

[8] 习近平.习近平谈治国理政：第 3 卷 [M].北京：外文出版社，2020.

[9] 习近平.习近平谈治国理政：第 2 卷 [M].北京：外文出版社，2017.

[10] 周志发.容错性民主：中国特色民主理论研究 [M].昆明：云南大学出版社，2013.

[11] 聂月岩，徐东辉，肖东波.中国特色社会主义民主政治制度 [M].北京：党建读物出版社，2003.

[12] 宋俭.人民民主 法治国家：中国特色社会主义政治发展道路 [M].武汉：武汉大学出版社，2014.

[13] 赵建平 . 社会主义民主价值论：中国特色社会主义政治发展的价值逻辑 [M]. 上海：上海人民出版社，2010.

[14] 王衡 . 中国特色社会主义民主政治的实证研究 [M]. 北京：中央编译出版社，2020.

[15] 段治文 . 中国特色社会主义民主新论 [M]. 杭州：浙江大学出版社，2016.

[16] 陶富源 . 中国特色协商民主论 [M]. 芜湖：安徽师范大学出版社，2011.

[17] 卢明 . 中国特色社会主义民主形态论 [M]. 长春：吉林大学出版社，2005.

[18] 鞠桂萍 . 中国特色民主政治制度研究 [M]. 沈阳：辽宁人民出版社，2013.

[19] 聂月岩 . 中国特色民主政治：发展历程与基本经验研究 [M]. 北京：首都师范大学出版社，2014.

[20] 韩学军 . 中国特色民主法制建设理论与实践研究 [M]. 哈尔滨：黑龙江人民出版社，2009.

[21] 伍俊斌，郭丽兰 . 新时代中国特色社会主义协商民主研究 [M]. 北京：中国社会科学出版社，2019.

[22] 王衡 . 中国特色社会主义民主政治的民意基础 [M]. 北京：中央编译出版社，2019.

[23] 俞可平 . 民主与陀螺 [M]. 北京：北京大学出版社，2006.

[24] 林尚立 . 当代中国政治：基础与发展 [M]. 北京：中国大百科全书出版社，2017.

[25] 桑玉成 . 全过程人民民主理论探析 [M]. 上海：上海人民出版社，2021.

[26] 王绍光 . 安邦之道：国家转型的目标与途径 [M]. 北京：生活·读书·新知三联书店，2007.

[27] 王绍光 . 民主四讲 [M]. 北京：生活·读书·新知三联书店，2014.

[28] 龙宁丽 . 民主管理 [M]. 北京：中央编译出版社，2013.

[29] 徐大同 . 西方政治思想史 [M]. 天津：天津教育出版社，2002.

[30] 萧公权 . 中国政治思想史 [M]. 北京：商务印书馆，2011.

[31] 蔡定剑. 民主是一种现代生活 [M]. 北京：社会科学文献出版社，2010.

[32] 萨托利. 民主新论 [M]. 冯克利，阎克文，译. 上海：上海人民出版社，2009.

[33] 科恩. 论民主 [M]. 聂崇信，朱秀贤，译. 北京：商务印书馆，2007.

[34] 王衡，郭思瑶. 全过程人民民主研究：回顾、评析与展望 [J]. 统一战线学研究，2022（2）：150–162.

[35] 任中平. 全过程人民民主视角下基层民主与基层治理的发展走向 [J]. 理论与改革，2022（2）：1–15，147.

[36] 张爱军. 理性与非理性：全过程人民民主认知的差异与差序 [J]. 理论与改革，2022（2）：16–25.

[37] 马池春，李合亮. 全过程人民民主：开辟中国之治新境界 [J]. 求实，2022（2）：4–12，109.

[38] 王岚. 努力打造全过程人民民主基层实践高地 [J]. 党建，2022（3）：16–18.

[39] 宋菁菁，王金红. 数字人大建设何以促进全过程人民民主发展：创新路径与前景展望 [J]. 学术研究，2022（2）：67–74.

[40] 王晓琳. 做全过程人民民主的积极践行者 [J]. 中国人大，2022（4）：13.

[41] 孙照红. 接诉即办治理场域中的全过程人民民主 [J]. 北京社会科学，2022（2）：35–42.

[42] 董树彬，何建春. 全过程人民民主赋能国家治理：现实可能、作用机理与实践路径 [J]. 学习与实践，2022（2）：24–34.

[43] 谢晓通，章荣君. 全过程人民民主：理念界定、价值阐释与现实进路：基于农村基层民主视角的考察 [J]. 学习与实践，2022（2）：35–46.

[44] 汪卫华. 人民民主的新时代 [J]. 中央社会主义学院学报，2022（1）：14–24.

[45] 韩福国. 社会主义民主何以落地：用中国协商民主程序支撑全过程人民民主 [J]. 中央社会主义学院学报，2022（1）：25–43.

[46] 黄天柱 . 民主党派在全过程人民民主中的作用与提升空间：以中国政策过程为视角 [J]. 中央社会主义学院学报，2022（1）：44-56.

[47] 刘丽敏，刘文静 . 发展全过程人民民主的三重逻辑：学习党的十九届六中全会精神 [J]. 中共石家庄市委党校学报，2022（2）：41-44.

[48] 何建红 . 全过程人民民主的"黄浦特色" [J]. 上海人大月刊，2022（2）：42-43.

[49] 郭道久 . 全过程人民民主的制度优势和治理效能 [J]. 求知，2022（2）：15-17.

[50] 周佑勇 . 深刻把握全过程人民民主的理论内涵和实践要求 [J]. 秘书工作，2022（2）：9-11.

[51] 莫于川 . 公众参与行政立法是发展全过程人民民主的行政法治革新要义 [J]. 中国司法，2022（2）：53-60.

[52] 杨金华 . 全过程人民民主的基本要义 [J]. 人大建设，2022（2）：48-50.

[53] 王岭 . 全过程人民民主的生动实践：2021 年全国人大代表建议办理工作回眸 [J]. 中国人大，2022（3）：53-54.

[54] 李云龙 . 传承中华苏维埃代表大会制度基因与时俱进发展全过程人民民主 [J]. 人大研究，2022（2）：10-13.

[55] 蔡建军 . 全过程人民民主推进"中国之治" [J]. 共产党员（河北），2022（3）：39.

[56] 郎明远 . 论全过程人民民主的本源价值和实践形态 [J]. 中共山西省委党校学报，2022（1）：10-17.

[57] 王庭大，董天美 . 坚定推进全过程人民民主 [J]. 党建，2022（2）：29-31.

[58] 林于良 . 中国式现代化是全过程人民民主的现代化 [J]. 南阳理工学院学报，2022（1）：1-4，9.

[59] 新华社国家高端智库课题组 . 全过程人民民主：落实人民主权的新形态 [J]. 山东人大工作，2022（1）：61.

[60] 赵永红 . 全过程人民民主：理论逻辑与制度路径 [J]. 行政论坛，2022
（1）：40–51.

[61] 刘诗铭 . 全过程人民民主：提出动因、本质内涵与价值影响 [J]. 理论
月刊，2022（10）：41–47.